新阶段

推动我国区域协调发展的
重大政策和体制机制问题研究

李晓琳 ◎ 著

中国财经出版传媒集团

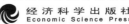

经济科学出版社
Economic Science Press

·北 京·

图书在版编目（CIP）数据

新阶段推动我国区域协调发展的重大政策和体制机制
问题研究／李晓琳著. -- 北京 ： 经济科学出版社，
2024. 11. -- ISBN 978 - 7 - 5218 - 6434 - 2

Ⅰ. F127

中国国家版本馆 CIP 数据核字第 2024KU5595 号

责任编辑：郎　晶
责任校对：齐　杰
责任印制：范　艳

新阶段推动我国区域协调发展的重大政策和体制机制问题研究

李晓琳　著

经济科学出版社出版、发行　新华书店经销

社址：北京市海淀区阜成路甲 28 号　邮编：100142

总编部电话：010 - 88191217　发行部电话：010 - 88191522

网址：www. esp. com. cn

电子邮箱：esp@ esp. com. cn

天猫网店：经济科学出版社旗舰店

网址：http：//jjkxcbs. tmall. com

北京季蜂印刷有限公司印装

710 × 1000　16 开　16. 25 印张　226000 字

2024 年 11 月第 1 版　2024 年 11 月第 1 次印刷

ISBN 978 - 7 - 5218 - 6434 - 2　定价：82. 00 元

（图书出现印装问题，本社负责调换。电话：010 - 88191545）

（版权所有　侵权必究　打击盗版　举报热线：010 - 88191661

QQ：2242791300　营销中心电话：010 - 88191537

电子邮箱：dbts@ esp. com. cn）

CONTENTS 目 录

进一步完善重大政策和体制机制设计，加快推动我国区域协调发展

党的十八大以来，以习近平同志为核心的党中央统筹把握中华民族伟大复兴战略全局和世界百年未有之大变局，不断丰富完善区域协调发展的理念、战略和政策体系，推动我国区域协调发展进入新阶段。进一步推动更高水平的区域协调发展是高质量发展的关键支撑，是实现共同富裕的内在要求，是推进中国式现代化的重要内容。当前，世界百年未有之大变局深刻影响我国区域发展格局，需要审时度势、提前谋划，加快完善实施区域协调发展的重大政策和体制机制设计，以全局眼光着力系统谋划重大战略性问题，着力解决制约我国区域协调发展的主要问题和突出矛盾，推动我国区域协调发展取得新突破。进一步推动完善区域协调发展的重大政策和体制机制，要着重处理好两个核心问题：一是如何能够进一步发挥不同区域比较优势，形成高质量发展的动力系统；二是如何能够进一步缩小区域发展差距，为推进中国式现代化提供有力支撑。这两个问题是相对独立又相互关联的，根本是要在我国全面进入社会主义现代化建设的新阶段处理好区域经济发展过程中的效率与公平问题。其中，第一个问题的关键是提高效率；第二个问题的关键是要在动态发展中实现公平。

第一节　党的十八大以来区域协调发展
制度体系设计的突出特点

党的十八大以来，以习近平同志为核心的党中央高度重视区域协调发展制度体系设计的系统性、战略性、全局性，明确了区域发展的总体目标和区域经济布局的总体思路，构建起以重大战略为引领、以区域板块为基础的区域战略体系，为新时期推动区域协调发展指明了方向。

一、明确了促进区域协调发展的总体目标

以习近平同志为核心的党中央坚持以人民为中心的发展思想，明确提出我国新时代区域协调发展的三大目标是，"基本公共服务均等化、基础设施通达程度比较均衡、人民基本生活保障水平大体相当"，这些既是区域协调发展的目标，也是推动区域协调发展战略的重要抓手。

促进区域协调发展不是简单地比较经济总量和增速，更重要的是关注发展机会平等，最终目的是缩小居民收入水平、基础设施通达水平、基本公共服务均等化水平、人民生活水平等方面的差距，是保障不同地区的人民共享发展成果，最终实现共同富裕。这是新时期促进区域协调发展的根本目标和方向。近年来，我国区域经济发展的协调性不断提升。

一是区域板块发展相对差距缩小。2023 年，中部和西部地区生产总值分别达到 26.99 万亿元、26.93 万亿元，占全国的比重分别由2012 年的 21.3%、19.6% 提高到 2023 年的 21.6%、21.5%①。特别是人均地区生产总值，东部与中部、西部地区之比分别从 2012 年的

---

① 根据 2023 年国家和各省份国民经济和社会发展统计公报计算得出。如无特别说明，本书的数据均来源于相应年份国家和各地区统计年鉴及国民经济和社会发展统计公报，或基于以上出处数据计算得出。

1.69、1.87 缩小至 2023 年的 1.55、1.63。2012 ～ 2023 年四大板块 GDP 变化如图 0 − 1 所示。

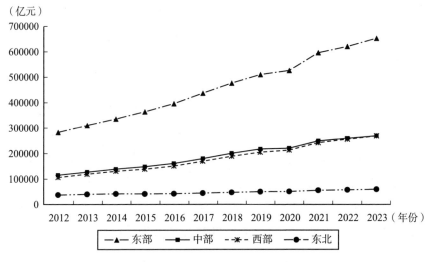

图 0 − 1　2012 ～ 2023 年四大板块 GDP 变化

资料来源：作者根据国家统计局发布的数据整理而得。

二是基本公共服务均等化水平不断提高。持续加大中西部地区支持力度，基本公共服务短板加快补齐。东、中、西部和东北地区义务教育生师比基本持平，生均用房面积差距明显缩小，中西部地区大班额比例显著下降①。东北地区每千人口医疗卫生机构床位数位居全国前列，中西部地区超过东部地区。全国社会保险制度改革稳步推进，截至 2023 年底基本养老保险覆盖 10.66 亿人②，基本医保年度参保率稳定在 95% 左右③。

---

① 国家发展和改革委员会. 国务院关于区域协调发展情况的报告——2023 年 6 月 26 日在第十四届全国人民代表大会常务委员会第三次会议上 ［R/OL］. (2023 − 06 − 28) ［2024 − 07 − 05］. http：//www.npc.gov.cn/c2/c30834/202306/t20230628_430333.html.
② 人力资源社会保障部. 人力资源社会保障部 2023 年四季度新闻发布会 ［EB/OL］. (2024 − 01 − 25) ［2024 − 07 − 05］. https：//www.gov.cn/lianbo/fabu/202402/content_6932258.htm.
③ 国家医保局. 国家医保局 2024 年上半年例行新闻发布会 ［EB/OL］. (2024 − 04 − 11) ［2024 − 07 − 05］. https：//www.nhsa.gov.cn/art/2024/4/11/art_14_12350.html.

三是基础设施通达程度更加均衡。2022 年，中西部地区铁路营业总里程达到 9 万公里，占全国比重近 60%；东北地区铁路营业总里程达 1.9 万公里，路网密度超过全国平均水平。① 西部地区高速公路、国省干线公路连线成网，多个省份已实现县县通高速。"东数西算"工程全面实施，成渝、内蒙古、贵州、甘肃、宁夏等中西部国家算力枢纽节点启动建设。

四是区域间基本生活保障水平进一步接近。东部、东北、中部同西部地区居民人均可支配收入之比持续缩小，2022 年，东部、中部、西部和东北地区居民人均可支配收入分别为 50573.2 元、31585.7 元、28868.2 元和 30803.3 元，与 2012 年相比年均分别增长 8.39%、9.16%、9.54% 和 7.55%，西部地区居民收入年均增速最快，中部次之；东部、东北、中部地区人均可支配收入与西部地区人均可支配收入比分别从 2012 年的 1.72、1.30、1.10 下降至 2022 年的 1.75、1.09、1.07。

二、明确了区域经济布局的总体思路

2019 年 8 月，习近平总书记在主持召开中央财经委员会第五次会议时指出，新形势下促进区域协调发展总的思路是，要按照客观经济规律调整完善区域政策体系，发挥各地区比较优势，促进各类要素合理流动和高效集聚，增强创新发展动力，加快构建高质量发展的动力系统，增强中心城市和城市群等经济发展优势区域的经济和人口承载能力，增强其他地区在保障粮食安全、生态安全、边疆安全等方面的功能，形成优势互补、高质量发展的区域经济布局。2022 年 10 月，党的二十大报告指出，构建优势互补、高质量发展的区域经济布局和国土空间体系，为今后一个时期推动区域协调发展、完善空间治理指明了前进方向、提

---

① 国家发展和改革委员会. 国务院关于区域协调发展情况的报告——2023 年 6 月 26 日在第十四届全国人民代表大会常务委员会第三次会议上 [R/OL]. (2023 – 06 – 28) [2024 – 07 – 05]. http://www.npc.gov.cn/c2/c30834/202306/t20230628_430333.html.

供了根本遵循。2024 年 7 月，党的二十届三中全会通过的《中共中央关于进一步全面深化改革　推进中国式现代化的决定》，就区域经济布局及国土空间体系、四大板块制度及政策体系、区域重大战略实施及重要增长极建设、主体功能区制度体系、区域一体化发展机制、海洋经济发展等事关区域协调的重大问题进行了系统部署。

总的来看，构建优势互补的区域经济布局和国土空间体系是对区域协调发展空间布局的总体要求。我国国土面积大、人口分布广、各地资源环境禀赋差异性强，不同地区在国家发展全局中承担的功能定位不同，各地区不可能"齐步走"，而是要按照客观经济规律调整提升区域政策的精准性，促进不同类型地区充分发挥各自比较优势，推动四大板块、区域重大战略、主体功能区战略等深度融合，引导各类要素在空间载体上合理流动和高效集聚，实现国土空间优化发展和区域经济优化布局。

大致来看，城市化地区要进一步高效集聚经济和人口，增强中心城市和城市群核心承载力；农产品主产区、生态功能区、能源资源地区等重要功能区要分别以保障国家农业安全、生态安全、能源资源安全为主要任务，统筹好发展与安全的关系，在高质量发展中实现高水平安全，以高水平安全支撑高质量发展。

三、深入实施促进区域协调发展的战略安排

党的十八大以来，实施区域重大战略和优化四大板块战略共同构成了促进区域协调发展的重要战略抓手。

一是深入实施区域重大战略。党的十八大以来，习近平总书记亲自谋划、亲自部署、亲自推动了京津冀协同发展、长江经济带发展、粤港澳大湾区建设、长江三角洲区域一体化发展、黄河流域生态保护和高质量发展、海南自由贸易港建设等区域重大战略。其中，京津冀地区、粤港澳大湾区、长三角地区成为三大动力源地区，是我国高质量发展的重要引擎，也是我国参与全球产业科技竞争的主要承载地

区。此外，成渝地区双城经济圈作为西部地区新兴增长极，正在加快成长为除三大动力源外的第四个重要引擎，但目前在经济体量和质量上仍有一定差距。长江经济带发展、黄河流域生态保护和高质量发展两大战略以大江大河的保护为主，统筹生态保护与高质量发展，按照生态优先、绿色发展的思路，串联起我国东中西部地区。支持海南建设中国特色社会主义自由贸易港是统筹国内国际两个大局探索和推进更高水平开放的战略选择。

二是提升优化四大板块战略。以四大板块为主体的区域发展战略早已有之，以习近平同志为核心的党中央结合国内外环境变化、我国区域经济布局的变化，将其优化完善，并明确提出新的要求：以大保护、大开放、高质量发展为引领，推进西部大开发形成新格局；以维护国家国防安全、粮食安全、生态安全、能源安全、产业安全"五大安全"为主线，推动东北振兴取得新突破；以建设粮食生产基地、能源原材料基地、现代装备制造及高技术产业基地和综合交通运输枢纽"三基地一枢纽"为牵引，进一步推动中部地区崛起；发挥好东部地区引领作用，推动东部地区加快推进现代化。深入实施促进区域协调发展的战略安排情况如表0-1所示。

表0-1　　　　深入实施促进区域协调发展的战略安排

六大战略	四大板块			
	东部	中部	西部	东北
京津冀协同发展	京、津、冀	/	/	/
粤港澳大湾区建设	粤	/	/	/
长三角一体化发展	苏、浙、沪	皖		/
长江经济带	苏、浙、沪	鄂、湘、赣、皖	川、渝、滇、黔	/
黄河流域生态保护和高质量发展	鲁	晋、豫	陕、甘、宁、青、川、内蒙古	
海南自由贸易港建设	琼	/	/	/

资料来源：作者根据相关资料整理而得。

第二节　推动区域协调发展面临的新形势新要求

认识新时期区域协调发展的要求必须清晰研判推动区域协调发展面临的新形势新要求。当前，国际环境严峻复杂，中美战略博弈愈演愈烈、逆全球化思潮抬头、全球科技革命和产业变革加速演进等因素相互交织，我国区域经济布局面临如何适应全球政治经济格局深刻调整的巨大挑战。中国式现代化对区域协调发展提出更高要求，区域经济布局要与高质量发展这个首要任务和构建新发展格局这个战略任务相匹配。

一、外部环境不确定性不稳定性加大对区域经济布局提出更高要求

当今世界正经历百年未有之大变局，全球秩序剧烈动荡，世界经济复苏艰难，多重挑战和危机交织叠加，我国经济社会发展面临的外部风险挑战明显加大。中美战略博弈持续升级，美国已经把中国视为最大的战略竞争对手，联合盟友构建"印太经济框架"，加大对涉及中国核心利益问题的攻击力度，企图扰乱我国稳定的发展环境、挤压我国的发展空间，利用其霸权优势和中美实力差距窗口期，极力打造新的遏制中国的国际政治经济体系。经济全球化遭遇逆流，单边主义盛行、贸易保护主义抬头，逆全球化与全球化力量相互较量，贸易保护主义与区域自由贸易并存，美国大搞排他性"小圈子""小集团"，以差别化的关税政策等手段打造"成本洼地"，以挑战中国在全球制造业中的优势地位，推动全球产业链"去中国化"，直接威胁我产业链供应链安全。

我国区域经济面临如何适应全球经济深刻调整的巨大挑战，需要更好统筹安全与发展的关系，立足国内、主动求变，丰富完善区域政策体

系，加快构建以国内大循环为主体、国内国际双循环相互促进的新发展格局，有效应对外部环境的深刻变化。一方面要守好安全发展的底线，增强重要功能区安全保障功能，有针对性推动重点地区巩固好边疆安全、能源资源安全、粮食安全、产业链供应链安全；另一方面，要加快塑造一批能够在全球竞争中具有领先位势的引擎地区，推动东中西部和东北地区梯次衔接，充分发挥不同地区比较优势，释放广大内陆地区潜力，建设国家战略腹地和关键产业备份形成全国"一盘棋"发展合力。

二、新一轮科技革命和产业变革影响区域经济运行路径

当今世界，新一轮科技革命和产业变革加速演进，新一代信息技术和人工智能技术广泛应用，科技创新多点突破、交叉汇聚，新一代信息技术、新能源、新材料、生物医药、绿色低碳等深度融合，推动生产方式、社会结构和生活方式发展深刻变化。新增长动能加快形成，新科技革命将催生出新兴产业，并带来新产品、新业态、新模式，人才、专利、教育程度等知识型要素边际回报上升，劳动力、资本、土地等数量型要素对增长的贡献和边际回报下降，新要素流动柔性明显增强，跨区域流动门槛降低，不同发展基础的区域获取资源要素的路径更为通畅。原有区域分工有可能被打破，借助新一代信息技术，地理区位局限被不断打破，欠发达地区将可能获得更多地参与产业链价值链再分工的机会，加快推进传统产业转型升级，不断深化参与国际和国内产业分工，逐步打破传统路径依赖。西部地区气候、地形等自然条件从发展传统经济的瓶颈制约逐渐成为孕育新经济的有利因素，抓住新一轮科技革命实现弯道超车成为可能。东部地区在新一轮科技革命和产业变革中率先实现产业升级后，又将部分先进产业的生产链、技术链、价值链转移到中西部地区，东西部地区从部门分工、产品分工进一步拓展到产业链分工。

对于先发地区来说，要主动适应新一轮科技革命和产业变革，增强产业创新能力，加快推动关键领域关键技术突破，不断推动产业迭代，优化与后发地区创新链产业链合作分工。对于后发地区来说，要紧抓机遇窗口期，借助创新红利在优势领域实现定点突破，否则就可能陷入战略被动，错失发展机遇，从而导致与发达地区间的发展差距进一步扩大。

三、中国式现代化对区域协调发展提出更高要求

党的二十大报告指出，中国式现代化是人口规模巨大的现代化，是全体人民共同富裕的现代化，是物质文明和精神文明相协调的现代化，是人与自然和谐共生的现代化，是走和平发展道路的现代化，从而赋予了新时代区域协调发展新的内涵，提出了新的要求。中国式现代化要求我们在推动区域协调发展中必须坚持人民至上，主动解决区域城乡发展不平衡不充分的矛盾，缩小地区差距、城乡差距、收入差距，鼓励发达地区率先实现现代化并带动后发地区加快实现高质量发展，最终实现全体人民共同富裕。中国式现代化要求我们在推动区域协调发展的过程中必须坚持人与自然是生命共同体的理念，把握好保护和发展的辩证统一关系，走生态优先、绿色发展之路。中国式现代化要求我们必须走高质量发展的道路，高质展是全面建设社会主义现代化国家的首要任务，是实现中国式现代化的发展路径，各地应因地制宜、扬长补短，走出适合本地区实际的高质量发展之路。

四、城镇化进程迈入增速换挡期要求实现以人为核心的更高质量的新型城镇化

当前，我国城镇化率从快速提升阶段转向稳定趋缓阶段。2023年末全国常住人口城镇化率为66.16%。根据世界各国城镇化进程的普遍

规律，大多数城镇化先发国家在城镇化水平达到 60% 之后呈现稳中放缓趋势。整体看，发达国家在城镇化率达到 60% ~ 65% 和 65% ~ 70% 区间时，城镇化率年均增幅分别较前一阶段平均下降 0.05 个和 0.19 个百分点；高收入国家城镇化率年均增幅分别较前一阶段下降 0.02 个和 0.06 个百分点，发达国家整体在 75% ~ 80% 的水平。我国城镇化率年均增长从"十一五"时期的 1.39 个百分点持续下降至"十二五"时期的 1.23 个百分点和"十三五"时期的 1.13 个百分点；"十四五"时期，2021 年、2022 年、2023 年分别较前一年提高 0.8 个、0.5 个、0.94 个百分点。考虑到我国在农村土地制度、城市户籍制度等的限制下，农村对人口的粘性要高于土地自由流转和没有户籍制度的国家，因此，整体来看，我国已进入城镇化率较平稳提高的换档期。

一方面在农业转移人口市民化方面，要进行深度挖潜。我国常住和户籍人口城镇化率差距仍然较大，还有大量未落户的农业转移人口长期在城镇就业居住，但还未能全面同等享有城镇基本公共服务。如果能够实现农民工举家迁移，那么农业转移人口市民化的空间还很大。另一方面，要在城镇体系、城市发展上更加注重城镇化的质量。因地施策，妥善处理好大中小城市的关系，增强大中小城市协同效应，提高县域集聚人口的能力。在城市发展的路径上，要更加注重以人为核心，转变城市粗放式扩张的增长方式，提高城市宜居宜业水平。

第三节　进一步推动区域协调发展需要
着力解决的矛盾和问题

一、东西差距仍是区域发展不平衡的主要方面

东西差距仍然是我国区域发展不平衡的主要方面，西部地区仍是区

域协调发展的短板、逐步实现共同富裕的难点。2023 年，东部地区经济总量是西部的 2.42 倍，人均 GDP 是西部的 1.63 倍。西部地区补齐基础设施和民生方面短板的工作压力仍然较大，易地扶贫搬迁后续扶持工作任务繁重，巩固拓展脱贫攻坚成果压力较大；人均可支配收入仍然是四大板块最低，2023 年西部 12 省份人均可支配收入均低于全国平均水平，排在全国后 7 位的省份均在西部地区。

二、南北分化态势有所扩大

近年来，在多种因素作用下，北方一些省份经济增速明显放缓，经济份额"南升北降"、经济增长"南快北慢"、发展质量"南高北低"，全国经济重心南移。北方经济总量占比从 2012 年的 39.42% 下降至2023 年的 35.05%（见图 0－2）。2023 年，北方经济增速为 4.02%，低于南方 1.16 个百分点。南北方人均地区生产总值比从 2012 年的 0.95提高到 2023 年的 1.25。产业和创新活力"南强北弱"，2022 年南方地区规模以上工业企业研发（R&D）经费是北方地区的 2.01 倍；2023 年人口净流入前五位的省份均位于南方。

三、特殊类型地区与功能型地区叠加短板仍然较多

以脱贫地区为重点的欠发达地区以及革命老区、边境地区、生态退化地区、资源型地区、老工业城市等特殊类型地区普遍发展较为滞后，是发展不平衡不充分体现最为突出的地区，也是推进高质量发展的重点难点区域。同时，这些地区又多与粮食主产区、生态功能区、能源资源地区、边境地区等功能型地区叠加，在国家发展大局中具有重要的安全保障功能。例如，边境地区基础设施和公共服务欠账较多，人口和经济支撑力不强，人口老龄化、空心化形势严峻。生态退化地区、资源型地区等人地关系比较紧张，生态治理修复任务较重，

转型发展的瓶颈制约较多。

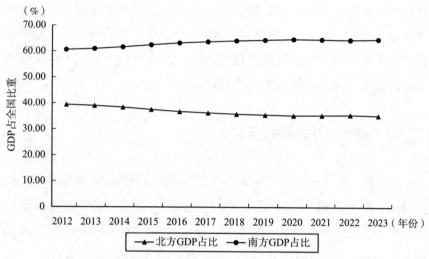

图 0 – 2　2012 ~ 2023 年南北方 GDP 占全国经济份额变化

资料来源：国家统计局，2023 年各省份国民经济和社会发展统计公报。

四、区域板块及省域内分化较为明显

从区域板块看，板块内部的分化增强，例如 2023 年，东部地区的河北、海南的人均地区生产总值低于全国平均水平，仅有江苏省的39% 和 46%，差距较大。以 400 毫米降水线为界，西部地区出现明显分化，400 毫米降水线西侧区域大致包括内蒙古、西藏、甘肃、青海、宁夏、新疆 6 省份，2023 年 6 省份经济总量、进出口总额分别仅占西部地区的 23. 81%、17. 08%。① 这 6 个省份重点生态功能区和禁止开发区分布集中，生态脆弱区面积大、类型多，水资源制约较大，地广人稀且居住分散，公共服务设施投资成本高、利用率较低，产业结构较为单一，抗外部冲击能力相对较差，保护发展面临一系列突出问题。

_____

① 根据各省份海关公布数据计算。

从省内看，广东、江苏、山东、福建等省份省域内部发展不平衡问题日益凸显，成为区域发展不协调的新特征。由于区位特征、资源禀赋、历史文化等不同，不同地区间的发展差距会始终存在，但过大的差距会对经济社会的稳定有序发展产生负面影响。以广东为例，广东区域发展不平衡主要表现为珠三角地区和粤东西北地区之间的差距，且差距较为显著并有再次拉大的趋势。党的十八大以来，珠三角地区经济集聚态势有所增强，2023 年 GDP 占比达到 81.2%，较 2013 年提高 1.6 个百分点（见图 0-3）。

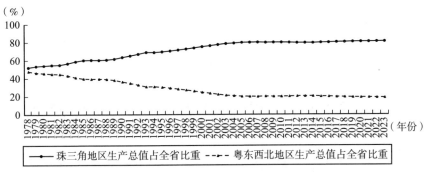

图 0-3 1978～2023 年珠三角及粤东西北地区生产总值占全省比重

注：粤东西北地区包括汕头、汕尾、潮州、揭阳、阳江、湛江、茂名、韶关、河源、梅州、清远和云浮 12 市。

资料来源：根据相应年份《广东省统计年鉴》数据计算。

五、城乡分化是区域发展不协调的重要体现

城乡发展不平衡仍是我国区域发展不协调的重要问题，城乡分化与区域分化交织是"人民日益增长的美好生活需要和不平衡不充分的发展之间的矛盾"的突出体现。尽管近年来农村居民的收入水平不断提高，但与城镇居民的绝对差距仍然较大。2023 年，全国居民人均可支配收入 39218 元，其中，城镇居民人均可支配收入 51821 元，农村居民人均可支配收入 21691 元。农村居民人均可支配收入不足城镇居民水平的一

半。同时，城乡间教育、医疗、文化、娱乐、人居环境、基础设施配套等方面短板欠账仍然较多，农村居民生活质量与城市仍然有较大差距。推动以人为核心的新型城镇化、促进城乡融合发展是缩小城乡差距的重要途径。未来一段时期，是我国城镇化由高速度转入高质量推进的关键时期，要进一步聚焦关键性制度问题，为新时期新型城镇化创造良好的环境。

第四节 主要问题背后的制度因素

造成这些问题的原因既有自然地理特征和资源禀赋差异的因素，同时也有体制机制、要素配置等深层次的原因。推动区域协调发展，就要将有效市场和有为政府更好结合起来，突破深层次因素的制约。

一、区域市场分割及无序竞争影响要素和资源高效配置

改革开放以来，各地区的竞相发展是推动我国经济不断跨上新台阶的强劲动力，但也要看到，这种竞争在推动各地快速发展的同时，也不同程度地带来了市场分割、低水平重复建设、低效率资源利用等问题。近年来，我国深入实施京津冀协同发展、长江三角洲区域一体化发展、粤港澳大湾区建设等区域重大战略，加快城市群、都市圈建设，很大程度上畅通了区域要素流动，推动区域一体化建设迈上了新台阶，但以行政区为基础单元的发展模式仍没有得到根本改变，区域分工合作的制度性障碍和壁垒还比较多，市场一体化的长效机制尚未形成。一些地方优势特色发挥不足，与其他区域交往联系不深，没有形成区域间融合互动、融通补充的良好格局。一些地方地区保护主义较为严重，区域市场的歧视性、隐蔽性准入限制比较突出。这些都制约了资源要素的自由流动和高效配置，影响了区域间产业和创新合作。

二、区域发展的协同性、联动性和整体性有待增强

区域战略融合路径不明晰。当前，区域重大战略实施主要以战略区域内的合作为主，以政策性引导为主，跨区域战略合作路径还不明晰，缺少国家层面制度设计，不同地区争夺优势地区资源易导致同质无序竞争的局面。例如，江西、湖南、广西等地对接粤港澳大湾区建设时重点领域重合度高，缺少一体化谋划。

跨行政区合作的机制设计尚不完善。无序补贴、企业和人才迁移门槛、隐性行政壁垒等制约了资源要素的自由流动和高效配置，成本共担、收益共享的跨行政区合作机制缺位，跨行政区产业合作、东部地区向中西部和东北地区产业转移的积极性不足，影响了更大范围、更深层次的跨行政区合作意愿和质量。

三、不同类型地区间区际补偿机制不健全

生态功能区、粮食主产区、资源型地区、边境地区等重要功能区与特殊类型地区叠加，仍面临较大困难，成为我国区域协调发展的短板、共同富裕的难点。当前，部分重要功能地区在生产大量具有正外部性公共产品的同时，却成为相对落后地区，特别是人民生活水平相对落后，造成了区际利益的冲突，影响了这些地区承担安全保障功能的积极性。尽管当前已明确提出粮食主产区和主销区之间、资源输出地和输入地之间、生态保护地和受益地之间的利益补偿机制，但配套的可操作性举措缺位，以地方为主体的推动方式导致制度难以落地。

四、现行财税、公共服务等制度与人口流动走向不匹配

从公共服务资源配置来看，中西部城市、中小城市和县城对农业

转移人口的承载能力相对不足，促进人口就地就近转化的财税体制尚不健全，农业转移人口公平享受公共服务资源特别是优质公共服务资源门槛依然较高，农业转移人口配偶、子女随迁就业就学难度仍然较大。部分超大特大城市人口规模大、密度高，安全风险隐患仍然较多，部分中心城市省域内"一市独大"，对周边城市的人口资源虹吸效应较强，导致人口实际流向与政策设计目标出现偏差。在现有制度框架下，推动农业转移人口市民化要求将更多的人口纳入人口输入城市的公共服务体系中，构建与人口流动走向相匹配的社会资源再分配机制，以系统观思维设计就业、教育、社会保障、住房等政策，加快构建更为完善的财税资源、公共服务资源、社会保障资源配置制度。

第五节　进一步优化区域协调发展重大政策和体制机制设计的总体思路

一、尊重客观规律，因地制宜促进区域协调发展

按照客观经济规律调整完善区域政策体系，发挥各地区比较优势，细化主体功能区战略，加快构建优势互补、高质量发展的动力系统。增强中心城市和城市群等经济发展优势区域的经济和人口承载能力，增强中心城市和城市群等经济发展优势区域的经济和人口承载能力。增强其他地区在保障粮食安全、生态安全、边疆安全等方面的功能，更好统筹发展和安全。促进人口和劳动力在城乡、区域间流动更加活跃，形成畅通有序、合理公正的人口流动和分布格局。

二、坚持三大目标，共建共享促进城乡区域协调发展

坚持以人民为中心，明确基本公共服务均等化、基础设施通达程度比较均衡、人民基本生活保障水平大体相当的城乡区域协调发展目标。这些既是区域协调发展的目标，也是推动区域协调发展战略的重要抓手。促进城乡区域协调发展应坚持三个目标方向不动摇，要采取针对性更强、覆盖面更大、作用更直接、效果更明显的举措，加快补齐相对落后地区基础设施和公共服务短板，织密扎牢托底民生"保障网"，确保不同地区发展机会公平，扎实推动共同富裕。

三、推动融合发展，形成促进区域协调发展的合力

发挥区域协调发展战略、区域重大战略、主体功能区战略的叠加效应，促进区域间相互融通补充。以优化重大生产力布局为牵引，推动东西部产业转移，推动东部沿海等发达地区支持中西部条件较好地区加快发展。以新型城镇化战略和乡村振兴战略相互衔接促进城乡融合发展。健全市场一体化发展机制，促进城乡区域间要素自由流动。深入开展对口支援，创新开展对口协作（合作），健全区际利益补偿机制，推动区域合作互动。

四、强化精准施策，细化区域协调发展政策体系

处理好局部和全局、当前和长远、重点和非重点的关系，提高区域政策有效性。区域政策和新型城镇化政策设计，要抓住新的趋势和变化，精准抓取当前重大战略中的关键突破口加以重点推进，着力解决制约我国区域高质量发展的共性问题和个性问题，及时根据实际情况调整完善实施政策设计，确保区域协调发展和新型城镇化扎实高效落实。

第六节　政策建议

一、以优化重大生产力布局为牵引，加快形成高质量发展的动力系统

（一）增强京津冀、长三角、粤港澳大湾区三大动力源地区参与全球竞争的引擎功能

面向世界科技前沿、面向国家重大需求，推动北京加快建成国际科技创新中心，支持长三角地区加快形成我国原始创新和产业创新高地，推动粤港澳三地深度协同加快建设具有全球影响力的国际科技创新中心、综合性国家科学中心，加快推动科技自立自强，在关键领域和关键核心技术领域取得更多突破，以强大的科技实力和创新能力赢得未来发展主动权，构筑世界级创新高地和新兴产业策源地。引领更深层次更高水平更大范围的改革开放，发挥动力源地区制度创新平台多、国际交往平台多、与国际规则衔接紧密等优势，积极推动贸易和投资自由化便利化，在国际高标准市场规则体系建设中发挥积极作用，提升全球资源配置能力，更好服务新发展格局构建。

（二）分类培育以重点城市群为主要载体的区域引擎

加快提升成渝双城经济圈高质量发展增长极作用，积极建设成渝综合性科学中心，促进川渝两地共同培育世界级先进制造产业集群。推动长江中游城市群、关中平原、中原城市群提档升级，引领中西部地区高质量发展。增强山东半岛、粤闽浙沿海、北部湾等沿海城市群沟通内外循环的能力，更好服务全国新发展格局的构建。促进辽中南、哈长城市

群、兰州—西宁、宁夏沿黄、呼包鄂榆城市群在创新引领、产业集聚、人口集聚等方面提升承载力和吸引力，逐步成长为有辐射带动能力的区域增长极。以山西中部、黔中、滇中、天山北坡城市群等省内城市群建设强化省会城市区域动力源作用。

（三）构建多层级城市动力系统

支持北京、上海、广州、深圳面向全球竞争提升竞争力，增强在全球资源配置中的话语权。将重庆、成都、武汉、西安、南京、合肥等打造成为高能级中心城市，强化其对区域经济乃至全国经济高质量发展的引领带动能力。支持其他省会城市、计划单列市，以及苏州等城市进一步提升发展质量效益，努力将其打造成为区域性中心城市。

二、统筹推进四大板块发展，增强区域发展协调性

（一）因地制宜推动四大板块地区高质量发展

加快形成大保护、大开放、高质量发展的新格局，推动西部地区积极参与共建"一带一路"，筑牢生态屏障，大力发展特色优势产业，不断提升高质量发展能力。从"五大安全"战略高度出发，全力破解东北地区体制机制障碍，激发市场主体活力和内生发展动力，创造良好人口发展环境，推动产业结构优化。以建设全国粮食生产基地、能源原材料基地、现代装备制造及高技术产业基地和综合交通运输枢纽为引领，充分发挥中部地区连南接北、承东启西的区位优势，着力构建以先进制造业为支撑的现代产业体系，推动内陆高水平开放。推动东部地区加强创新引领，打造世界级先进制造业集群，全方位参与国际合作和建设开放型经济体系，引领中国式现代化。增强长江经济带发展、黄河流域生态保护和高质量发展两大区域重大战略对连接东中

西板块的作用。

（二）推动产业梯度转移促进跨区域链式互动

由于我国不同地区自然资源、人力资本、科技创新能力、对外开放条件、市场发育程度和交通通道性等方面差异较大，不同区域产业链价值链层次相差较大，这为国内产业梯度转移承接提供了多样选择。要加强差异化政策引导推动产业梯度转移，促进区域错位协作发展，继而引导创新链、产业链、要素链跨区域联动，在更大范围内形成创新链式带动、产业网络协作的经济互动格局。完善软硬件配套条件，壮大技能人才队伍，着力提升中西部地区产业承接能力。支持通过飞地经济、共建园区等模式推动东部沿海省份到中西部地区建立配套产业园区。优化中西部地区营商环境，在中西部地区布局更多改革和制度型开放试点。

（三）精准支持不同特殊类型地区高质量振兴发展

加快建立健全针对脱贫地区等欠发达地区的长效帮扶机制，支持欠发达地区改善基础设施和公共服务，发展特色产业，完善欠发达地区与发达地区的区域合作与利益共享机制。支持革命老区振兴发展，充分挖掘红、绿两大核心资源，推动老区高质量发展，更深层次开展对口合作。进一步加大对边境地区基础设施、公共服务、民生保障、固边兴边的支持力度，持续推进兴边富民示范城镇建设，提升边境地区人口与经济支撑能力。加快生态退化地区绿色转型发展，推进实施重大生态修复工程，完善区域间横向生态补偿制度。健全可持续发展长效机制，支持资源型地区绿色低碳发展转型。支持老工业城市加快制造业竞争优势重构和工业遗产保护利用，促进老工业城市旧貌换新颜。

（四）完善区域协调发展保障支撑制度体系

加快建立区域战略统筹机制，促进区域间融合互动、融通补充。健全市场一体化发展机制，推动形成全国统一开放、竞争有序的商品和要素市场。深化区域合作机制，通过区域合作增强势能，提升效能，激发潜能。优化区域互助机制，更好统筹发达地区和欠发达地区发展。完善基本公共服务均等化机制，建成全覆盖可持续的社会保障体系，以标准化推动区域基本公共服务均等化。创新区域政策调控机制，聚焦缩小区域差距，建立区域均衡的财政转移支付制度，加强区域政策与财政、货币、投资等政策的协调配合。加快完善区域规划体系、区域发展监测评估体系和区域协调发展法律法规体系。

三、建立健全面向重要功能性区域的利益补偿机制，增强安全保障能力

（一）以提高产粮意愿和能力为目标，健全农产品主产区利益补偿机制

稳步提高中央对粮食主产区的财政转移支付力度，探索建立粮食主销区对主产区的财政横向转移支付机制，充实面向粮食主产区的财政补偿资金。推动粮食主销区与主产区加强协作，引导粮食主销区在主产区建设加工园区、粮源基地、粮食加工转化和仓储物流设施，鼓励粮食主销区地方政府在确保区域内短期粮食安全的前提下与主产区开展异地粮食储备合作。

（二）以"权责统一"为原则，健全生态保护补偿机制

强化中央财政对重点生态功能区转移支付的主导责任，推动单项生态补偿向生态综合补偿转变。发挥长江经济带发展、黄河流域生态保护和高质量发展等重大战略实施引领作用，由点及面，深入推进跨省区横向生态保护补偿。完善生态产品价值转化机制，加快完善基础性制度建设，及时推广试点经验，鼓励引导生态地区充分利用优质生态产品优势，促进产业与生态"共生"发展。构建市场化多元化生态补偿机制，

深入推进排污权交易、碳排放权交易、用能权交易、水权交易等市场化交易机制实施，支持发展绿色金融。

（三）以推动资源开发成本内部化为关键，完善资源输出地区利益补偿机制

发挥价格杠杆作用，建立健全以市场供求关系为基础、充分考虑资源产品外部性成本、能够真实反映市场供求关系和资源稀缺程度的资源价格形成机制，推动资源性产品生产过程中环境污染治理成本内部化。完善资源开发补偿机制，完善落实矿业权交易制度，规范发展探矿权、采矿权交易市场，完善矿山环境恢复治理保证金制度。建立健全资源地区转型成本分担机制，完善资源地区转型发展长效机制，支持资源输出地与输入地加强科技研发及成果转化、产业协作、人才培养等领域合作。

（四）以兴边富民为主线，健全边境地区利益补偿机制

以中央及省级财政为主体补齐边境地区民生短板。完善边民动态补助机制，提高驻边教师补助标准。优化边境地区产业发展政策环境，内蒙古、黑龙江、新疆等北方边境地区以及广西、云南等西南边境地区开放开发条件相对较优，要在开放、资金、技术等方面给予其适当倾斜和支持，助力用好"一带一路"建设机遇，以开放促发展。科学确定边境地区口岸的功能定位，促进新业态、新模式与边境贸易融合。针对边境地区资源、生态等特色基础条件，安排一批要素市场化改革举措先行先试。

四、促进南北方协同联动发展，增强北方地区活力

（一）培育壮大北方高质量发展动力源

提升北京、天津、郑州、西安、沈阳、青岛、呼和浩特等北方中心

城市科技创新和产业竞争力，加快培育若干现代化都市圈，辐射带动周边建设一批高端制造业腹地。加强北京与津冀地区科技合作，引导高端及先进制造业在滨海新区及河北聚集，强化对环渤海乃至北方地区的辐射带动。扎实推进黄河流域生态保护和高质量发展战略，提升关中平原城市群、山西中部城市群、呼包鄂榆城市群、宁夏沿黄城市群等沿黄重点城市群建设。扎实推动东北地区产业转型升级，增强沈阳、长春、哈尔滨的辐射带动能力，全面打造良好的营商环境。

（二）深化南北方产业协作

加强北方地区产业承接能力建设，促进创新链、产业链、供应链南北方联动布局，构建以先进制造业为支撑的现代产业体系。积极引导南方企业"北上"，引导南方创新链、产业链、供应链和人才链向北方地区拓展延伸，带动北方地区土地、能源资源、劳动力、生态环境等要素优势就地转化为经济优势，创新飞地经济模式及其利益共享机制，推动南北方共建一批资源深加工基地、科技成果转化平台等。

五、优化区域开放布局，不断拓展区域发展新空间

进一步推动共建"一带一路"与区域协调战略、区域重大战略衔接互动，巩固东部地区开放先导地位，统筹推进中西部和东北地区高水平开放，推动沿海开放与内陆沿边开放相互促进、共同发展，稳步扩大制度型开放，加快构建开放型经济新体制。

（一）持续巩固东部沿海地区开放先导地位

发挥好粤港澳大湾区、长三角地区、京津冀地区稳外资外贸的压舱石作用，持续推动货物贸易优化升级和服务贸易创新发展。推进海南全面深化改革开放，加快推进海南自由贸易港建设，进一步合理缩减海南自由贸易港外资准入负面清单，加快推动全岛封关运行，支持海南自贸

港在中国—东盟全面战略合作中发挥更加重要的作用。继续推动浦东开发开放，用足用好新区立法权，为全国提供高水平制度供给样本。对标高水平国际经贸规则，加大上海自由贸易试验区临港新片区压力测试，支持虹桥商务区国际开放枢纽建设。推动福建高质量建设 21 世纪海上丝绸之路核心区，加快建成海上丝绸之路设施联通门户、制度型开放引领区、创新合作先行区、经济发展融合区、人文交流示范区。

（二）不断提高中西部地区开放能级

把握更大范围、更宽领域、更深层次对外开放战略机遇，推动西部地区积极参与和融入共建"一带一路"。支持新疆发挥向西开放重要窗口作用，深化与中亚、南亚、西亚等国家交流合作，打造丝绸之路经济带核心区。支持壮美广西建设，推动云南加快建设我国面向南亚东南亚辐射中心，积极构建中国—东盟命运共同体。高水平建设西部陆海新通道，提升通道质量效益，不断拓展铁海联运班列线路，稳步发展跨境班列班车。高标准建设安徽、河南、湖北、湖南、重庆、四川、陕西、广西、云南、新疆自由贸易试验区，支持有条件地区设立综合保税区、创建国家级开放口岸，着力推动内陆高水平开放。支持中欧班列加密开行班列，推动西安、成都、重庆、郑州、乌鲁木齐五大集结中心功能提升，适时研究布局一批新的集结中心。支持贵州、江西内陆开放型经济试验区建设，探索更多内陆省份开放型经济发展的好方法、好路子。

（三）推动东北地区打造面向东北亚开放前沿

进一步支持东北地区充分发挥沿海沿边区位优势，积极参与"中蒙俄经济走廊"建设，持续推进东北亚区域合作。全面推动长吉图开发开放先导区建设，促进辽宁沿海经济带高质量发展，加强重点开放平台建设。加强与东北亚国家高端装备、冰雪产业、节能环保、现代农业等领域合作，保持东北亚地区产业链、供应链稳定畅通。用好冰雪资源优势，有序推进冰上丝绸之路建设。

（四）充分发挥重要开放平台作用

高水平办好海南消博会、北京服贸会、上海进博会、广州广交会，打造各国共享机遇、扩大交流的国际平台。推动22个自贸试验区提质增效，加大对外开放压力测试力度，持续推进制度创新和复制推广。深化国际区域合作，支持边境经济合作区发展，稳步建设跨境经济合作区。

六、强化以人为核心导向，推动实现高质量城乡区域协调发展

（一）加大对中西部地区城镇化挖潜的支持力度

加大对中西部地区就近城镇化的支持力度，促进大中小城市和小城镇协调发展。支持中西部有条件的地区培育发展省域副中心城市，引导人口经济合理分布，培育发展中西部地区城市群。中西部城镇体系比较健全、城镇经济比较发达、中心城市辐射带动作用明显的重点开发区域，要在严格保护生态环境的基础上，引导有市场、有效益的劳动密集型产业优先向中西部转移，吸纳东部返乡和就近转移的农民工，加快产业集群发展和人口集聚，培育壮大城市群和都市圈。

（二）进一步壮大县域经济

县域是我国的"乡头城尾"，发挥着承上启下的重要功能，是发展经济、保障民生、维护稳定的重要基础，是区域经济高质量发展的重要支撑点，也是我国经济发展和社会治理的基本单元以及促进城乡融合发展的重要纽带。要以发展壮大县域经济为重要抓手，加快培育区域高质量发展增长点。推进以县城为重要载体的城镇化建设，因地制宜补齐县城短板弱项，增强县城综合承载能力，更好吸纳农业转移人口就地就近城镇化。强化县城产业支撑，稳定扩大就业岗位，吸引和留住人才。加强协调联动促进城乡融合发展，推进县域经济积极融入城市群、都市圈

建设，促进城乡设施服务衔接共享，要素双向有序流动，加快构建城乡互补、工农互促、城乡融合、共同繁荣的发展格局。

（三）加快弥补城市品质短板

加快城市智慧化转型，以数字技术提高城市精细化管理水平。塑造绿色人居环境，打造高效紧凑、功能混合的人居空间形态，统筹用地布局、交通组织、城市空间发展，提高土地混合利用和密集开发水平。彰显城市文化特色，推动文化与城市建设发展有机融合，塑造城市特色文化风貌，培育城市品牌，提升城市居民认同感。提升城市治理体系和治理能力现代化水平，加强城市社区建设，践行全过程人民民主，构建城市治理共同体。全面推进韧性城市建设，健全城市综合风险管理体系，提升应急响应、风险管控水平。

（四）构建与人口流动相匹配的公共服务供给机制

推动公共资源由按城市行政等级配置向按实际服务管理人口规模配置转变。以增强城市提供公共服务和基础设施建设能力为方向完善财税制度改革，继教育领域和科技领域中央与地方财政事权和支出责任划分改革后，完善社会保障领域的相应改革。落实放宽城市落户条件，全面实施居住证制度，深入推进常住人口基本公共服务全覆盖，深化"人钱挂钩""人地挂钩"等配套政策。适度增加地方税种和税源，增强地方财政支撑。支持北京、上海、广州、深圳、苏州、武汉、合肥、郑州、重庆、成都等中心城市积极探索多元化民生服务供给机制，满足多样化民生服务需求，提升高等教育、职业教育、高端医疗、养老、文体等民生服务供给能力和水平。

第一章

我国重点区域战略的政策设计和制度安排

习近平总书记关于区域发展的系列讲话和重要论述，为新时代推动实施区域协调发展战略、加快形成优势互补高质量发展的区域经济布局提供了根本遵循。党的十八大以来，习近平总书记高瞻远瞩、统揽全局，审时度势，深思熟虑，不断丰富完善区域发展的理念、战略和政策体系，亲自谋划、亲自部署、亲自推动了京津冀协同发展、长江经济带发展、粤港澳大湾区建设、长江三角洲区域一体化发展、黄河流域生态保护和高质量发展、海南自由贸易港建设等区域重大战略，分类推动四大区域板块高质量发展，不断推动我国区域协调发展进入新境界。

第一节　高质量建设三大动力源

京津冀、粤港澳大湾区、长三角地区是具有关键引领带动作用的三大动力源地区，是我国高质量发展的重要引擎，也是我国参与全球产业科技竞争的主阵地。

一、牢牢抓住疏解北京非首都功能这个"牛鼻子",深入实施京津冀协同发展战略

(一)重要部署

1. 战略目标

2014年2月,习近平总书记在北京主持召开座谈会,专题听取京津冀协同发展工作汇报,提出实现京津冀协同发展是一个重大国家战略。2015年6月,《京津冀协同发展规划纲要》出台实施,确定了"功能互补、区域联动、轴向集聚、节点支撑"的布局思路,描绘了京津冀协同发展的宏伟蓝图,目标是建设以首都为核心的世界级城市群、区域整体协同发展改革引领区、全国创新驱动经济增长新引擎、生态修复环境改善示范区。京津冀协同发展围绕疏解北京非首都功能这一"牛鼻子",进一步提高为中央政务服务保障水平,推动交通、生态、产业等重点领域合作先行,打造雄安新区、北京城市副中心"两翼",探索以世界级城市群为基础的人口经济密集地区优化开发模式。

其中,北京着力建设"四个中心",包括全国政治中心、文化中心、国际交往中心、科技创新中心。天津着力建设"一基地三区",包括全国先进制造研发基地、北方国际航运核心区、金融创新运营示范区、改革开放先行区;河北着力建设"三区一基地",包括产业转型升级试验区、新型城镇化与城乡统筹示范区、京津冀生态环境支撑区和全国现代商贸物流重要基地。

2. 空间范围

京津冀地区包括北京、天津、河北三个省份,总面积为21.7万平方公里,占全国的2.3%;形成了"一体两翼"的格局,两翼是指北京城市副中心和河北雄安新区。

——北京城市副中心。中共中央、国务院于2019年1月批复实施

北京城市副中心控制性详细规划，规划明确到 2035 年初步建成具有核心竞争力、彰显人文魅力、富有城市活力的国际一流的和谐宜居现代化城区。规划范围为原通州新城规划建设区，总面积约 155 平方公里；外围控制区即通州全区约 906 平方公里，进而辐射带动廊坊北三县地区协同发展。

——河北雄安新区。设立河北雄安新区，是以习近平同志为核心的党中央深入推进京津冀协同发展作出的一项重大决策部署，是重大的历史性战略选择，是千年大计、国家大事。规划建设雄安新区意义重大、影响深远。2017 年 4 月 1 日，中共中央、国务院印发通知，决定设立国家级新区——河北雄安新区。雄安新区为河北省管辖的国家级新区，位于河北省中部，地处北京、天津、保定腹地。雄安新区包括雄县、容城县、安新县三县及周边部分区域，起步区面积约 100 平方公里，中期发展区面积约 200 平方公里，远期控制区面积约 2000 平方公里。

（二）主要进展

1. 区域经济实力持续提升

2023 年，京津冀地区实现经济总量 10.44 万亿元，占全国的比重为 8.28%，是 2014 年的 1.78 倍（见表 1–1）。其经济密度约为 0.48 亿元/平方公里；人口达到 1.09 亿人，约占全国的 7.76%，人口密度为 504 人/平方公里。

表 1–1　　　　战略实施以来京津冀地区经济情况　　　单位：万亿元

地区	2014 年	2015 年	2016 年	2017 年	2018 年	2019 年	2020 年	2021 年	2022 年	2023 年
北京	2.29	2.48	2.70	2.99	3.31	3.54	3.59	4.03	4.16	4.38
天津	1.06	1.09	1.15	1.25	1.34	1.41	1.40	1.57	1.61	1.67
河北	2.52	2.64	2.85	3.06	3.25	3.50	3.60	4.04	4.20	4.39
京津冀	5.87	6.21	6.70	7.30	7.90	8.45	8.59	9.64	9.97	10.44

资料来源：各地统计年鉴、课题组计算整理。

2. 疏解北京非首都功能有序展开

北京非首都功能疏解是京津冀协同发展的"牛鼻子"。疏解北京非首都功能、解决"大城市病"问题，是京津冀协同发展战略的重要使命。聚焦人口和建设规模"双控"，通过城市结构优化、京津冀三地协同联动，北京常住人口 2016 年以来整体呈下降趋势（见图 1 – 1），成为全国首个减量发展的超大城市。

（万人）

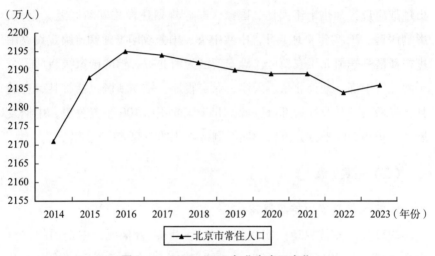

图 1 – 1　2014 ~ 2023 年北京人口变化

资料来源：北京统计局。

3. "两翼"有效发挥承接功能

北京城市副中心逐步完善城市综合功能，有效承载中心城区功能和人口疏解。北京市级机关 35 个部门、165 个单位共 1.4 万人正式搬入副中心办公，中心城区迁到副中心的企业数量自 2017 年起每年保持增长。副中心建设带动通州快速发展，2023 年通州区常住人口为 184.5 万人，占北京市的比重为 8.44%，较 2014 年提高 2.19 个百分点；GDP 为 1303.6 亿元，占北京市的比重为 2.98%，较 2014 年提高 0.41 个百分点。河北雄安新区进入承接非首都功能疏解和建设同步推进的重要阶段，重大项目和重点片区加快建设，启动区主要基础设施基本建成，起步区重大基础设施全面建设；自设立以来，总开发面积超过 120 平方公里。

4. 北京国际科技创新中心建设提速强化创新动能

近年来，北京加快建设国际科技创新中心，《2023 年全球创新指数报告》显示，北京在全球科技集群中排名第四位。加快推进中关村科学城、怀柔科学城、未来科学城和北京经济技术开发区"三城一区"创新高地建设，加快组建国家实验室，重组国家重点实验室体系，着力解决"卡脖子"问题，解决重大、关键的"0"到"1"的问题，有效推进产业链高端化。

（三）战略推进思考

1. 持续推动北京非首都功能疏解

面对人口膨胀、交通拥堵、房价高涨等"大城市病"症状，北京走上了内涵式集约发展的新路。未来一段时期，伴随着雄安新区打造北京非首都功能集中承载地、北京副中心"两翼"打造国际一流和谐宜居之都示范区建设和发展的加快推进，北京非首都功能将进一步疏解，按照有共识、看得准、能见效、有影响的原则，一批区域性批发市场、一般性制造业企业、学校、医院将继续有序向外疏解，部分人口和企业将进一步向两翼及周边地区转移。

2. 不断深化京津冀产业创新协同

目前，京津冀三地产业创新领域协同发展进展较慢，津冀两地正在着力提高承接配套能力，补齐重点领域产业链短板，提高津冀对北京创新资源的承接能力。北京的技术溢出和辐射带动能力将进一步增强，数字经济、智能汽车、生物医药、新材料等新兴动能不断壮大。未来，伴随着津冀两地产业层次的不断提升，三地政府和市场将双重发力，通过寻求产业链最大公约数，构建分工合理的创新发展格局，推动三地之间形成原始创新—研发转化—推广应用的高效衔接，实现三地在产业关键技术研发和转化应用方面深度合作与联合攻关，提高三地整体发展效率。

二、紧扣"一体化"和"高质量"，深入实施长三角一体化发展战略

（一）重要部署

1. 战略目标

长三角地区是我国经济发展最活跃、开放程度最高、创新能力最强的区域之一，在中国式现代化建设大局和全方位开放格局中具有举足轻重的战略地位。以习近平同志为核心的党中央高度重视长江三角洲区域一体化发展，2019 年中共中央、国务院印发《长江三角洲区域一体化发展规划纲要》（以下简称《长三角纲要》）。

长三角地区发展的两个主题词是"一体化"和"高质量"，即更加注重提高经济集聚度，更加注重提高区域连接性，更加注重提高政策协同效率，统一到更高质量一体化发展上来。长三角地区是我国高质量发展的引领区，也是我国经济稳定的重要压舱石、稳定器，对全国其他地区具有重要的辐射带动作用。

2. 空间范围

《长三角纲要》明确长三角一体化战略覆盖范围为上海、江苏、浙江、安徽全域，设计了长三角全域、中心区、示范区、上海自贸区新片区四个圈层结构，形成了新片区拓展功能、示范区先行探索、中心区率先复制、全域集成推进的一体化发展格局。

——长三角全域。上海、江苏、浙江、安徽（以下简称三省一市），面积 35.8 万平方公里。

——中心区。以上海，江苏南京、无锡、常州、苏州、南通、扬州、镇江、盐城、泰州，浙江杭州、宁波、温州、湖州、嘉兴、绍兴、

金华、舟山、台州，安徽合肥、芜湖、马鞍山、铜陵、安庆、滁州、池州、宣城27个城市为中心区，面积22.5万平方公里，辐射带动长三角地区高质量发展。

——示范区。以上海青浦、江苏吴江、浙江嘉善为长三角生态绿色一体化发展示范区（面积约2300平方公里），示范引领长三角地区更高质量一体化发展。

——上海自贸区新片区。以上海临港等地区为中国（上海）自由贸易试验区新片区，打造与国际通行规则相衔接、更具国际市场影响力和竞争力的特殊经济功能区。

（二）主要进展

长三角地区具有实体经济发达、科技水平高、人才资源富集、开放程度高等特征，形成了产业体系和全国规模最大的制造业集群，是我国经济最活跃、人口最密集的地区。

1. 经济综合实力领先、经济韧性强

2023年，长三角地区生产总值达到30.5万亿元（见表1-2），约占全国的24.2%，经济密度约为0.81亿元/平方公里；常住人口2.4亿人，约占全国的16.9%，人口密度约为661人/平方公里。长三角地区是三大动力源地区中经济实力最强的地区，2023年地区生产总值分别高于京津冀、粤港澳大湾区20.1万亿元、16.5万亿元。江苏、浙江、安徽都是全国经济实力雄厚的大省，2023年经济总量分别排在全国第2、第4、第11位。

2. 形成了一批经济强市和经济强县

长三角地区经济强市分布较多。从经济总量上看，2023年上海、苏州、杭州、南京、宁波、无锡、合肥、南通、常州9城GDP超万亿，占全国26个过万亿城市的1/3。从人口看，上海城区人口超过了2000万，是全国最重要的超大城市之一；南京和杭州城区人口均超过600万，处于特大城市行列，未来将向超大城市进军；合肥、苏州和宁波的城区人口超过 300 万，处于 I 型大城市行列。长三角地区还分布着一批经济强县，在 2023 年百强县名单中江苏占据 23 席，浙江占据 16 席，安徽占 13 席，共占 52 席。① 其中，江苏昆山、江阴、张家港、常熟分别位列前四，昆山 GDP 达到 5006.7 亿元，超过贵阳、乌鲁木齐、兰州、呼和浩特、银川、海口、西宁、拉萨 8 个省会城市。

表 1-2 　　　　　　　2016~2023 年长三角地区生产总值 　　　　　　单位：亿元

地区	2016 年	2017 年	2018 年	2019 年	2020 年	2021 年	2022 年	2023 年
上海	29887.0	32925.0	36011.8	37987.6	38963.3	43214.9	44653.0	47218.7
江苏	77350.9	85869.8	93207.6	98656.8	102807.7	116364.2	122876.0	128222.2
浙江	47254.0	52403.1	58002.8	62462.0	64689.1	73515.8	77715.0	82553.0
安徽	42959.2	38061.5	36845.5	34010.9	29676.2	26307.7	45045.0	47050.6
长三角	197451.1	209259.4	224067.7	233117.3	236136.3	259402.2	290289.0	305044.5

资料来源：国家统计局，各省市 2023 年统计公报。

3. 产业创新活跃

长三角地区实体经济基础扎实，工业实力雄厚，制造业发达，创新资源相对集聚，是我国产业创新最为活跃的地区。长三角地区拥有上海国际科技创新中心，上海张江、安徽合肥两个综合性国家科学中心。2023 年长三角研发经费投入总量约占全国的 1/3，汇集了全国 17% 的高等院校以及 1/4 的"双一流"高校，拥有国家企业技术中心数量占全国 26.4%。② 长三角三省一市加快推动协同创新，G60 科创走廊、沿沪宁产业创新带建设稳步推进，长三角科技创新共同体联合攻关合作机制

---

① 中国经济网. 赛迪顾问发布《2023 中国县域经济百强研究》[EB/OL]. (2023-07-25) [2024-07-06]. http://bgimg.ce.cn/xwzx/gnsz/gdxw/202307/25/t20230725_38645895.shtml.

② 浙江大学长三角一体化发展研究中心课题组. 向"新"提质　积"势"成力　长三角一体化发展的"第二个五年"[N]. 光明日报，2024-05-30 (07).

全面建立，从而能够有效提升长三角产业链创新链资源配置效率，推动重点产业链关键核心技术自主可控。一批世界级产业集群正在加速崛起，人工智能、集成电路、生物医药、高端装备、新能源、新材料、新能源汽车等优势产业已经形成集群式发展态势，并带动全国创新链产业链供应链的构建。

4. 高水平开放的前沿阵地

长三角地区拥有通江达海、承东启西、联南接北的区位优势，拥有开放口岸 46 个，口岸资源优良，国际联系紧密，开放水平较高。2023年长三角进出口额为 21.61 万亿元，占全国的 51.76%；其中，出口占全国的 57.97%、进口占全国的 43.54%。江苏、浙江、上海货物进出口总额分别位于全国第 3 位、第 4 位、第 1 位（见表 1-3）。上海自由贸易试验区于 2013 年 9 月 29 日成立，是我国首个自由贸易试验区，是全国自贸区的标杆。重大平台能级加快提升，长三角生态绿色一体化发展示范区先行探索；上海自贸试验区临港新片区以"五自由一便利"为主要内容的制度型开放体系总体形成；虹桥国际开放枢纽能级不断提升；浦东新区深化高水平改革开放，加快建设社会主义现代化建设引领区。

表 1-3　　　　　　　　2023 年长三角地区外贸情况

地区	进出口总额（亿元）	排名	进口总额（亿元）	排名	出口总额（亿元）	排名
上海	106576.6	1	43383.5	1	63193.1	1
江苏	52493.8	3	18774.6	4	33719.1	4
浙江	48998.0	4	13332.0	5	35666.0	3
安徽	8052.2	10	2821.0	13	5231.2	10
长三角	216120.6	—	78311.1	—	137809.4	—
全国	417568.0	—	179842.0	—	237726.0	—

资料来源：全国及上海、江苏、浙江、安徽 2023 年统计公报。

（三）战略推进思考

1. 加快引领新质生产力发展

随着全球新一轮科技革命和产业变革深入发展，新一代信息技术、生物技术、新材料技术、新能源技术等不断突破，推动企业形态、生产方式、业务模式发生根本性变革，主要发达经济体都作出了超前布局。未来，创新是增强产业竞争力的核心动力，长三角地区对我国加快实现科技自立自强的作用将愈加凸显，创新能力的不断增强将进一步提高长三角地区的全要素生产率，以形成发展新质生产力为引领，更好推动技术创新引领产业发展，从而在全球科技和产业革命中形成领先优势。

2. 挖掘内需市场潜力

长三角三省一市以全国 17% 的人口贡献了约 1/5 的投资、约 1/4 消费，是强大国内消费市场的关键支撑，是我国消费市场规模最大、消费水平最高、增长最快的区域。未来，从投资方面看，长三角三省一市特别是上海、江苏、浙江财政实力较为雄厚，企业主体活跃度高，政府投资和企业投资的活跃度仍然较高；从消费方面看，长三角经济发达，工资水平高，对人口的吸引力仍然较强，具有较强的消费需求空间。

3. 增强区域一体化程度

长三角地区城镇体系圈层结构较为合理，不同城市间已经呈现出分工深化、优势互补、梯度发展的格局。从三省一市来看，安徽得益于长三角一体化发展的带动，近年来产业全面升级提质，经济进入高质量发展的快车道。从主要城市来看，上海围绕国际经济、金融、贸易、航运、科技创新五个中心建设持续发力，具有全球影响力的科技创新中心形成基本框架，城市综合实力和国际影响力不断增强。上海都市圈、南京都市圈、苏锡常都市圈、杭州都市圈、合肥都市圈、宁波都市圈六大都市圈建设加快推进，区域经济发展的协调性更好、稳定性更强。从城镇结构来看，长三角地区大中小城市分工合理，县域经济发达，能够支撑人口和经济的合理布局，加快形成区域经济增长的合力。未来，长三角一体化体制机制会更加成熟，产业创新协作也将持续深化，从而形成更加强大的发展合力。

三、持续推动粤港澳三地深度合作，深入实施粤港澳大湾区建设战略

（一）重要部署

1. 战略定位

2017 年 7 月 1 日，习近平总书记在香港见证了国家发展改革委与粤港澳三地政府共同签署《深化粤港澳合作　推进大湾区建设框架协议》，拉开了国家层面推动大湾区建设的帷幕。2019 年 2 月，《粤港澳大湾区发展规划纲要》（以下简称《大湾区纲要》）印发。建设粤港澳大湾区（以下简称大湾区），既是新时代推动形成全面开放新格局的新尝试，也是推动"一国两制"事业发展的新实践。大湾区的建设目标是成为充满活力的世界级城市群、具有全球影响力的国际科技创新中心、"一带一路"建设的重要支撑、内地与港澳深度合作示范区、宜居宜业宜游的优质生活圈。

2. 空间范围

大湾区包括香港特别行政区、澳门特别行政区和广东省广州市、深圳市、珠海市、佛山市、惠州市、东莞市、中山市、江门市、肇庆市（以下简称珠三角九市），总面积 5.6 万平方公里，珠三角九市面积 5.5 万平方公里，以香港、澳门、广州、深圳四大中心城市作为区域发展的核心引擎，香港—深圳、广州—佛山、澳门—珠海作为三极。

（二）主要进展

1. 经济密度、人口密度大

2023 年，大湾区实现经济总量 14 万亿元，较 2017 年大湾区建设启动之初，经济总量增长近 4 万亿元（见图 1-2）。大湾区是我国经济、人口最为集中的区域，经济密度为 2.5 亿元/平方公里、人口密度为 1548 人/平方公里，两项指标分别是京津冀地区的 5.2 倍、3.1 倍，长三角的 3.09 倍、2.34 倍。珠三角九市常住人口为 7869.8 万人，占广东全省常住人口的比重为 61.9%；经济总量超过 11 万亿元，以不到全省 1/3 的土地创造着全省 81.2% 的 GDP。广州、深圳集聚了大湾区大部分的经济和人口。以广州、深圳为带动，形成了广佛同城、深莞一体化发展区域，这 4 座城市也是大湾区 4 座 GDP 万亿城市，成为大湾区主要的经济人口承载区域。从经济总量来看，2023 年深圳和广州两市的 GDP 占珠三角地区生产总值的 58.9%，较 2017 年提高 1.3 个百分点（见表 1-4）。从人口来看，广深两市近年来人口占比呈现稳步上升的态势，从 2017 年的 45.4%，增长到 2023 年的 46.5%，提高了 1.1 个百分点（见表 1-5）。

图 1-2　粤港澳大湾区建设以来 GDP 变化

资料来源：中国政府网，广东省人民政府港澳事务办公室。

表 1 - 4　　　　　　　　2017～2023 年珠三角地区生产总值

城市	2017 年	2018 年	2019 年	2020 年	2021 年	2022 年	2023 年
广州（亿元）	19871.7	21002.4	23844.7	25068.8	28232.0	28839	30355.7
深圳（亿元）	23280.3	25266.1	26992.3	27759.0	30664.9	32387.7	34606.4
珠海（亿元）	2943.8	3216.8	3444.2	3518.3	3881.8	4045.5	4233.2
佛山（亿元）	9382.2	9976.7	10739.8	10758.5	12156.5	12698.4	13276.1
惠州（亿元）	3745.8	4003.3	4192.9	4283.7	4977.4	5401.2	5639.7
东莞（亿元）	8079.2	8818.1	9474.4	9756.8	10855.4	11200.3	11438.1
中山（亿元）	2939.5	3053.7	3123.8	3189.2	3566.2	3631.3	3850.7
江门（亿元）	2745.9	3001.2	3150.2	3203.0	3601.3	3773.4	4022.1
肇庆（亿元）	1965.0	2102.3	2250.7	2313.2	2650.0	2705.5	2792.5
珠三角（亿元）	74953.3	80440.7	87213.1	89850.4	100585.3	104682.3	110214.6
广深占比（%）	57.6	57.5	58.3	58.8	58.6	58.5	58.9

资料来源：广东省及珠三角各市统计局。

表 1 - 5　　　　　　　　2017～2023 年珠三角地区人口变化

城市	2017 年	2018 年	2019 年	2020 年	2021 年	2022 年	2023 年
广州（万人）	1746.3	1798.1	1831.2	1874.0	1881.1	1873.4	1882.7
深圳（万人）	1587.3	1666.1	1710.4	1763.4	1768.2	1766.2	1779.0
珠海（万人）	207.0	220.9	233.2	245.0	246.7	247.7	249.4
佛山（万人）	900.0	926.0	943.1	951.9	961.3	955.2	961.5
惠州（万人）	572.2	584.7	597.2	605.7	606.6	605	607.3
东莞（万人）	1038.2	1043.8	1045.5	1048.4	1053.7	1043.7	1048.5
中山（万人）	418.04	428.8	438.7	443.1	446.7	443.1	445.8
江门（万人）	465.1	470.2	475.3	480.4	483.5	482.2	482.2
肇庆（万人）	403.9	406.6	409.2	411.7	413.0	412.8	413.2
珠三角（万人）	7338.1	7545.5	7684.0	7823.5	7860.6	7829.3	7869.6
广深占比（%）	45.4	45.9	46.1	46.5	46.4	46.5	46.5

资料来源：广东省及珠三角各市统计局。

2. 粤港澳三地合作持续深化

不断丰富"一国两制"实践，持续深化粤港澳规则衔接、机制对接，深圳前海、珠海横琴、广州南沙、河套深港科技创新合作区等粤港澳重大合作平台建设加快推进。"轨道上的大湾区"逐步形成，广深港高铁香港段、港珠澳大桥等跨境基础设施相继落成启用，2024 年 6 月深中通道全面通车，覆盖港澳居民的大湾区"一小时生活圈"初步形成。前海、横琴、南沙、河套四大合作平台框架清晰、各有侧重，进入全面提速建设阶段。前海有效推进香港与内地服务业合作，实现空间扩区与功能提升；横琴立足服务澳门、推动琴澳一体化发展这一主线，"四新"产业加快形成；南沙携手港澳、面向世界，南沙科学城、广州海洋实验室等重大载体加速提档升级；河套以科技创新合作为主题，形成"一河两岸、一区两园"独特发展模式。

3. 国际科技创新中心建设深入推进

粤港澳大湾区对标国际一流水平，逐步形成市场体系健全、体制机制灵活、国际化程度高的创新环境，吸引全球优质要素加快集聚。国际科技创新中心和综合性国家科学中心深入推进，以广深港、广珠澳科创走廊和河套、横琴创新极点为主体的"两廊两点"架构体系不断完善。2024 年世界产权组织（WIPO）最新发布的全球创新指数（GII）显示，"深圳—香港—广州"科技集群连续 4 年位列全球创新指数第二名。产业孕育生态加快完善，以深圳光明科学城、东莞松山湖科学城、广州南沙科学城等重点区域为主阵地，成体系布局建设一批具有世界一流水平的重大科技基础设施，重大科技基础设施实现了"从 0 到 1""从 1 到多"的跨越，一批"国之重器"先后落地；中国散裂中子源已投入运行，强流重离子加速器、脑解析与脑模拟、合成生物研究、材料基因组、冷泉生态系统研究装置等重大科技基础设施正加快建设。

4. 现代产业体系日趋完善

大湾区规模经济效益明显，是我国市场经济最活跃的地区，新质生产力加快形成。市场主体活力强，集群了一批成长力强、发展潜力大的企业。《2024 全球独角兽榜》显示，粤港澳大湾区已集聚独角兽企业达 70 家，约占全国的 1/5、全球的 1/20。制造业实力雄厚，不同城市间加强功能优化、分工协作，逐步构建起以电子信息制造、先进装备制造为支柱和一般加工制造为基础的现代制造业体系，截至 2023 年底已经形成新一代信息通信、超高清视频和智能家电等 7 个国家级先进制造产业集群（见表 1-6），是我国新质生产力发展的重要引擎。

表 1-6　　　　　　粤港澳大湾区国家先进制造业集群情况

所在城市	集群名称
深圳	深圳市新一代信息通信集群
广州、佛山、惠州	广州市、佛山市、惠州市超高清视频和智能家电集群
东莞	东莞市智能移动终端集群
广州、深圳、佛山、东莞	广州市、深圳市、佛山市、东莞市智能装备集群
深圳	深圳市先进电池材料集群
深圳、广州	深圳市、广州市高端医疗器械集群
佛山、东莞	佛山市、东莞市泛家居集群

资料来源：根据工信部公开数据整理。

5. 改革开放走在前沿

大湾区是我国最重要的改革开放政策先行先试区，深圳、珠海、汕头是我国最早的经济特区，几乎所有的国家重大改革和开放政策红利都是在大湾区率先释放的。2019 年 8 月，《中共中央　国务院关于支持深圳建设中国特色社会主义先行示范区的意见》发布，明确要求深圳要"形成全面深化改革、全面扩大开放新格局"；同年 10 月，习近平总书记在深圳经济特区建立 40 周年庆祝大会上的讲话中强调，中国特色社会主义经济特区建设要坚持敢闯敢试、敢为人先，以思想破冰引领改革突围；2020 年 10 月，中共中央办公厅、国务院办公厅发布《深圳建设中国特色社会主义先行示范区综合改革试点实施方案（2020-2025 年）》，深圳在重点领域和关键环节改革成效持续显现，形成了丰富的制度成果和实践成果。

（三）战略推进思考

1. 全面落实"一点两地"战略定位

全面落实习近平总书记关于粤港澳大湾区成为新发展格局的战略支点、高质量发展的示范地、中国式现代化的引领地（"一点两地"）的战略定位，深化粤港澳三地协同，以建设世界一流湾区为引领，着眼于全球竞争，增强全球资源配置能力，系统谋划加快提升参与全球竞争优势，增强动力源地区引擎带动作用，推进新阶段粤港澳大湾区建设取得更大成效。

2. 扎实推动粤港澳三地互利合作

探索"一国两制"新实践始终是粤港澳大湾区建设的重要使命。未来，大湾区建设将着眼于发挥港澳基础科研和现代服务优势，用好珠三角先进制造基础，强化三地科技和产业合作，推动珠三角城市对接香港"北部都会区"发展策略、澳门"1＋4"适度多元发展策略，促进港澳科技成果在珠三角转移转化。持续推动粤港澳三地制度规则深度衔接，进一步降低对港澳专业服务机构及人才在资质认定、许可、执业范围等领域的限制，探索推动知识产权、数据等领域规则标准对接路径，系统优化技术成果和数据跨境转化的制度规则衔接，持续推进就业、教育、医疗、社保等领域合作，促进人流、物流、资金流、技术流、数据流往来更加便利。进一步密切粤港澳三地民生融通和人文交流，完善便利港澳居民生活、学习、就业的政策服务体系，高质量建设大湾区国际教育示范区、港澳青年创新创业基地，为港澳居民在粤发展提供更加便利条件。

3. 持续增强产业策源功能

伴随着大湾区基础创新、前沿创新重大平台布局日趋完善，技术创新与产业发展进一步衔接，大湾区产业策源能力将不断增强，抢占全球产业链创新链的战略位置，成为我国应对全球产业变革、中美科技战略博弈的重要阵地。未来，大湾区将坚持以科技自立自强为引领，深入推进粤港澳大湾区国际科技创新中心、大湾区综合性国家科学中心建设，增强原始创新和基础创新功能，加快突破关键领域关键环节关键技术。开展更加开放包容的国际科技合作，聚焦量子计算、激光技术等优势领域，主动发起全球性创新议题。着力构建"基础研究＋技术攻关＋成果转化＋科技金融＋人才支撑"全过程创新链，抓好粤港澳联合实验室建设，在集成电路、生物医药、人工智能、数字经济等领域发挥好产业策源地功能。

4. 进一步提速传统产业转型升级

珠三角地区一直是我国制造业发展的高地，从产业层次和结构上来看，珠海、中山、江门、肇庆、惠州等城市支柱产业集中于机械制造、金属冶炼、家用电器、石化等传统产业门类，产业结构趋同，且多处于价值链中低端，有较强带动作用的头部企业少，产业规模小，尚未形成集群发展态势。目前，珠三角传统产业转型正在提速，中低端制造业加快智能化、数字化转型，同时生物医药、电子信息、金融、新能源等新动能正在形成。佛山、东莞正是坚持制造业立市、不断推进制造业转型升级的代表。未来，伴随着珠三角产业转型升级的提速，传统行业向中高端升级，新动能加速形成，完成新旧动能转换后，珠三角制造业的竞争力将进一步提升，成为我国制造业发展的高地。

5. 加快推动区域协调发展

广东着力弥补区域发展不平衡的短板，以"一核一带一区"战略为统领，以广州、深圳为双引擎推进深度一体化，并将重点打造粤东粤西沿海产业，与珠三角沿海地区串珠成链，形成沿海经济带。从湾区来看，深圳都市圈、广州都市圈、珠江口西岸都市圈建设逐步提速，深圳的溢出辐射作用显现，深圳近十年的产业外溢甚至拉动了东莞的电子信息产业升级，以华为为首的电子信息上下游产业链纷纷从深圳向东莞延伸，东莞成功迈入"万亿GDP俱乐部"。深圳、广州主城区开发强度都已达到 50% 左右，远超 30% 的警戒线，两个核心城市的溢出效应将进一步释放，两市以服务业为主的产业结构与其他城市的制造业体系将形成有效的互补联动。深中通道通车后，珠江东西两岸的物理距离进一步缩短，珠江西岸城市将迎来新的发展红利，大湾区内部协调发展程度将进一步提高，提高区域经济承载力和效率。

6. 全面释放制度创新活力

粤港澳大湾区外向型经济特征明显、国际化优势突出，是我国的开放前沿。香港、澳门一直是我国面向世界的窗口，扮演着我国内地与全球的"超级联系人"的角色；珠三角是我国最重要的改革开放政策先行先试区。未来，大湾区将依然是我国最开放的地区，在"一国两制"的独特制度优势下，构建开放型经济新体制步伐将不断加快，未来区域竞争很大程度上是制度的竞争，改革开放举措的制度创新将成为大湾区发展的重要优势。

第二节　以江河战略带动区域协调发展

长江经济带发展、黄河流域生态保护和高质量发展两大战略以大江大河的保护为主，统筹生态保护与高质量发展，按照生态优先、绿色发展的思路，促进东中西联动、南北互动，推动更大范围内的区域协调发展。

一、坚持"共抓大保护、不搞大开发""生态优先、绿色发展"，深入实施长江经济带发展战略

（一）重要部署

长江经济带是依托长江黄金水道构建的经济发展带，涉及四川、云南、重庆、湖北、湖南、江西、安徽、江苏、上海 9 个长江干流流域省

份和贵州、浙江 2 个长江支流流域省份。习近平总书记自 2016 年亲自推动部署长江经济带发展战略以来，多次赴沿江 11 省市考察，先后在重庆、武汉、南京和南昌主持召开长江经济带发展座谈会，并发表了重要讲话、作出了重要部署，为长江经济带高质量发展指明了方向、提供了根本遵循。目前，长江经济带高质量发展取得阶段性成效，长江流域"共抓大保护"的理念深入人心，制度设计日趋完善，长江流域生态环境发生了转折性变化。2023 年，长江经济带沿江 11 省市共实现地区生产总值 58.4 万亿元，较 2016 年提高 24.7 万亿元；地区生产总值占全国比重为 46.3%，较 2016 年提高 1.1 个百分点。

（二）主要进展

长江经济带发展战略实施以来，各部门、各省份对如何处理好长江流域保护与发展的关系从思想和认识上有了根本转变，有利于长江流域保护的组织保障、政策和法制体系全面建立并不断完善，彻底改变了过去先开发后保护的发展路径，坚持走生态优先绿色发展的道路成为全社会共识，长江流域生态环境保护和修复取得重大突破。

1. 组织保障全面夯实

习近平总书记在 4 次长江经济带座谈会上都对提高统筹层次、从生态系统整体性和长江流域系统性着眼推动共抓大保护提出要求。各有关部门和沿江 11 省市全面贯彻"共抓大保护、不搞大开发"的发展理念，坚定不移走"生态优先、绿色发展"的新路子，"一盘棋"推动长江流域生态保护的合力逐步形成。2023 年 10 月，习近平总书记在第 4 次长江经济带座谈会上对完善长江流域管理体制提出了新的更高的要求，明确指出"要坚持中央统筹、省负总责、市县抓落实的工作机制，中央区域协调发展领导小组要加强统筹协调和督促检查，中央有关部门对符合长江经济带高质量发展导向的项目要给予支持，在重点领域推动一批重大改革。要压实沿江省市各级党委、政府主体责任，确保工作落实落地。"沿江省市间建立了一系列跨区域合作发展机制，在推动长江经济带发展领导小组①的指导下分别在上、中、下游建立了"1+3"省际协商合作机制。

2. 政策体系和法治保障不断完善

2016 年《长江经济带发展规划纲要》印发实施,长江经济带正式上升为国家重大区域战略,全面构建"1+N+X"政策体系。2021 年 3 月,《长江保护法》的正式施行开创了我国流域法治的先河,为长江流域生态环境保护修复和绿色高质量发展奠定了法律基础,长江大保护实现有法可依。跨区域横向生态补偿机制逐步构建,长江流域是最早探索建立横向生态补偿机制的流域。2011 年 11 月,财政部、环境保护部等部门在新安江流域启动了全国首个跨省流域生态补偿机制试点,安徽和浙江各出资 1 亿元用于横向生态补偿。2021 年 4 月,财政部、生态环境部等部门联合印发了《支持长江全流域建立横向生态保护补偿机制的实施方案》,要求长江全流域在 2025 年建立起横向生态保护补偿制度体系。自此,长江流域横向生态补偿机制的数量、层次、核算制度加速完善。截至 2024 年 5 月,长江流域已建立起 9 个横向补偿机制。

3. 大力度开展系统治理工程

沿江省份不断加强生态环境协同保护,沿江非法码头和非法采砂、固体废弃物非法排放等生态环境突出问题得到有效整改,长江入河排污口整治深入推进。长江流域及其干流国控断面地表水质逐年提高。2023 年,长江流域国控断面地表水质优良(Ⅰ～Ⅲ类水质)比例为 98.5%,较 2016 年提高 16.2 个百分点。自 2017 年起长江干流优良水质断面占比稳定在 100%,自 2020 年起长江干流断面水质均在Ⅱ类水以上。坚定推进长江"十年禁渔",长江干流和鄱阳湖、洞庭湖水生生物完整性指数比禁渔前最差的"无鱼"提升两个等级;鲟鱼、江豚等珍稀濒危物种恢复增长,2022 年长江江豚数量达到 1249 头,实现历史性止跌回

---

① 党的二十大之后,党中央决定,把京津冀协同发展、长三角一体化、长江经济带、黄河流域生态保护和高质量发展、粤港澳大湾区建设、海南自由贸易港等一系列区域重大战略领导小组合并为"中央区域协调发展领导小组"。

升，长江流域水生态实现根本性好转。

4. 全面实施污染治理"4+1"工程

围绕城镇污水垃圾污染、化工污染、农业面源污染、船舶污染和尾矿库污染这五个长江水污染的主要方面，实施污染治理"4+1"工程，标本兼治，从源头上系统开展生态环境保护修复。长江流域城镇生活污水垃圾集中式处理设施基本实现全覆盖，长江岸线1公里范围内化工企业和项目有序退出，以畜禽养殖粪污治理、化肥农药减量增效为重点全面加强农业污染源头治理，船舶污水垃圾收集处理设施基本实现（港口或移动）接收全覆盖，停用超过三年的沿岸尾矿库已基本全部完成闭库。

5. 推动保护与发展实现良性互动

沿江省市坚持践行"两山"理论，全面推动绿色发展，处理好保护与发展的关系，引领全国高质量发展，实现了"在保护中发展、在发展中保护"。在生态优先绿色发展的道路指引下，长江经济带沿江11省市产业结构加快升级调整，在全国产业升级迭代中走在前列，经济社会发展的质量和效益明显提升。长三角 G60 科创走廊策源地作用充分发挥，成渝科技创新中心、合肥综合性国家科学中心以及湘江新区、武汉光谷、贵阳数谷等中上游地区创新高地快速成长，沿江新一代电子信息、绿色能源、新能源汽车、生物医药等产业集群不断提质增效。

（三）战略推进思考

1. 推动长江流域协调机制落地

统一指导、统筹协调对推进长江大保护工作意义重大，应考虑赋予长江流域协调机制更多决策权限，包括但不限于审议长江保护重大政策、重大规划，协调跨地区跨部门等重大事项，督促检查长江保护重要工作的落实情况，真正推动长江流域协调机制做深做实。

2. 健全长江流域信息共享机制

统筹生态环境、资源、水文、气象、航运、自然灾害等多领域信息，全面构建具有数据共享、信息发布、辅助决策、"一张图"展示等综合功能的共享平台，实现跨行政区、跨部门、跨专业信息共享。完善长江流域监测网络体系，建立覆盖长江流域生态环境、资源、水文、气象、航运、自然灾害等多领域的综合监测网络体系，推动水源地、水质监测等关键监测数据全流域覆盖。

3. 完善全流域生态环境协同治理机制

从流域生态的整体性以及生态修复利益的外部性出发，构建统一规划、统一标准、统一制度、统一监管的推进机制，对生态破坏、环境污染等区际公共问题加强统筹协调。加快推进全流域横向生态保护补偿机制落地，积极总结推广浙江丽水、江西抚州试点经验，加快推动首批生态产品价值实现试点创新，探索多类型的生态产品价值实现形式。

4. 引导优化调整沿江生产力布局

加强全流域生态保护与产业资源时空分布研究，沿江省市既要各展优势，又要协同发展、错位发展、联动发展，推动各地充分发挥比较优势，因地制宜发展新质生产力、优化生产力布局。严格落实并不断动态调整优化长江经济带发展负面清单，促进经济社会发展格局、城镇空间布局、产业结构调整与资源环境承载能力相适应。加快建立沿江统一的市场准入制度，按照"生态优先、绿色发展"的要求实施统一的市场准入制度和标准，推动劳动力、资本、技术等要素跨区域自由流动和优化配置。

5. 创新区域协调发展机制

引导下游地区产业向中上游地区有序转移，推动联合招商，形成"研发＋制造"、产业整体转移集聚、产业链双向延伸、"总部＋功能性机构"等各具特色的产业合作方式。进一步明确飞地经济利益共享机制和成本共担机制，完善 GDP、税收、市场主体等关键指标统计制度。推进经济区与行政区适度分离改革，支持在省际交界地区优先布局建设跨省合作示范园区，引入跨省重大产业项目和平台，率先探索打破省际行政区壁垒的制度创新，推动跨行政区深度合作。

二、牢牢把握重在保护、要在治理的战略要求，深入实施黄河流域生态保护和高质量发展战略

（一）重要部署

习近平总书记一直心系黄河流域生态保护和高质量发展，时刻牵挂沿黄省区人民群众的生产生活。习近平总书记走遍黄河上中下游，在郑州、济南、兰州三次召开座谈会，亲自擘画、亲自部署、亲自推动黄河流域生态保护和高质量发展。2019 年 9 月 18 日，习近平总书记在河南郑州主持召开黄河流域生态保护和高质量发展座谈会并发表重要讲话指出，黄河流域生态保护和高质量发展，同京津冀协同发展、长江经济带发展、粤港澳大湾区建设、长三角一体化发展一样，是重大国家战略。2020 年 1 月 3 日，习近平总书记主持召开中央财经委员会第六次会议，强调黄河流域必须下大气力进行大保护、大治理，走生态保护和高质量发展的路子。2021 年 10 月，中共中央、国务院印发《黄河流域生态保护和高质量发展规划纲要》，确定规划范围为黄河干支流流经的青海、四川、甘肃、宁夏、内蒙古、山西、陕西、河南、山东 9 省区相关县级行政区，其面积约 130 万平方公里，2019 年末总人口约 1.6 亿。

2024 年 9 月 12 日，习近平总书记在兰州主持召开全面推动黄河流域生态保护和高质量发展座谈会，强调要牢牢把握重在保护、要在治理的战略要求，以进一步全面深化改革为动力，坚持生态优先、绿色发展，坚持量水而行、节水优先，坚持因地制宜、分类施策，坚持统筹谋划、协同推进，促进全流域生态保护上新台阶、绿色转型有新进展、高质量发展有新成效、人民群众生活有新改善，开创黄河流域生态保护和高质量发展新局面。

（二）主要进展

1. "1+N+X"规划政策体系全面构建

印发实施黄河流域生态环境保护、水安全保障、文化保护传承弘扬等专项规划，制定出台黄河流域湿地保护修复、水资源节约集约利用、污染防治、水土流失治理、财税支持、科技创新、城乡建设等政策举措，出台实施方案支持宁夏建设黄河流域生态保护和高质量发展先行区，沿黄河9省区省级黄河流域生态保护和高质量发展规划均已印发实施，推动战略实施的"四梁八柱"基本构建。

2. 水沙治理取得重大成效

黄河是世界上最难治理的河流之一。党的十八大以来，黄河流域先后建设了一系列水沙调控和防洪治理工程，基本形成了以全流域干支流水库、两岸堤防和蓄滞洪区等组成的"增水、减沙、调控水沙"的水沙调控体系和"上拦下排、两岸分滞"的防洪工程体系。河南、山东黄河滩区迁建任务基本完成，85万群众摆脱洪水威胁。河流水质明显好转。

3. 生态环境持续明显向好

按照共同抓好大保护、协同推进大治理的要求，通过加快建设黄河生态廊道、构建流域横向生态补偿机制、推进国家公园建设，黄河流域共抓大保护取得了明显成效。黄河流域生态系统总体稳定向好，生态服务功能逐渐恢复。黄河上游三江源、祁连山开展国家公园试点，黄河源区水源涵养、生态修复工作力度明显加大，高寒生态系统退化趋势得到初步遏制，生物多样性有效提升；中游荒漠化沙化治理实现"人进沙退"，黄土高原植被覆盖度由21世纪初的30%上升至2024年的60%以上；下游黄河三角洲湿地面积逐年回升。2023年黄河流域水质优良（Ⅰ—Ⅲ类）断面比例为91%，整体水质为优，国考断面水质变好的前30名城市中黄河流域有16个。①

---

① 黄河流域河湖面貌发生全局性改善［N］. 人民日报，2024－06－20.

4. 水资源集约节约利用水平不断提升

坚持"以水定城、以水定地、以水定人、以水定产",把水资源作为最大刚性约束,优化人口、城市和产业发展布局。2021年12月,国家发展改革委等部门发布《黄河流域水资源节约集约利用实施方案》,要求实施黄河流域及引黄调水工程受水区深度节水控水,精打细算用好水资源,从严从细管好水资源,加快形成水资源节约集约利用的产业结构、生产方式、生活方式、空间格局。通过推进用水总量和强度双控,实施黄河流域深度节水控水行动,着力强化水资源刚性约束,水资源节约集约利用取得新提升,流域用水增长过快局面得到有效控制。

5. 高质量发展加快推进

黄河流域城市群建设加快推进,形成了郑州、西安、济南等一批经济体量大、辐射能力强、对区域经济有较强支撑作用的大中城市,流域产业绿色化、低碳化转型步伐明显加快。陕西、甘肃、山西、内蒙古等省份数字经济发展速度超过全国平均水平。2023年,内蒙古高技术制造业投资增长123.7%,新能源产业投资增长70.1%;宁夏先行区建设加快推进,宁夏改变过去粗放发展模式,倒逼经济结构优化,重点发展新型材料、清洁能源等"六新"产业,葡萄酒、枸杞等"六特"产业和文化旅游、现代物流等"六优"产业。全国重要农牧业和能源基地地位进一步巩固。2023年,河南粮食种植面积10785.3千公顷,比上年增加6.94千公顷;山东粮食总产量5655.3万吨,比上年增加111.5万吨;内蒙古全年原煤产量123366.3万吨,增长1.7%,发电量7629.9亿千瓦时,增长15.3%。沿黄地区加大黄河文化保护、传承、弘扬力度,实施一批黄河文化保护传承弘扬重大工程。

(三)战略推进思考

1. 持续推进生态环境保护和水资源节约集约利用

始终将黄河生态系统作为一个有机整体,牢牢把握共同抓好大保护、协同推进大治理的战略导向,因地制宜推进上中下游差异化生态保护。全方位贯彻"四水四定"原则,把水资源作为最大的刚性约束,合理规划人口、城市和产业发展,坚决抑制不合理用水需求,推动用水方式节约集约。紧紧抓住水沙关系调节这个"牛鼻子",减缓黄河下游淤积,确保黄河沿岸安全。

2. 不断提升粮食能源保供能力

推动黄淮海平原、汾渭平原、河套灌区建设好国家粮食生产核心区,培育优势特色农产品基地,实现水资源高效利用和现代农业发展共赢。着力增强能源供应安全性和稳定性,用好丰富的煤炭、石油、天然气和有色金属资源,不断提升能源产业链现代化水平,加强煤炭、油气储备设施建设。加快建设黄河上游清洁能源基地、河西走廊清洁能源基地、黄河"几字弯"清洁能源基地,推动清洁能源和传统能源的协同联动发展。促进能源生产消费方式绿色低碳变革,加快构建清洁低碳、安全高效的能源体系,守牢能源保障安全底线。

3. 努力增强创新驱动发展能力

支持西安、济南、郑州、兰州、呼和浩特等地发挥科研资源集聚优势,开展量子科学、脑科学、合成生物学、深海科学等重大原创性研究,在高端装备、新能源、新材料、新一代信息技术、人工智能、现代海洋、现代农牧业、生态环保等重点产业领域组织实施重大关键技术攻关项目。支持郑洛新国家自主创新示范区、兰白国家自主创新示范区、山东半岛国家自主创新示范区建设提质增效,研究建设呼包鄂国家自主创新示范区。发挥杨凌农业高新技术产业示范区、山东黄河三角洲农业高新技术产业示范区、山西晋中国家农业高新技术产业示范区、内蒙古巴彦淖尔国家农业高新技术产业示范区示范作用,加强农业科技自主创新、集成创新和推广应用。依托第二次青藏高原科考,加强气候变化、生态系统变迁对黄河流域影响的研究,积极做好成果转化应用。深入开展节水、生态修复、污染治理、循环经济、清洁生产等领域应用研究,助力黄河流域生态保护和高质量发展。推动有条件的地区全面提升与京津冀、长三角、粤港澳大湾区等创新高地合作水平,支持宁夏建设东西部科技合作示范区和协同创新共同体。鼓励沿黄地区建设国家科技成果转移转化示范区。

4. 进一步弘扬黄河文化

加强黄河文化研究阐发，推出一批具有重大影响力的标志性黄河文化研究成果。深入挖掘沿黄地区文化遗产资源，推动黄河物质文化遗产系统保护和非物质文化遗产保护传承。加快建设黄河国家文化公园。深入挖掘地域特色文化资源，提升文旅品牌知名度和影响力。强化数字赋能，加快黄河历史文化资源数字化，加强黄河文化国际传播。

第三节 进一步优化四大板块政策

习近平总书记高度重视四大板块协调发展，多次作出指示批示，分类助推四大区域板块高质量发展。要优化制度设计，推进西部大开发形成新格局，推动东北全面振兴取得新突破，促进中部地区加快崛起，鼓励东部地区加快推进现代化。

一、以大保护、大开放、高质量发展为引领，推进西部大开发形成新格局

（一）重要部署

西部地区包括重庆、四川、贵州、云南、西藏、陕西、甘肃、青海、宁夏、新疆、内蒙古和广西12个省（区、市），总面积约687万平方公里，占全国陆地总面积的72%，人口约占全国总人口的27%。2023年西部地区实现地区生产总值26.9万亿元。西部地区在维护国家国防安全、生态安全、能源安全、边疆稳定、民族团结等方面具有十分重要的战略地位。

2019 年 5 月，中共中央、国务院印发《关于新时代推进西部大开发形成新格局的指导意见》，明确要强化举措抓重点、补短板、强弱项，形成大保护、大开放、高质量发展的新格局，提出推动西部地区经济社会高质量发展的一系列重点任务和举措，西部大开发进入新阶段。

2024 年 4 月 23 日，习近平总书记主持召开新时代推进西部大开发座谈会并发表重要讲话，强调要一以贯之抓好党中央推动西部大开发政策举措的贯彻落实，进一步形成大保护、大开放、高质量发展新格局，提升区域整体实力和可持续发展能力，在中国式现代化建设中奋力谱写西部大开发新篇章。

（二）主要进展

《关于新时代推进西部大开发形成新格局的指导意见》实施 5 年来，西部地区强化举措推进西部大开发形成新格局，有力应对内外部挑战，发展潜力持续释放，经济社会发展取得巨大成就。

1. 生态环境保护修复取得重大成效

西部大开发工作以习近平生态文明思想为引领，全力做好大保护这篇文章，深入实施退耕还林、退牧还草、天然林保护、三北防护林等重点生态工程，推动山水林田湖草沙一体化保护修复。青藏高原生态屏障区、北方防沙带等生态保护和修复重大工程持续推进。

2. 开放型经济格局加快构建

西部地区积极参与共建"一带一路"，从开放的"末梢"走向"前沿"，中吉乌、中蒙俄等铁路项目规划建设有序推进，西部陆海新通道加快建设，中老铁路、中欧班列有效拓展陆路运输网络。2023 年，中欧班列全年开行 1.7 万列、发送 190 万标箱，同比分别增长 6%、18%，构建了一条全天候、大运量、绿色低碳的陆上运输大通道。陆海新通道以重庆为运营中心，利用铁海公联运运输方式，经广西、云南等到达东盟进而出海。2023 年，西部陆海新通道班列全年发送 86 万标箱，同比增长 14%。

3. 基础设施大为改观

西部地区基础设施网络加快补齐短板。能源大通道建设加快推进，西气东输、西电东送等重大能源工程有力保障能源安全，白鹤滩至江苏、浙江±800千伏特高压直流输电工程先后投运，有序推进川藏铁路及配套公路建设。交通运输网络不断加密，空间可通达性大幅提升。截至2023年底，西部地区铁路里程达6.4万公里，公路里程达220万公里，高速公路覆盖97%的20万以上人口城市和地级行政中心，民航运输机场数量占全国一半以上。

4. 经济实力稳步提升

2023年，西部地区生产总值占全国的比重达到21.5%，增速为5.5%，位居四大板块之首。能源资源等传统产业加快结构性调整，风能、光伏等新能源产业加快发展，弃风率、弃光率均下降至7%以下，煤炭等化石能源清洁化利用积极推进。一批国家重要的能源资源深加工基地、装备制造业基地和战略性新兴产业基地在西部地区培育壮大。

5. 人民生活水平稳步提高

西部地区是脱贫攻坚战的主战场，2012年以来，西部地区5086万贫困人口全面脱贫，568个贫困县全部摘帽，如期打赢脱贫攻坚战，圆满交出脱贫攻坚"西部答卷"。2023年，西部地区居民人均可支配收入达到3.1万元，较2012年增长1万元，东部和西部地区人均收入比从1.72缩小到1.61。

（三）战略推进思考

1. 始终把大保护摆在重要位置

坚定不移地践行绿水青山就是金山银山的科学理念，坚持生态优先、绿色发展的发展路径，推动西部地区经济社会全面绿色转型，在发展中保护、在保护中发展。统筹推进山水林田湖草沙一体化保护和系统治理，加快推进青藏高原生态屏障区、黄河重点生态区、北方防沙带等生态屏障建设，推进打好黄河"几字弯"攻坚战、科尔沁和浑善达克两大沙地歼灭战、河西走廊—塔克拉玛干沙漠边缘阻击战。推进绿色低碳循环发展,积极稳妥推进碳达峰碳中和。

2. 持续向大开放要活力

向开放要活力要动力是增强西部地区内生发展动力的重要路径,新时代西部大开发立足自身区位优势和资源禀赋,坚持放眼世界、内外联动,实施更大范围、更宽领域、更深层次对外开放,强化区域间互动合作,加快构建陆海内外联动、东西双向互济的对内对外开放格局。大力推进西部陆海新通道建设,用好中欧班列、中老铁路等互联互通大通道,推动沿线地区开发开放。推动沿边高水平开放,加快重庆、四川、陕西等内陆开放高地建设,构建更有活力的开放型经济体系。

3. 坚定走高质量发展的新路子

因地制宜推动西部各省份加快转变发展方式、优化经济结构、转换增长动力,全面深化改革,持续保障和改善民生,努力实现更高质量、更有效率、更加公平、更可持续、更为安全的发展。用好特色禀赋、发挥比较优势,把发展新能源、高端装备制造、电子信息、新材料、生物医药、现代农牧业、特色优势产业作为主攻方向,增强西部地区高质量发展的核心动力。发挥科技创新引领带动作用,增强创新驱动发展能力,推动成渝共建具有全国影响力的科技创新中心,加快西安区域科创中心和综合性科学中心"双中心"建设,深化东中西部科技创新合作,深入实施东数西算工程。

4. 统筹好高质量发展和高水平安全

习近平总书记强调,要"坚持统筹发展和安全,坚持发展和安全并重,实现高质量发展和高水平安全的良性互动"①。发展和安全,如一体之两翼、驱动之双轮。西部地区在维护国家生态安全、能源资源安全、农业安全、产业链供应链安全、国防边境安全等方面具有十分重要的战略地位,在全国改革发展稳定大局中举足轻重。新时代推动西部大

---

① 习近平谈治国理政(第四卷)[M].北京:外文出版社,2022:390.

开发要切实巩固西部地区安全保障能力，夯实国家能源资源安全基石，提高重要农畜产品生产保障能力，有序承接产业梯度转移，维护产业链供应链安全，切实维护民族团结和边疆稳定。

5. 全面优化发展环境

加大力度支持西部地区补齐交通、水利、能源等基础设施短板。提升教育、医疗、养老、托幼、文体等公共服务供给能力和水平。以铸牢中华民族共同体意识为主线，巩固各族人民团结奋斗的良好局面。以守边固边、富边强边为重点，深入推进兴边富民行动，引导支持边民贴边生产和抵边居住，强化边境地区人口承载和经济支撑能力。持续深化改革创新，打造市场化法治化国际化营商环境。

二、以维护"五大安全"为主线，推动东北振兴取得新突破

（一）重要部署

东北地区包括东北三省（辽宁省、吉林省、黑龙江省）和内蒙古自治区东部五盟市（呼伦贝尔市、兴安盟、通辽市、赤峰市和锡林郭勒盟，以下简称蒙东地区），总面积约145万平方公里，占全国陆地总面积的15.1%，人口约占全国的6.9%。2023年，东北地区实现地区生产总值5.96万亿元。

2016年2月，中共中央、国务院出台《关于全面振兴东北地区等老工业基地的若干意见》，标志着新一轮东北振兴战略正式启动实施，也标志着东北振兴进入全面振兴的新阶段。2016年11月，国务院出台《关于深入推进实施新一轮东北振兴战略 加快推进东北地区经济企稳向好若干重要举措的意见》。党的十九大报告提出"深化改革加快东北等老工业基地振兴"。党中央、国务院对支持东北地区深化改革创新推动高质量发展作出重要部署，提出新的要求。2018年9月，习近平总书记在东北三省考察并主持召开深入推进东北振兴座谈会时指出，东北

地区是我国重要的工业和农业基地，维护国家国防安全、粮食安全、生态安全、能源安全、产业安全的战略地位十分重要。

2023 年 9 月 7 日，习近平总书记主持召开新时代推动东北全面振兴座谈会并发表重要讲话，强调新时代新征程推动东北全面振兴，要牢牢把握东北在维护国家"五大安全"中的重要使命，牢牢把握高质量发展这个首要任务和构建新发展格局这个战略任务，统筹发展和安全，坚持目标导向和问题导向相结合，坚持锻长板、补短板相结合，坚持加大支持力度和激发内生动力相结合，咬定目标不放松，敢闯敢干加实干，努力走出一条高质量发展、可持续振兴的新路子，奋力谱写东北全面振兴新篇章。

（二）主要进展

党的十八大以来，推动东北全面振兴，围绕落实"五大安全"的要求，深入推进重点领域改革，不断优化营商环境，持续做好产业结构调整。

1. 农业现代化水平不断提升

支持粮食生产和生态建设，深入实施"藏粮于地、藏粮于技"战略，巩固国家粮食"压舱石"地位。加强黑土地保护，促进农业全产业链价值链升级，提升粮食综合生产能力，做好保障国家粮食安全的"压舱石"。2023 年，东三省粮食总产量达到 14538.1 万吨，占全国粮食总产量的 20%。

2. 生态资源得到有力保护

深入贯彻绿水青山就是金山银山、冰天雪地也是金山银山的理念，全面落实深化生态文明建设举措，设立东北虎豹国家公园，持续巩固北方生态安全屏障，使东北地区天更蓝、山更绿、水更清。

3. 新旧动能加速转换

把实体振兴放在重要位置，激发创新驱动内生动力，加速培育战略性新兴产业，先后设立辽西北、吉西南承接产业转移示范区，打造辽宁沿海经济带，有序有效推动新旧动能接续转换。辽宁高端装备制造加快发展，吉林汽车产业支柱作用显著，黑龙江能源资源行业提质升级。吉林向新、向优发展，成效显著，2023 年吉林省地区生产总值增长6.3%，增速居全国第 7 位，为近年来最好位次；深入落实汽车等制造业重点产业链高质量发展行动，发展壮大先进装备制造业，规模以上工业增加值增长 6.8%，高于全国 2.2 个百分点。

4. 改革开放持续深化

东北地区着力以更大力度改革破除体制机制障碍，构建充满活力的制度环境。发挥东北地区沿海沿边优势，深度融入"一带一路"建设，持续推进长吉图开发开放先导区建设，提升哈尔滨对俄合作开放能级，打造我国向北开放的重要窗口和东北亚地区合作的中心枢纽。

（三）战略推进思考

1. 进一步优化提升营商环境

加快转变政府职能，切实营造法治化、便利化、国际化营商环境，依法公平保护民营企业权益，不断提升利企惠企程度。一以贯之坚持党对国有企业的全面领导，加快完善现代企业制度，引领前瞻性战略性新兴产业培育，增强国有企业核心功能，提升核心竞争力。更大力度推进规则、规制、管理、标准等制度型开放，用制度型开放倒逼行政体制改革，不断提高贸易投资的便利化水平。

2. 不断提升高质量发展的内生动力

加快培育区域动力源，建设以沈阳、大连、长春、哈尔滨为中心的现代化都市圈，带动东北地区经济发展效率整体提升。加速推进产业结构调整和优化升级。改造升级装备制造、石化、钢铁等传统优势产业，做强做大石墨新材料、工业机器人和智能装备、生物医药等战略性新兴产业集群，积极培育冰雪经济等新业态。

3. 全面提升向北开放能力

坚定不移实施向北开放战略，以辽宁自由贸易试验区、黑龙江自由贸易试验区为引领加快构建开放型经济新体制，提高边境经济合作区、跨境经济合作区发展水平，加强各边境口岸现代化建设。大力推进对俄石油、天然气、核电等领域的合作，强化中俄能源交易和物流设施建设；积极参与远东地区的基础设施投资、资源开发、环境保护、农业发展、制造业等领域的合作。以《区域全面经济伙伴关系协定》（RCEP）实施为契机深化与日韩合作，稳固原有合作关系，更大力度吸引增量投资。谋划建设海陆大通道，加快东北亚国际航运中心建设和大通道沿线物流枢纽建设。

三、以建设"三基地一枢纽"为核心，在更高起点上扎实推动中部地区崛起

（一）重要部署

中部地区包括山西、安徽、江西、河南、湖北、湖南六省，面积为102.8万平方公里，占全国陆地总面积的10.7%，人口约占全国的25.8%。2023年中部地区实现地区生产总值26.99万亿元。中部地区是我国重要粮食生产基地、能源原材料基地、现代装备制造及高技术产业基地和综合交通运输枢纽，在全国具有举足轻重的地位。

2021年4月，《中共中央 国务院关于新时代推动中部地区高质量发展的意见》发布，要求充分发挥中部地区承东启西、连南接北的区位优势和资源要素丰富、市场潜力巨大、文化底蕴深厚等比较优势，着力构建以先进制造业为支撑的现代产业体系，着力增强城乡区域发展协调性，着力建设绿色发展的美丽中部，着力推动内陆高水平开放。

2024年3月20，习近平总书记在湖南省长沙市主持召开新时代推动中部地区崛起座谈会并发表重要讲话，强调要一以贯之抓好党中央推动中部地区崛起一系列政策举措的贯彻落实，形成推动高质量发展的合力，在中国式现代化建设中奋力谱写中部地区崛起新篇章。

（二）主要进展

1. 全国重要粮食生产基地进一步巩固

河南、安徽、湖南、湖北、江西五省均为粮食主产区。2023 年，五省全年粮食播种面积分别为 10785.3 千公顷、7334.5 千公顷、4763.5 千公顷、4707 千公顷、3774.3 千公顷；其中，安徽、湖北、河南分别比上年增加 20.2 千公顷、18.01 千公顷、6.9 千公顷。五省粮食产量分别为 6624.3 万吨、4150.8 万吨、3068 万吨、2777 万吨、2198.3 万吨；其中，安徽、湖北、湖南、江西粮食产量分别比上年增产 1.2%、1.3%、1.7%、2.2%。

2. 先进制造业不断培育壮大

中部地区集成电路、新型显示器件、人工智能、先进结构材料等国家战略性新兴产业集群加快壮大。武汉国家先进存储器产业创新中心和武汉信息光电子、株洲先进轨道交通装备、洛阳农机装备等一批国家制造业创新中心在中部地区布局。安徽抢抓新能源汽车产业发展风口，构建"合肥—芜湖"双核联动、其他市多点支撑的一体化发展格局，推进蔚来二期及电驱动、合肥长丰比亚迪超级工厂等一批重大项目建设，打造万亿级产业集群。湖南推动工程机械等国家级先进制造业集群建设，实施科技创新高地"五大标志性工程"。

3. 全国重要综合交通运输枢纽加快形成

湖北枢纽地位进一步强化，"米字型、十通向"高铁枢纽网加快构建。河南郑州—卢森堡"空中丝绸之路"成为中欧合作重要纽带，郑州机场跻身全球货运机场 40 强。安徽市市通高铁、县县通高速、所有乡镇通 5G 全面实现，合肥生产服务型国家物流枢纽以及宿州、阜阳国家骨干冷链物流基地纳入 2023 年建设名单，芜湖马鞍山江海联运枢纽加快建设。湖南推进五大国际物流通道建设，支持怀化国际陆港建设，长沙黄花国际机场在飞国际货运航线达到 13 条。江西扎实推进内陆开放型经济试验区建设，九江入选港口型国家物流枢纽。山西积极融入

"一带一路"大商圈,实施中欧(亚)班列"三专四优"通关服务机制,助力特色产品走出国门。

4. 主动与重大战略区域深度融合

山西主动融入京津冀协同发展战略,2023 年推动新一轮晋津战略合作框架协议签署工作,持续加大晋京、晋冀战略合作框架协议的落实力度。湖南、江西积极承接大湾区产业转移,全面深度融入粤港澳大湾区产业分工,在科创产业、基础设施、公共服务、生态环保、市场制度等方面加强对接。安徽积极融入长三角一体化发展,推动全省域融入长三角一体化发展新格局,围绕区域协调、创新协同、产业协作、设施互联、开放共赢、生态共保、民生共享、机制创新等全面推动与江浙沪地区产业一体化发展。

(三)战略推进思考

围绕全国重要的粮食生产基地、能源原材料基地、现代装备制造及高技术产业基地和综合交通运输枢纽"三基地一枢纽"战略定位,进一步强化举措,加快补短板、锻长板。

1. 积极培育和发展新质生产力

以科技创新引领产业创新,统筹原始创新与关键技术供给,不断提高创新成果与产业发展的匹配性。充分发挥大院大所优势,比照全球一流水平建设合肥综合性国家科学中心,支持武汉、长沙加快提升区域性科学中心建设水平,推动一批国家重大科技基础设施布局。增强产业核心技术和共性技术供给能力,瞄准"卡链""断链"产品和技术,在集成电路、新型显示、人工智能、智能网联汽车等领域实施一批产业化前景好、示范带动性强的科技重大专项,支持形成一批市场导向、主体多元、机制灵活的高水平共性技术创新平台。统筹领军企业培育与中小企业成群成链,切实发挥企业在科技成果产业化中的关键作用,支持龙头企业通过生态构建、基地培育、内部孵化、数据联通等方式支持中小企业创新发展,努力形成大型企业顶天立地、中型企业承天启地、小型企业铺天盖地的丛林式发展格局。全力推动创新生态提档升级，进一步拓展高校、科研院所、国有企业等纳入科技成果转化政策范围，健全审计、监督、检查结果跨部门互认机制。

2. 进一步加强与区域重大战略衔接

全面融入区域重大战略。推动山西、河南深度融入黄河流域生态保护和高质量发展战略，务实推进晋陕豫黄河金三角区域合作，共同抓好大保护，协同推进大治理，加快推动绿色低碳循环发展；推动安徽、江西、湖北、湖南融入长江经济带发展，发挥区位和制造业优势，全面支撑长江经济带高质量发展；推动安徽深度融入长三角一体化，打造沿苏浙省际边界融合发展带，以合肥、上海张江综合性国家科学中心"两心共创"为牵引，积极融入 G60 科创走廊建设，在新一代信息技术、高端装备制造、新材料等领域开展核心技术攻关协作和成果转化协同。加强与动力源地区深度对接。支持山西、河南积极对接京津冀，大力承接京津冀区域产业转移和科技成果转化，推进文化旅游资源一体化开发利用。支持湖南、江西深度对接粤港澳大湾区建设，深化创新链产业链供应链对接，加强与泛珠三角区域省份合作；支持江西、河南对接长三角一体化，融入 G60 科创走廊一体化建设，承接战略性新兴产业转移，共建先进制造产业链。

3. 促进中部地区省份间合作

建立健全区域内省际合作机制，持续推进湘赣边区域合作示范区建设，推动大别山革命老区协同推进高质量发展，建设叶集与固始"一河两岸"生态优先绿色发展产业合作区。深化淮河生态经济带省际联席会议、汉江生态经济带豫陕鄂省际协商合作，高水平建设新时代洞庭湖生态经济区。深化长江中游湘鄂赣三省合作，大力促进长江中游城市群和中原城市群发展，加强都市圈之间协调联动，提升跨行政区协同发展水平。

4. 推进更高水平改革开放

支持中部省份深度融入共建"一带一路"，主动对接新亚欧大陆桥、西部陆海新通道。高标准建设安徽、河南、湖北、湖南自由贸易试验区，进一步发挥辐射带动作用，更好探索内陆地区制度型开放路径。充分发挥郑州航空港经济综合实验区、长沙临空经济示范区在对外开放中的重要作用，加快郑州—卢森堡"空中丝绸之路"建设，推动江西内陆开放型经济试验区建设。加强市场化法治化国际化营商环境建设，深化要素市场化改革，支持国有企业做强做优做大，进一步优化民营企业发展环境，吸引国内外更多优质要素集聚。

四、发挥好东部地区引领作用，推动东部地区加快推进现代化

（一）战略要求

东部地区包括北京市、河北省、天津市、山东省、江苏省、上海市、浙江省、福建省、广东省、海南省 10 个省市，是我国经济发展的"发动机"和"稳定器"。东部地区是我国经济发展的优势地区，经济总量、进出口总额、一般公共预算收入、规模以上工业利润总额等主要经济指标在四大板块中长期保持第一，在我国经济运行中发挥着"压舱石"的作用。

党的十八大以来，东部地区通过深化改革开放、促进区域协调发展、培育壮大国内市场、拓展多元化国际市场等方式，扎实推进重大区域发展战略实施，在全国经济高质量发展中的引领作用进一步显现。"十四五"规划明确提出，东部地区未来的主要任务是加快推进社会主义的现代化，具体包括以下四点：一是创新引领、率先实现高质量发展；二是打造世界先进的制造业集群；三是全方位参与国际合作；四是建立全方位开放型经济体系。

（二）主要进展

东部地区对全国经济运行发挥了重要的"压舱石"作用，在创新

驱动、产业升级、开放型经济发展等方面，对全国的引领作用进一步增强。

1. 经济"压舱石"作用突出

东部地区以占全国 9.6% 的国土面积，聚集了全国 40% 的人口，贡献了全国超过一半的经济总量、80% 的对外贸易额。2023 年，东部地区实现地区生产总值 65.2 万亿元，广东、江苏、山东、浙江 4 个省份的地区生产总值分别为 13.6 万亿元、12.8 万亿元、9.2 万亿元、8.3 万亿元，排在全国前 4 位。北京、上海、江苏、福建、浙江、天津、广东人均 GDP 排在全国 31 个省份前 7 位，北京、上海、江苏的人均 GDP 分别约为 20 万元、19 万元、15 万元，已经达到中等发达国家水平。

2. 创新引领作用持续强化

东部地区坚持创新引领，加快推动经济增长动力的转换，经济高质量发展的基础不断夯实。北京、上海、粤港澳大湾区国际科技创新中心发挥高位引领作用，北京怀柔、上海张江、大湾区综合性国家科学中心创新策源能力不断增强。世界知识产权组织（WIPO）发布的《2023 年全球创新指数报告》显示，深圳—香港—广州地区、北京、上海—苏州三大科技集群分别排在全球第 2 位、第 4 位、第 5 位。2023 年，广东规模以上工业企业超 7.1 万家、高新技术企业超 7.5 万家，均居全国首位，研发经费支出约 4600 亿元，占地区生产总值的比重达 3.39%，区域创新综合能力连续 7 年全国第一。北京加快建设国际科技创新中心，高水平推进"三城一区"建设，中关村科学城加快颠覆性技术培育发展，中关村规模以上企业技术收入增长超过 30%。

3. 引领发展新质生产力

东部省份持续推动新旧动能转换，制造业逐步向产业链中高端迈进，现代服务业提质升级，数字经济、智能产业等新经济新产业新业态新模式走在全国前列，新质生产力加快形成。2023 年，浙江以新产业、新业态、新模式为主要特征的"三新"经济增加值占全省生产总值的28.3%；山东持续推动新旧动能转换，加速技改提级绿色增效，国家企业技术中心达到 210 家，居全国首位，工业母机、碳纤维、合成橡胶等国产替代实现突破；北京精心打造全球数字经济标杆城市，率先建成全球性能领先的区块链基础设施，高级别自动驾驶示范区实现 160 平方公里连片运行，全国首个数据基础制度先行区启动建设，数字经济增加值占地区生产总值比重达 42.9%。

4. 改革开放走在前列

东部地区一直是我国对外开放的前沿。在货物贸易方面，2023 年，东部地区进出口总额达到 3.3 万亿元，多年来始终保持在全国 80% 左右的占比；广东、江苏、浙江、上海、北京、山东、福建进出口贸易总额排在全国前 7 位。高水平开放平台加快建设，海南自由贸易港建设进展明显，封关运作准备工作全面启动，"零关税"累计进口货值 195.7 亿元，离岛免税"担保即提""即购即提"落地实施，洋浦保税港区 11 项试点政策措施扩大至洋浦全域。上海深入推进浦东新区高水平改革开放，加快建设东方枢纽国际商务合作区，上海自贸试验区设立以来在贸易、投资、金融、航运、人才等方面对接国际通行规则，推出了一大批基础性、开创性改革开放举措，在国家层面复制推广的 302 项自贸试验区制度创新成果中源自上海自贸试验区首创或同步先行先试的事项占比近一半。

（三）战略推进思考

1. 对标全球创新高地坚持创新驱动发展

充分发挥创新是第一动力的作用，持续优化创新资源配置，培育高精尖产业新动能，主动融入全球创新网络，为实现高水平科技自立自强和科技强国建设提供强大支撑。强化北京、上海、粤港澳大湾区国际科技创新中心以及北京怀柔、上海张江、大湾区综合性国家科学中心引领作用，着力夯实战略科技力量，提升基础研究和原始创新能力，打好关键核心技术攻坚战。增强苏南、天津、山东半岛、宁波温州等国家自主创新示范区在政策先行先试、产业集群发展上的示范效应，强化区域协同创新，打造若干优势互补、协同联动的科创走廊及沿海、沿江创新带。聚焦高端芯片、基础元器件、关键设备、新材料等产业关键核心技术，以及量子信息、人工智能、工业互联网、卫星互联网、机器人等未来产业发展需求，加大新型基础设施投资布局，完善国家重点实验室、国家级产业创新中心、技术创新中心等布局，率先建成运行一批大科学装置和交叉研究平台。支持东部省份更大力度深化教育科技人才体制机制一体改革，完善科技创新治理体系，深化职务科技成果所有权、处置权、收益权赋权改革，支持高校科研院所试行更灵活的编制、岗位、薪酬等管理制度，健全人才管理评价机制，进一步释放人才红利。

2. 加速推动产业迈向中高端

推动京津冀、长三角、粤港澳大湾区数字经济领域技术创新、产业创新和商业模式创新，加快抢占全球数字科技战略制高点和主动权，构建全球领先的数字化产业。加强大数据、云计算、区块链、物联网、人工智能等数字新技术多场景、多行业研发应用。积极推广应用工业互联网，推动传统产业数字化改造。培育具有全球竞争力的先进制造业集群，做强做大新一代信息技术、新能源汽车及零部件、高端装备制造、绿色石化与新材料等先进产业群，前瞻性布局第三代半导体、基因工程、前沿新材料等一批具有技术领先性和国际竞争力的产业集群。提升企业创新发展能力，强化企业创新主体地位，培育一批具有产业链提升引领作用的龙头企业。推动东部地区加强与中西部地区合作，形成差异化分工的产业链，带动中西部地区高质量发展，维护我国产业链供应链安全。

3. 坚持高水平改革开放不动摇

积极顺应全球经贸规则体系加快重构的新趋势，立足自身发展实际需要，坚持深化改革与扩大开放相统一，以贸易投资自由化便利化为重点，全面对标国际高标准经贸规则，打造国际一流营商环境，引领全国制度型开放。发挥好海南自贸港、上海自贸区临港新片区、横琴粤澳深度合作区、前海深港现代服务业合作区和北京服务业扩大开放综合示范区等开放高地的示范引领作用，着力对标国际自由贸易港、自由贸易区高标准经贸规则体系，加快在投资、贸易、资金、运输、人员和数据跨境流动等重点领域率先实现重大突破。支持广东、江苏、浙江、上海、山东、福建等外贸大省强化举措稳住欧美市场，发展跨境电商，拓展加工贸易，发挥高新技术产品出口竞争优势和民营外贸企业活跃优势，用足用好 RCEP 政策红利，深耕东盟、非洲等新兴市场。适时推动一批开放基础更趋成熟平台的"扩区"，有针对性地在条件成熟地区加大风险压力测试力度。加快适应制度型开放的高素质人才队伍的引育，在海南自贸港、临港新片区等平台，大力引进国际化、高水平专业人才。

4. 优化资源布局推动区域协调发展

以省域为重要单元，通过山海协作、内陆"无水港"建设、基本公共服务均等化、生态产品和资源开发利用、生态补偿等途径推动相对欠发达地区发展，促进东部各省份沿海与内陆、非山区与山区、省域中心城市与周边地市之间的协调发展。加强政府引导，充分借助市场力量促进东部地区内部发达地区对欠发达地区的辐射带动作用，推动地区间、省际和城市群之间等多领域合作，促进要素制度等优势外溢和共享。以促进中心城市与周边城市（镇）同城化发展为方向，加快培育发展现代化都市圈。以各类经济园区为主要载体，支持"双向飞地"建设，加强产业转移和科技协作。推动生态功能区和非功能区之间、资源输入输出地之间建立横向补偿机制。

5. 促进大中小城市和小城镇协调发展

提高重点城市群承载力，推动京津冀建设以首都为核心的世界级城市群，推动长三角建设具有全球影响力的世界级城市群，推动珠三角建设富有活力和国际竞争力的一流湾区和世界级城市群，推动山东半岛城市群建设支撑北方地区发展的战略高地和引领黄河流域发展的龙头，推动海峡西岸城市群提升产业竞争力和辐射力。增强中心城市引擎作用，对于北京、上海、广州、深圳等全球城市，要强化创新策源和新动能

"孵化"功能，着眼吸引国际人才，增强国际化功能，辐射带动周边城市协同发展，通过都市圈建设，合理布局产业和人口；省会城市、计划单列市，以及苏州、无锡、佛山、泉州、东莞等市场活力较强、产业优势明显的城市要强化区域性中心城市的功能，增强特色优势功能，突出规模效应和集聚效应，优化城市空间布局，提升人口和产业承载能力。推进以县城为重要载体的小城镇建设，大力提升县城公共设施和服务能力，积极发展县域经济，在特色产业、科技创新、历史文化等方面培育一批各具优势的魅力县城。

第四节　全面推动海南自由贸易港建设

支持海南逐步探索、稳步推进中国特色自由贸易港建设，分步骤、分阶段建立自由贸易港政策和制度体系，是习近平总书记亲自谋划、亲自部署、亲自推动的改革开放重大举措，是党中央着眼国内国际两个大局，深入研究、统筹考虑、科学谋划作出的战略决策。2020 年 6 月，中共中央、国务院正式公布《海南自由贸易港建设总体方案》。4 年来，海南自由贸易港建设蹄疾步稳、有力有序，全面深化改革开放向更深层次、更广领域挺进，中国特色自由贸易港建设取得明显进展。

一、战略要求

2018 年 4 月 10 日，中共中央总书记、国家主席习近平在博鳌亚洲论坛 2018 年年会开幕式上发表主旨演讲，提出"探索建设中国特色自由贸易港"；4 月 13 日，习近平总书记在庆祝海南建省办经济特区 30 周年大会上郑重宣布，党中央决定支持海南全岛建设自由贸易试验区，支持海南逐步探索、稳步推进中国特色自由贸易港建设，分步骤、分阶段建立自由贸易港政策和制度体系。2020 年 6 月 1 日，中共中央、国务院对外发布《海南自由贸易港建设总体方案》，提出了在海南建设中国特色自由贸易港的总体制度设计和分步骤分阶段安排。海南自贸港是国家在海南岛全岛设立的自由贸易港，陆地总面积3.54万平方千米。海南自贸港建设要对标国际高水平经贸规则，解放思想、大胆创新，聚焦贸易投资自由化便利化，建立与高水平自由贸易港相适应的政策制度体系，建设具有国际竞争力和影响力的海关监管特殊区域，将海南自由贸易港打造成为引领我国新时代对外开放的鲜明旗帜和重要开放门户。

二、主要进展

（一）加强制度集成创新

海南自由贸易港建设没有成熟的经验可循，既要充分借鉴全球成熟自贸港先进经验，也要充分考虑我国国情做好制度创新。以《海南自由贸易港建设总体方案》《海南自由贸易港法》等顶层设计为指引，围绕贸易、投资、跨境资金流动、人员进出、运输来往"五个自由便利"和数据安全有序流动推出一批具体举措，率先对接高标准国际经贸规则，一批制度创新成果涌现，政策效应持续释放。比如，国家发展改革委等部门出台实施放宽市场准入若干特别措施、鼓励类产业目录等举措，"极简审批""承诺即入制""准入即准营"改革稳步推进，贸易投资更加自由便利；财政部等部门出台进口原辅料、自用生产设备、交通工具及游艇"零关税"政策并不断优化，"零关税"商品范围持续扩大；截至2024年6月，"中国洋浦港"船籍港累计登记船舶46艘，入籍国际航行船舶总吨位全国第二。

（二）加快培育现代化产业体系

海南自贸港建设坚持推动高质量发展，加快培育重点产业，高水平推动重大平台建设，持续优化发展环境，发展活力和资源要素的吸引力明显增强。2023 年，海南地区生产总值增速位居全国第 2，规模以上工业增加值增速、服务业增加值增速全国第 1。"4 + 3 + 3"特色现代化产业体系逐步形成，其中旅游业、现代服务业、高新技术产业、热带特色高效农业 4 大主导产业对经济增长的贡献率超过 60%。聚焦南繁育种、深海科技、航空航天等领域开展技术攻关，高水平建设三亚崖州湾科技城、文昌国际航天城、博鳌乐城国际医疗旅游先行区、陵水黎安国际教育创新试验区、洋浦经济开发区等重大平台，创新发展成为自贸港建设的新名片、新动力。比如，文昌国际航天城加快构建以火箭链、卫星链、数据链为核心的产业生态，我国首个商业航天发射场一号、二号发射工位竣工，成为我国商业航天发展的重要载体。

（三）持续抓好生态环境保护

海南自贸港建设始终把保护好生态环境作为"国之大者"，擦亮绿色底色、向绿图强，生态文明建设迈上新台阶。国家生态文明试验区加快建设，海南热带雨林国家公园珍稀野生动植物数量恢复并逐年增加，2023 年，海南空气质量优良天数比例、近岸海域水质优良比例分别高达 99.5%、99.7%。坚持推动绿色低碳转型发展，积极探索"两山"转化路径，2023 年，海南清洁能源装机比重达 78.5%，新能源汽车在新增车辆中占比超过 50%，生态一流、绿色低碳的自由贸易港画卷已经绘就。

三、战略推进思考

（一）积极推动立法和司法创新，细化配套规则

对标国际高水平经贸规则，提升压力测试力度。加快探索完善法律法规体系和风险防控体系，细化完善贸易、投资、金融、航运等多领域法律法规。系统清理与自贸港建设相矛盾或者不匹配的法律法规，用好特区立法权和地方立法权，在营商环境、公平竞争、税收优惠等方面加快完善配套立法。完善国际仲裁机制，推进海南国际仲裁院和中国贸促会海口调解中心建设，建立健全国际商事多元纠纷解决机制。

（二）加强"硬件"和"软件"建设，提升投资环境吸引力

在"硬件"方面，加快推动落实自贸港重大基础设施建设项目，优先保障重大项目建设用地用海需求。着力提升重点产业园区道路、能源、仓储等基础设施条件，完善人居配套设施和服务，确保企业顺利入驻开工。广泛吸纳社会资金，推动设立海南自贸港建设投资基金，解决项目建设中的资金不足问题。在"软件"方面，高度重视企业家权益保护，严格落实产权保护制度。健全公平竞争制度，确保各类企业主体具有公平参与自贸港建设的机会。加快推动行政管理体制改革，加强社会信用体系建设和应用，推动政策优势转化为营商环境优势，打造公开、透明、可预期的营商环境。

（三）充分发挥比较优势，培育特色产业体系

一是挖掘热带农业和旅游业发展潜力。着力壮大现代种业，加强国家南繁科研育种基地（海南）建设。建设高水平农业科技载体，打造国家热带农业科学中心，进一步提高热带农业附加值。全面推动国际旅游消费中心建设，提升博鳌乐城国际医疗旅游先行区发展水平，发展特色旅游产业。二是创新海洋资源应用。面向深海探测监测、深海资源开发利用、海岛开发与保护等战略性领域，高起点发展海洋经济。建设国家深海基地南方中心，打造现代化海洋牧场，加强海上油气资源勘探与开发，加快培育海洋生物、海水淡化与综合利用、海洋可再生能源、海洋工程装备研发与应用等新兴产业，协同推动航天领域重大科技创新基地建设。三是转化环境资源优势。加快"双碳"背景下的绿色产业培

育，打造低碳、零碳、负碳技术应用场景。建立国际化绿色资产交易平台，探索海洋生态碳汇交易机制，研究打造多层次场外碳金融市场。四是用好制度创新政策。拓展跨境电商贸易货物品类和模式，推动数字贸易新业态发展。主动参与数字贸易国际规则制定，健全数据跨境流动制度体系，积极建设国际离岸数据中心。探索金融开放创新，建设国际能源、航运、产权、股权等交易场所，加快发展结算中心。

（四）建设国际教育高地，着力补齐人才短板

进一步扩大教育开放。用好教育开放政策，以陵水国际教育创新岛等为重点平台，密切结合自贸港建设需求，积极对接世界名校设立分校，开展重点领域专业人才培养。加大本地教育投资。加大对本地高校、职业院校等的投入，加快推进"双一流"建设。提高教师待遇，吸引高层次人才执教，切实提升本地院校的软实力。积极推动产教融合，形成高校、职业院校、培训机构与产业发展良性互动，培育多层次人才梯队。提升人才发展环境。加快落实各类人才优惠政策，提高创新创业孵化器、产学研转化平台等载体水平，降低人才落地发展门槛。提升基础教育、医疗卫生、文化体育等公共服务供给水平，在推进基本公共服务均等化的基础上，着力提升服务品质，形成留住人才的良好配套环境。

第二章

提升区域政策的精准性

我国国土面积大、人口分布广、资源环境禀赋差异性强，必须走"宜水则水、宜山则山、宜粮则粮、宜农则农、宜工则工、宜商则商"的区域分工合作发展道路，推动不同类型地区发挥各自比较优势，形成一条因地制宜、优势互补的区域高质量发展新路子。提升区域政策的精准性，就要打破过去按照行政单元施策的方式，结合我国主体功能区战略和国土空间规划的实施，按照发挥不同类型地区比较优势的原则，增强区域政策对不同类型地区的针对性，不断提高区域政策的精准性。

第一节　推进区域政策作用对象单元转变

按照不同的功能来划分，可以大致将区域空间划分为经济人口主要承载区、承担重要安全保障功能的区域，包括以农产品主产区、重点生态功能区、能源资源富集地区、边境地区等承担战略功能的区域，这些区域在切实维护国家粮食安全、生态安全、能源安全和边疆安全方面的作用进一步凸显。对于我国加快推动高质量发展、实现中国式现代化，两大类地区不可偏废，必须统筹好高质量发展和高水平安全在空间区域载体上的关系，不断优化区域政策施策对象单元，促进不同类型地区因地制宜承担起自身功能定位。

一、按照功能划分区域单元的整体要求

（一）中心城市和城市群是经济和人口最主要的载体

中心城市和城市群是区域经济发展的主要引擎。党的十八大以来，我国工业化和城镇化同步深化，中心城市和城市群依托良好的对外开放条件、资源配置能力和产业发展优势，进一步集聚人口和生产要素，在加速新科技革命和产业变革、培育新经济增长点、促进更高水平对外开放等方面继续领跑，引领区域高质量发展。

当前，中心城市和城市群经济和人口承载力进一步增强，"两横三纵"城镇化战略格局基本形成，"19＋2"城市群布局总体确立，京津冀协同发展、粤港澳大湾区建设、长三角一体化发展取得重大进展，成渝地区发展驶入快车道，长江中游、北部湾、关中平原等城市群集聚能力稳步增强。2006年"城市群"第一次出现在中央文件中，2013年以来中央要求把城市群作为推进国家新型城镇化的主体形态。19个城市群以25%的土地承载了全国约80%的常住人口，贡献了约85%的地区生产总值。根据城市群成长的阶段，"十四五"规划纲要将全国19个城市群划分为三类：第一类是优化提升的，包括京津冀、长三角、珠三角、成渝和长江中游城市群；第二类是正在发展壮大的，包括山东半岛、粤闽浙沿海、中原、关中平原、北部湾城市群；第三类是需要培育的，包括哈长、辽中南、山西中部、黔中、滇中、呼包鄂榆、兰州西宁、宁夏沿黄、天山北坡城市群。

直辖市、省会城市、计划单列市和重要节点城市等中心城市辐射功能不断增强，北京、上海、广州、深圳等城市龙头作用进一步发挥，南京、福州、成都、长株潭、西安等都市圈加快发展。截至2024年6月底，国家发展改革委共批复14个都市圈。其中，东部地区7个，分别为南京都市圈、杭州都市圈、广州都市圈、深圳都市圈、青岛都市圈、济南都市圈、福州都市圈；中部地区 3 个，分别为长株潭都市圈、武汉都市圈、郑州都市圈；西部地区 3 个，分别为成都都市圈、西安都市圈、重庆都市圈；东北地区 1 个，为沈阳都市圈。

（二）重要功能区是构建高质量发展的区域经济布局的有力保障

1. 维护粮食安全的地区

2017 年 4 月，国务院印发的《关于建立粮食生产功能区和重要农产品生产保护区的指导意见》明确提出，以主体功能区规划和优势农产品布局规划为依托，确保国家粮食安全和保障重要农产品有效供给。其中，划定粮食生产功能区 9 亿亩；以东北平原、长江流域、东南沿海优势区为重点划定水稻生产功能区 3.4 亿亩；以黄淮海地区、长江中下游、西北及西南优势区为重点，划定小麦生产功能区 3.2 亿亩；以松嫩平原、三江平原、辽河平原、黄淮海地区以及汾河和渭河流域等优势区为重点，划定玉米生产功能区 4.5 亿亩。目前，全国共 13 个粮食主产区省份，分别为黑龙江、河南、山东、四川、江苏、河北、吉林、安徽、湖南、湖北、内蒙古、江西、辽宁，其中包括 100 个粮食生产大县。

2023 年，黑龙江、河南、山东、安徽、吉林 5 个产粮大省的粮食产量达到 2.84 亿吨，占全国的比重超过 40%，有效维护了国家粮食安全。近年来，东北三省粮食产量占全国的 1/5 以上、商品粮量约占 1/4、粮食调出量约占 1/3，其作为我国"大粮仓"的地位更加巩固。

2. 维护生态安全的地区

生态功能区是承担生态服务和生态系统调节维护功能的区域，对维护我国生态安全具有重要的作用。按照主体功能区划分，我国形成了两屏三带的生态安全格局。"两屏"为"青藏高原生态屏障""黄土高原—川滇生态屏障"；"三带"为"东北森林带""北方防沙带""南方丘陵山地带"，涵盖了全国 25 个重点生态功能区。党的十八届三中全会提出"建立国家公园体制"，2022 年 9 月，国务院批复《国家公园空间布局方案》，遴选出 49 个国家公园候选区，总面积约 110 万平方公里。与此同时，市县级自然保护区进一步优化整合，为保障国家生态安全提供坚实基础。

生态保护修复取得显著成效，青藏高原"中华水塔"保护工作扎实推进，三江源国家公园正式设立，提供了更多优质生态产品和服务。大江大河生态环境保护治理成效进一步显现，以长江和黄河上中游等区域为重点，实施国家水土保持重点工程，黄土高原主色调历史性地实现由"黄"变"绿"。

3. 维护能源资源安全的地区

《能源发展"十三五"规划》提出优化建设山西、鄂尔多斯盆地、内蒙古东部地区、西南地区和新疆五大国家综合能源基地。《能源发展"十四五"规划》在优化五大国家综合能源基地的基础上，提出布局建设金沙江上下游、雅砻江流域、黄河上游和"几字弯"、新疆、河西走廊等清洁能源基地，确保国家能源安全。

2023 年，能源富集地区保供能力进一步增强，供应保障水平不断提高。山西、内蒙古、陕西、新疆等能源富集地区建成了一批能源资源综合开发利用基地，2023 年四川原煤总产量占全国的比重超过 80%。能源开发运输格局进一步优化，国内能源安全保障水平有效提高。新能源各类先进产能有序释放，甘肃、内蒙古、青海等省区加快推进以沙漠、戈壁、荒漠地区为重点的大型风电光伏基地项目建设。

二、加强对不同类型地区政策针对性

（一）增强京津冀、长三角、粤港澳大湾区三大动力源地区参与全球竞争引擎功能

1. 构筑世界级创新高地和产业策源地

加强科技创新中心和综合性国家科学中心建设，优化布局建设重大科技基础设施、国家实验室、国家重点实验室,提升科技创新硬实力。瞄准打造一批世界级、国家级产业集群,研究实施国家计划,统筹企业梯队培育、功能平台建设和产业园区提升,提升产业竞争力。支持深化重点领域体制机制改革,实施更加灵活的开放政策,在新场景应用、新模式创造、新规则和新标准制定等方面提升软实力。

支持北京当好我国建设科技强国的排头兵。推动北京高质量建设国际科技创新中心,以中关村科学城、怀柔科学城、未来科学城和北京经济技术开发区为主平台,以中关村国家自主创新示范区为主阵地,加速建设怀柔综合性国家科学中心,推动雄安新区打造创新之城,提升基础研究和原始创新能力,培育高精尖产业新动能,为实现高水平科技自立自强和科技强国建设提供强大支撑。

支持长三角地区加快形成我国原始创新和产业创新高地。充分发挥上海国际科创中心的龙头带动作用,建设人工智能、生物医药、集成电路等创新高地,强化苏浙皖创新优势,推动上海张江、安徽合肥综合性国家科学中心"两心同创",扎实推进 G60 科创走廊、嘉昆太协同创新核心圈建设,打造长三角科技创新共同体,创造更多"从 0 到 1"的原创成果。

支持粤港澳大湾区建成全球科技创新高地和新兴产业重要策源地。推动粤港澳三地深度协同,加快建设具有全球影响力的国际科技创新中心、综合性国家科学中心,瞄准世界科技和产业发展前沿,高水平建设"两廊"(广深港科技创新走廊、广珠澳科技创新走廊)、"两点"(深港河套创新极点、粤澳横琴创新极点),布局建设集成电路、人工智能、纳米科技、生物医药等产业创新高地,打好关键核心技术攻坚战。

2. 引领更深层次更高水平更大范围的改革开放

三大动力源区域作为我国改革创新的试验田和对外开放的重要门户,要继续发挥制度创新平台多、国际交往平台多、与国际规则衔接紧密等优势,率先打破区域内制度壁垒,积极推动贸易和投资自由化便利化,在国际高标准市场规则体系建设中发挥积极作用,提升全球资源配置能力，更好服务和支持新发展格局构建。京津冀地区要以点带面引领北方地区融入和参与国际经济合作，在数字经济、文化旅游、专业服务等领域开放上率先突破。长三角地区要发挥浦东高水平改革开放引领带动作用，推动临港新片区更大力度探索改革开放举措，打造服务全国、辐射亚太的贸易枢纽。粤港澳大湾区要用好港澳自由贸易港的独特优势，加快粤港澳三地规则标准对接，打造全球优质要素集聚高地。

（二）分类培育以重点城市群为主要载体的区域引擎

1. 加快提升成渝双城经济圈高质量发展增长极作用

成渝地区双城经济圈是全国高质量发展的重要增长极和新的动力源，是西部地区发展的核心引擎。成渝两地合作重在制度创新，应进一步推动两地相互赋能、相向发展，在更高水平上推动区域资源统筹，加快构建高效分工、错位发展、有序竞争、相互融合的现代产业体系，进一步提升发展的能级量级。加快建设成渝综合性科学中心，加强技术创新对产业赋能，整合提升优势产业，共同培育世界级装备制造产业集群，打造数字产业新高地，加快构建高效分工、错位发展、有序竞争、相互融合的现代产业体系。进一步推动两地相互赋能、相向发展，在更高水平上推动区域资源统筹，加快构建符合新质生产力发展要求的现代产业体系，进一步提升发展的能级量级。

2. 优化其他重点城市群辐射带动功能

以长江中游、关中平原、中原城市群为重点，打造内陆地区新兴动力源和内陆开放新高地。以辽中南和哈长城市群引领带动东北地区转型发展、全面振兴全方位振兴。以山东半岛、粤闽浙沿海、北部湾等沿海城市群打造对外开放新高地。以兰州—西宁、宁夏沿黄、呼包鄂榆城市群打造引领黄河中上游地区生态保护和高质量发展的增长极。以山西中部、黔中、滇中等省内城市群建设强化省会城市区域动力源作用，培育构建以省会城市为中心的都市圈，形成引领省域、服务周边的新兴动力源。推动天山北坡城市群建设成为我国面向中亚、西亚地区对外开放的枢纽门户。

3. 分类明确不同发展阶段城市群工作重点

长江中游、山东半岛、海峡西岸、中原、关中平原、北部湾等城市群已经形成了具有较强集聚资源能力的中心城市，应着力增强中心城市要素集聚和配置、创新策源、高端服务和门户枢纽功能，加快推动城市群由中心—外围的结构特征向网络化扁平化发展转变。辽中南、山西中部、黔中、滇中、兰州—西宁等城市群中心城市已经形成，但尚未形成辐射带动作用，应持续提高核心城市经济和人口承载能力，适时有序逐步推进现代化都市圈建设。哈长、呼包鄂榆、宁夏沿黄、天山北坡等城市群的中心城市与周边地区落差不明显，应促进要素资源进一步向中心城市集聚，打造城市群核心增长极。

（三）构建多层级城市动力系统

1. 打造一批代表我国参与全球竞争的中心城市

将北京、上海、广州、深圳打造成为能够参与高度开放的国际化大都市，将重庆、成都、武汉、西安、南京、合肥等打造成为高能级的中心城市，强化对高端要素资源配置、创新策源和新动能孵化、开放门户枢纽等核心功能，提高城市国际影响力和竞争力，引领全国参与国际竞争与合作。持续巩固增强科技、人才和制度等方面优势，稳妥有序推动成渝、西安、武汉等区域科技创新中心建设，支持成渝共建具有全国影响力的科技创新中心，协同推进西部科学城、成渝科创走廊等的建设，布局国家精准医学产业创新中心和同位素及药物、生物靶向药物国家工程研究中心等高等级创新平台；推动西安区域科创中心和综合性科学中心建设方案落地实施，打造具有全球影响力的硬科技创新策源地、具有前沿引领性的新兴产业衍生地和"一带一路"顶尖人才首选地；积极推动武汉区域科创中心建设，支持武汉强化原始创新策源地功能，建设制造业创新高地。

2. 支持区域性中心城市提升发展能级

将其他省会城市、计划单列市，以及苏州、无锡、宁波、佛山、泉州、东莞、南通等市场活力较强、制造业优势明显的城市打造成为区域性中心城市。突出实体经济引领作用，建设一批国家产业创新中心和先进制造业基地，着力在新基建、新技术、新材料、新装备、新产品、新业态上取得突破，实施传统产业智能化、绿色化、品牌化改造提升，增强要素集聚、高端服务和科技创新能力，建设区域科教人才中心、医疗康养卫生中心、文化旅游中心，提升对区域要素资源的集聚和配置能力，提升城市消费引领力、区域辐射力和影响力。选择一批近年来发展势头较好、实体经济产业基础较好、具有一定人口规模的内陆城市，结合战略腹地建设，将其打造成为支撑内陆地区高质量发展的新兴极点和内陆地区就地就近城镇化、承接东部沿海产业转移和实体经济发展的重要载体。

（四）进一步提升重要功能区保障能力建设

1. 夯实国家粮食和农产品安全基石

加快推进东北、黄淮海平原、长江经济带等粮食生产优势地区农业现代化进程，大力保护耕地资源，加强生产能力建设，提高农业科技化水平。巩固提升东北及内蒙古、华南地区、西北地区、西南地区、黄淮海平原及长江流域等畜牧产品优势区畜牧产品供给能力，支持品牌化发展。加大对粮食安全保障地区中央财政奖励和转移支付力度，强化农产品质量安全提升，推进高标准农田建设，支持一二三产业融合发展，提升农业经济增长动力，提升农业地区县域经济实力。

2. 进一步筑牢国家生态安全屏障

扎实推进青藏高原"中华水塔"保护工作，高质量建设三江源国家公园，实施大小兴安岭、长白山森林生态保育等重大工程。完善生态补偿制度和生态产品价值实现机制，增强生态功能区的绿色发展动能。鼓励生态受益地区与生态保护地区通过资产补偿、对口协作、产业转移、人才培训、共建园区等方式建立横向生态补偿关系。对生态屏障关键区域内的居民，推进生态移民搬迁，实施宜居搬迁工程。

3. 增强能源资源富集地区保护开发利用能力

加强能源资源勘探和战略储备，发挥中央企业和地方国企的龙头带动作用，提高能源产业的安全性，引导发展具有地方特色的能源经济。健全可持续发展长效机制，支持能源资源型地区绿色低碳循环转型，培育资源精深加工产业、发展新材料、生物科技、新一代信息技术、特色旅游等支柱产业。

4. 提升边境地区人口与经济支撑能力

进一步加大对边境地区基础设施、公共服务、民生保障、固边兴边的支持力度，持续推进兴边富民示范城镇建设，新建一批抵边乡村和生产放牧点，大力改善边境地区生产生活条件，使边境地区有一定的人口和经济支撑，促进各民族交往交流交融，确保边疆稳固和边境安全。

第二节　促进东西部地区产业梯度协作

近年来，随着区域协调发展战略的深入推进，东西部地区差距虽呈现下降趋势，但绝对发展差距依然较大，且有进一步拉大的趋势。我国进入高质量发展阶段，产业结构落后、创新支撑薄弱、营商环境不优等原因导致西部地区内生动力不足的矛盾依然存在，东西部地区发展的"马太效应"存在加剧风险，有可能造成相对差距的重新拉大，不利于区域协调发展战略的推进。通过推动东西部产业梯度协作，促进西部地区自身发展活力提升，维护我国产业链供应链安全，是推动区域协调发展的重要命题。

一、西部地区内生动力不足问题影响区域协调发展

（一）整体发展水平仍然相对偏低

西部地区发展不平衡不充分问题仍比较突出，仍是促进区域协调发展的短板、逐步实现共同富裕的难点。2023 年，西部地区人均地区生产总值约 7 万元，尽管与东部地区相对差距持续缩小，但绝对差距超过 4.4 万元，区域发展差距仍较为明显，且除内蒙古、重庆外，其余各省份均低于全国平均水平。其中，甘肃人均地区生产总值约 4.5 万元，仅为全国的 52%，也是全国唯一一个低于 5 万元的省份。西部 12 省份人均可支配收入均低于全国平均水平，广西、西藏、新疆、青海、云南、贵州、甘肃排在全国后七位，甘肃与上海的差距达到 6 万元。160 个国家乡村振兴重点帮扶县全部位于西部地区，贵州、云南等省份易地扶贫搬迁后续扶持工作任务繁重。

（二）传统投资拉动路径遇到瓶颈

2023 年，西部地区投资下行趋势明显，长期以来依靠大规模基础设施投资拉动的增长模式难以持续。民间投资信心不足，民营企业预期修复缓慢，2023 年，广西、四川、陕西、贵州、云南等省份的民间投资增速分别下降 19.4 个、11.3 个、8.8 个、8.1 个、7.2 个百分点。地方财政投资"捉襟见肘"，房地产市场持续下行，土地财政难以维系，由于缺少优质企业和高净值人群，西部省份地方财政无源可开。12 省份财政自给率均在 50% 以下，且债务风险压力大；全国 12 个重点化债省份中有 8 个在西部，化债收缩效应对西部地区投资"雪上加霜"。

（三）新动能成长缓慢

西部省份以初中级产品为主的传统产业占比较高，特别是西北省份

过度依赖能源导致产业结构失衡，多数产业门类处于产业链的中上游、价值链的中低端，产业链条短、产品附加值低。2020 年以来，受能源价格上涨影响，西部省份推动结构转型的意愿进一步降低，长期来看会导致产业升级迭代速度进一步放缓，从而阻滞高质量发展。工业化不充分，西部省份普遍存在经济结构理想的"假象"，主要表现为一二产比重低，三产比重高。实际上这恰恰是由于缺乏工业支撑导致三产比重被动上升造成的。

（四）创新短板较为突出

科技创新是现代经济增长最重要的动力之一。当前东部地区牢牢掌握我国创新策源地地位，而西部地区人才、资金、技术、产业基础薄弱，2022 年西部 12 省份研究与试验发展（R&D）经费投入强度均低于全国平均水平。创新瓶颈或可能导致更大被动。如果西部地区在新一轮产业和技术革命中无法实现优势领域的突破，那么人才、技术、资本等要素将进一步流失，东西部地区间或将出现更大发展鸿沟。例如，2023年外贸态势的分化很大程度上是由于西部地区"新三样"竞争力不强所导致的。

（五）高质量发展支撑条件仍有短板

基础设施体系建设仍需完善，四川、云南、西藏、新疆等省份干线网络以外的地区可达性差，沿边、抵边、旅游、物流等基础设施短板较多。传统优势弱化背景下营商环境差距效应放大。随着生产要素成本不断上升、新的数字化生产工具广泛应用，西部地区依靠低要素成本的发展路径已难以持续，需以更优生态吸引更多优质企业集聚。但整体来看，西部省份制度创新的主动作为少、被动跟跑多，政府服务意识和能力不足，区域市场的歧视性、隐蔽性准入限制依然突出，在产业发展软环境上与东部地区难以竞争。

（六）承接产业转移受外部环境扰动较大

近年来西部地区积极吸引东部电子信息企业，带动了自身产业结构的优化升级。当前全球经贸格局复杂多变、中美经贸摩擦持续发酵、我国新旧动能加速转换，西部地区承接产业转移面临较大阻力。受益于劳动力等要素成本低、政策优惠力度大叠加对美关税优势，越南等周边国家与西部省份形成了直接竞争关系。2023 年，越南商品进出口达到6830 亿美元，[①] 约是四川（西部进出口贸易总额最高的省份）的 5 倍，承接产业类别由轻工类向机电类等加快迭变，立讯精密、领益制造、歌尔股份等东部电子信息头部企业已将部分产能转移至越南。

二、进一步促进东西部地区梯度协作的建议

（一）强化长江、黄河两大江河战略牵引作用

长江经济带、黄河流域生态保护和高质量发展两大流域带状区域战略，在经济上由相对发达的区域与相对欠发达的区域构成带状经济区，区域内部发展具有较密切的关联性，共同面临发展与保护的责任，横跨东中西三大板块，对于促进东中西部梯度协作具有重要的战略牵引作用。要进一步强化两大战略的牵引作用，促进沿江沿河流域地区要素高效流动，推动先发地区带动后发地区发展，推动不同梯度区域协调联动发展。

（二）加快形成区域联动、分工协作、协同推进的创新产业网络

一是更好发挥市场主体作用，推动技创新成果跨区域转移转化。鼓

---

① 云南省人民政府外事办公室. 南亚东南亚新闻周报（18）［EB/OL］.（2024 - 01 - 25）［2024 - 07 - 07］. http：//yfao. yn. gov. cn/zbdt/202401/t20240105_1096020. html.

励北京中关村科技园、上海张江高科技园、苏州工业园等成熟园区以合作园区共建、应用场景共建、异地孵化转化等方式推动创新链产业链跨区域融合。依托大数据、人工智能等新一代信息技术手段，搭建跨区域科创资源共享平台。依托区域重大战略的实施，支持大科学装置等前沿基础创新资源共享。推动建立跨区域技术交易平台，构建跨区域创新要素对接平台，推动供需对接、资源匹配。

二是夯实创新基础，推动西部地区将对外承接与自身升级有机结合起来。建设区域科技创新高地，支持成渝共建具有全国影响力的科技创新中心，协同推进西部科学城、成渝科创走廊等的建设；推动西安区域科创中心和综合性科学中心"双中心"建设；引导有条件的省会城市和优势地区强化创新驱动，形成多个具有较强引领作用的创新引擎。壮大特色支柱产业，支持西部省份立足资源禀赋和产业基础，在新能源、新材料、生物医药、先进装备制造等领域着力打造若干体现各省特色优势、具有较大规模和较强带动力的支柱产业。加强行业引导，研究修订《西部地区鼓励类产业目录》。优化研发费用加计扣除、科技体制改革等政策支撑，加快推动科技成果向新产业新领域新赛道转化，支持两江新区、天府新区、西咸新区等重点平台加快培育发展新质生产力。

（三）推动东西部产业合作再分工

从区域角度来看，我国参与的全球价值链在国内的环节较短，更多地表现为东部沿海地区的直接参与，而中西部和北方地区只能通过能源、资源的生产间接参与。这就需要深化国内价值链分工，培育更多的能够引领价值链分工的龙头企业，延伸和拓展全球价值链的国内环节，让中西部地区能够深度参与全球价值链分工和国内价值链分工，促进不同区域价值链分工的深度融合和协同升级。

一是细化垂直分工。充分发挥东西部比较优势，支持东部地区优势产业向价值链高端集聚，利用西部地区在发展空间、劳动力资源等方面的优势，细化垂直分工。提升西部地区新型工业化、信息化和农业现代化水平，支持中西部地区在特色优势领域布局一批支撑新技术、新产业的基础设施，缩小东西部产业发展基础差距，增强西部地区产业承接能力。以税收分享和统计共享等为重点完善产业承接转移对接机制，消除产业承接转移制度障碍。

二是促进水平分工。支持中西部地区坚定实施创新驱动发展战略，积极吸纳、引进高端生产要素和先进技术，借助移植、积聚、吸纳、创新等手段，摆脱传统产业发展依赖，抢占新兴产业发展制高点，与东部地区形成新的水平分工格局。

（四）着力提升西部地区承接产业转移竞争力

一是优化承接产业转移平台载体和要素支撑。提升沿边临港产业园区、国家承接产业转移示范区、国家级新区等平台的承载力，全面对接东部地区技术、管理、资金和产业新布局，建设一批产业备份基地。提速数字化发展水平。支持西部地区加快完善新型基础网络，推动5G、人工智能、大数据等新技术融入产业发展，拓展工业互联网建设和应用，弥合东西部地区数字鸿沟。壮大技能人才队伍。用好西部地区人口数量优势，新增教育经费向西部省份职业教育倾斜，支持建设一批高水平中高等职业学校和专业，培养符合先进制造业发展要求的技能人才。

二是全面提升西部地区发展生态。加大力度支持西部地区补齐交通、水利、能源等基础设施留白；加强人口就业支撑，着力解决好教育、医疗、住房、养老、托幼等民生问题。着力增强营商环境吸引力，改革创新试点进一步向西部省份倾斜，以市场主体感受和诉求为导向，推进要素配置市场化改革，激发民营企业活力，带动西部省份政治生态和营商理念转变，逐步形成企业和个人干事创业劲头高、优质要素集聚能力强的良性循环。

第三节 以共建 "一带一路" 为带动
提高中西部开放发展水平

习近平总书记在多个场合反复强调开放的重要性，他指出："改革开放是当代中国大踏步赶上时代的重要法宝，是决定中国式现代化成败的关键一招。"[①] 更高水平的开放是提升区域经济高质量发展、加快构建新发展格局的必然要求，也是改变中西部地区传统区位劣势、促进更高水平区域协调发展的有效路径。下一步，要加快优化区域开放布局，把握更大范围、更宽领域、更深层次对外开放战略机遇，不断提高中西部地区开放能级，推动中西部地区积极参与和融入共建"一带一路"，充分利用"一带一路"建设的带动作用，以六大国际经济走廊互联互通为突破口，助推沿海、内陆、沿边地区协同开放，构建统筹国内国际、协调国内东中西和南北方的区域发展新格局。发挥"一带一路"纽带作用，集中更多政策资源和优质要素资源，引导支持中西部欠发达地区融入全球价值链分工体系，全面加快内陆和沿边地区开放发展。

一、中西部地区开放发展面临的问题

（一）开放型经济发展水平总体较低

中西部地区开放型经济发展还处于初级阶段，各方面尚不成熟，制度型开放的程度和水平还比较低。2023 年西部地区货物进出口总额为3.74 万亿元，约占全国的 8.9%；中部地区货物进出口总额为 3.09 万

---

① 习近平．在纪念毛泽东同志诞辰 130 周年座谈会上的讲话 [M]．北京：人民出版社，2023：19．

亿元，约占全国的 7.4%，远低于广东、上海、江苏、浙江一个省市的水平。外资外贸结构抗风险能力较差，对外贸易依赖少数几家国有大型企业，易受国际市场波动影响；出口产品中初级产品、低附加值劳动密集型产品比重较大，国际竞争力不强。开放平台数量少、影响力弱，全国已有 22 个省份获批自由贸易试验区，西部地区 12 个省（区、市）中仅有陕西、重庆、四川、云南、广西、新疆 6 个省（区、市）。

（二）货物贸易便利化水平低

由于中西部地区水路、铁路、航空等口岸的海关、边防、检验检疫等监管部门相对独立，信息共享和互认机制不健全，铁、公、水、空信息难以实现互联互通，且缺乏具备相关丰富联运经验的大型物流企业，导致多式联运过程中存在重复办理通关手续、检验检疫和结转货物的现象，多式联运机制无法形成真正联动。部分省份海关的"单一窗口"关检融合并未完全实现，企业的相关报检手续过于复杂，单证电子化和作业无纸化未彻底实现，各环节之间高效整合资源的效力降低，部分功能仍未摆脱"链接"方式，使用体验度较差。中欧班列国外段非关税贸易壁垒短时间内难以消除，边境口岸通关效率不高，信息不对称现象比较普遍，基础设施互联互通能力有待进一步加强。

（三）服务贸易开放滞后

中西部地区服务贸易滞后，开放水平较低，大多还停留在货物贸易阶段。由于中西部地区本身服务业发展基础较为薄弱，生产性服务业和技术密集型、高附加值服务业竞争力较弱。更重要的是，中西部地区开放权限和开放等级较低。相较于东部沿海地区，内陆地区开放先天条件不足，需要以更大的制度创新力度获得竞争优势。从目前我国开放型制度体系的探索来看，沿海地区往往容易获得更大的先行先试空间，获取更大的改革权限。受对外开放梯次推进影响，中西部地区对外开放程度相对落后，难以满足内陆型地区加快开放的实际需要。

（四）营商环境短板突出

市场化、法治化、国际化的营商环境是逐步推动制度型开放的重要基础环境。与东部地区相比，中西部地区整体开放观念和营商环境培育不足，"起步不灵刹车灵"的问题较为突出，在政策体系化程度、市场服务水平、营商政策执行力度、投资管理制度效率和透明度等方面与东部地区相比存在较大差距。特别是西部地区较为突出，全国工商联发布的 2023 年"万家民营企业评营商环境"报告中，营商环境得分位列前10 的省份中没有西部省份，得分位列前 10 的省会及副省级城市中仅有成都位于西部。

二、以"一带一路"建设为带动推动中西部地区大开放的政策建议

（一）加大对中西部地区制度型开放的支持力度

支持中西部省份加快探索内陆型自由贸易新体制，在投资经营便利、货物自由进出、资金流动便利、人员自由执业、信息快捷联通等方面加快形成突破性进展，增量口岸、海关特殊监管区、重大国际合作平台、重大国际合作产业园等开放平台向中西部地区倾斜。落实好外商投资准入前国民待遇加负面清单管理制度，有序开放制造业，逐步放宽服务业准入，提高采矿业开放水平。推动西部地区按程序申请设立海关特殊监管区域，支持区域内企业开展委内加工业务。推动西部优势产业企业积极参与国际产能合作，支持建设一批优势明显的外贸转型升级基地。

（二）发挥重点开放平台先行先试引领作用

支持中国河南、湖北、四川、重庆、陕西、广西、云南、湖南、

安徽、新疆等自由贸易试验区在投资贸易领域依法依规开展先行先试，研究推动内蒙古等西北省份建设自由贸易试验区，支持内陆型自贸试验区利用区内海关特殊监管区域，积极开拓、布局新产业和新业态，推动区内产业向研发设计、检测维修、销售服务等价值链高端延伸。推动沿海自贸片区与内陆自贸片区制度衔接、通关联通、港口联动，实现海陆枢纽协作互促，带动内陆、沿边欠发达地区融入沿海经济带发展。加快贵州、宁夏、江西内陆开放型经济试验区建设，高水平推动郑州航空港经济综合实验区建设，持续深化郑州—卢森堡"空中丝绸之路"建设。在中西部省份研究增设一类口岸，积极推动综合保税区、航空口岸、铁路口岸、电子口岸等开放平台建设，支持有条件地区加快建设具有国际先进水平的国际贸易"单一窗口"，畅通国际货运航线。加大物流设施建设和运营力度，加快将有条件的保税物流中心升级为综合保税区。支持建设内陆无水港。设立边境自由贸易口岸，在货物贸易、外资准入、人员流动、车辆进出、外汇金融、联检查验、海关监管等方面，探索既符合国际自由贸易规则又适合边境贸易特点的先行先试政策和制度。

（三）推进重点枢纽节点建设

充分发挥地缘、人缘和亲缘优势，推动内蒙古、甘肃、新疆、西藏、云南、广西等西部沿边省份与周边国家开展双边和多边区域合作，拓展对外开放新空间。鼓励重庆、成都、西安、武汉、郑州、合肥、长沙等加快建设国际门户枢纽城市，提高昆明、南宁、乌鲁木齐、兰州、呼和浩特、拉萨等省会（首府）城市面向毗邻国家的次区域合作支撑能力。支持重庆、四川、陕西打造内陆开放高地，提升郑州、武汉区域航空枢纽功能，积极推动长沙、合肥、南昌、太原形成各具特色的区域枢纽，发挥综合优势，打造内陆开放高地和开发开放枢纽。提升云南与澜沧江—湄公河区域开放合作水平，打造面向南亚、东南亚的辐射中心。支持广西加快构建面向东盟的国际大通道，完善北部湾港口建设，打造具有国际竞争力的港口群，打造西南、中南地区开放发展新的战略支点。以中蒙俄经济走廊建设为依托，支持内蒙古加强与俄罗斯和蒙古国的经贸合作。

（四）加强开放大通道引领作用

优化中欧班列组织运营模式，加强成都、郑州、重庆、西安、乌鲁木齐集结中心建设，支持兰州、武汉、长沙等城市高水平建设中欧班列枢纽节点，推动东中西部地区之间物流、商贸等领域的深度合作，打造跨省域经济走廊。大力推进西部陆海新通道建设，积极实施中新（重庆）战略性互联互通示范项目，把西部陆海新通道打造成为陆海统筹、贯通南北的大通道以及带动西部地区高质量发展的重要引擎。积极发展多式联运，加快铁路、公路与港口、园区连接线建设，创建陆权贸易新规则，创建标准化、一体化的"铁路＋"多式联运一单制规则，提升陆权贸易运输效率和通关便利化水平。加快推进长江干线过江通道建设，依托长江黄金水道，构建陆海联运、空铁联运、中欧班列等有机结合的联运服务模式和物流大通道，加强中西部省份与长三角地区联系。

（五）着力缩小中西部地区与东部地区营商环境差距

按照法治化、市场化、国际化的要求优化营商环境，落实全国统一的市场准入负面清单制度，推动"非禁即入"普遍落实。推行政务服务"最多跑一次"和企业投资项目承诺制改革，大幅压缩工程建设项目审批时间。落实减税降费各项政策措施，着力降低物流、用能等费用。实施"双随机、一公开"监管，对新技术、新业态、新模式实行审慎包容监管，提高监管效能，防止任意检查、执法扰民。强化竞争政策的基础性地位，进一步落实公平竞争审查制度，加快清理废除妨碍统一市场和公平竞争的各种规定和做法，持续深入开展不正当竞争行为治理，形成优化营商环境长效机制。

第四节　加快破解欠发达地区发展断层问题

当前，我国已经进入需要加快推动"先富带后富"的阶段。一般而言，经济发展成果的扩散是通过生产要素流动、商品区际贸易、企业迁徙和产业跨区域特别是跨行政区转移与扩散的方式来实现的。但"先富"地区的经济成果在向"后富"地区扩散过程中，由于落后地区支持经济发展所需要的能源、交通、科研、教育卫生等基础设施相对不完善，资金、技术、人才等要素吸引力不足，投资环境、市场机制的完善程度等方面与发达地区存在较大差距，因此会出现经济发展成果扩散的断层。

一、加快补齐基础设施、民生事业发展等短板弱项

发挥基础设施建设对于区域经济发展的"乘数效应"，有倾斜性地加快完善欠发达地区基础设施网络。加快建设西部地区内外大通道和区域性枢纽，谋划轨道交通建设，补齐快速便捷连通大城市和中小城市、县城的各级公路网。加大对欠发达地区以 5G 网络、特高压为代表的新型基础设施的支持力度，助力欠发达地区在新一轮技术革命背景下同样获得跨越式发展的基础条件。集中力量做好普惠性、基础性、兜底性民生建设，提高欠发达地区社会保障、教育、医疗、就业、养老等公共服务供给水平，加快推动基本公共服务在区域间的一体化和社会群体间的均等化。完善财政转移支付政策，持续加大对欠发达地区基本公共服务、基础设施的投入力度，研究中央安排的公益性建设项目取消地市级及以下配套资金。

二、以增强欠发达地区内生动力为主线完善发达地区与欠发达地区合作方式

（一）优化区域间互助机制

延续和进一步完善我国既有的东西协作机制，对西部欠发达程度深的省份适当增加帮扶力量。深入开展对口支援，着力推动县与县精准对接，探索推进乡镇、行政村之间结对帮扶，发挥支援方和受援方的比较优势，实现互利双赢、共同发展。创新开展对口协作（合作），按照"政府搭台、企业唱戏、区域受益"的模式，面向经济转型升级困难的特殊类型地区，构建政府、企业和相关研究机构等社会力量广泛参与的对口协作（合作）体系。

（二）提升欠发达地区软环境

推动发达地区体制机制、先进经验的同步转移，推动发达地区与欠发达地区市场规则相互衔接，为要素流动、产业对接创造条件。支持欠发达地区高质量打造一批产业转移合作园区、区域创新中心等，推动科技合作与协同创新，引导更多要素顺畅、合理、高效流动到欠发达地区产业网络中来。

（三）促进发达地区与欠发达地区战略和功能区相互衔接和融合互动

增强京津冀、长三角、粤港澳大湾区等动力源地区对东北、西北、沿江、泛珠地区发展的带动作用。高质量建设晋陕豫黄河金三角、粤桂、湘赣、川渝等省际交界地区，发挥交界地区连接不同地区、不同区域战略板块间经济、社会、规划、政策的重要纽带作用。

三、积极培育高质量发展的增长点

（一）做好特色优势产业发展谋划

立足资源禀赋和产业基础，做好特色文章，实现差异竞争、错位发展。积极引导各类市场主体到欠发达地区投资兴业、发展产业、带动就业，吸纳贫困地区剩余劳动力就业。支持欠发达地区扶持发展一批符合自身比较优势的主导产业，坚定实施创新驱动战略，抓住数字经济、康养经济等新经济、新模式发展机遇，加快发展具有技术含量、就业容量、环境质量的产业，进一步改善产业结构、培育新动能，积极融入全国乃至全球产业分工体系。

（二）支持欠发达地区导入优质要素

支持引导欠发达地区在保护产权、维护公平、改善金融支持、强化激励机制、集聚优秀人才等方面积极作为，为产业培育、要素导入创造良好的外部环境。通过专项津贴、提高工资、职务职称晋升等方式吸引教育、医疗、科技等领域人才参与欠发达地区发展。鼓励发展归雁经济，加大对欠发达地区返乡创业基地建设的支持力度。

四、建立向发达地区倾斜的精准财税支撑制度

中央预算内投资和中央财政专项转移支付继续向中西部欠发达地区和东北老工业基地倾斜，在重大项目布局、审核批准、资金安排等方面给予适当倾斜。对在欠发达地区注册的先进制造业企业在上市融资、发行债券方面给予优先安排。研究完善鼓励人才到特殊类型地区工作的优惠政策。支持地方政府根据发展需要制定吸引国内外人才的区域性政策。允许地方人民政府用好专项债和超长期国债等，对符合条件的中西部欠发达

地区和东北老工业基地区域内国家级经开区基础设施建设、物流交通、承接产业转移、优化投资环境等项目提供相应支持。

第五节　发挥好重大平台带动作用

近年来,国家级新区、自由贸易试验区、国家自主创新示范区、国家级经开区、国家级高新区、临空经济和海洋经济发展示范区等综合性、专项性功能平台的建设布局,有效促进了经济要素跨区域流动,承担了国家改革、开放及创新等战略功能,形成了带动区域发展的新增长极。新时期,要进一步释放各类国家级平台作为我国经济活动主战场的作用,发挥好重要平台作为区域经济增长的重要引擎作用,争取实现更大范围内的辐射带动作用。

一、以国家级新区、国家自主创新示范区等综合性功能平台为带动形成区域发展增长极

(一)支持发挥区域经济重要节点作用

国家级新区是承担国家重大发展和改革开放战略任务的综合功能平台,目前全国共19个国家级新区(见表2-1)。要以国家级新区、国家自主创新示范区等重大平台为关键载体,更好服务于京津冀协同发展、长江经济带发展、粤港澳大湾区建设、长三角一体化发展、黄河流域生态保护和高质量发展等国家重大区域发展战略实施。鼓励以国家级新区、国家自主创新示范区为主体整合或托管区位相邻、产业互补的国家级高新区、国家级经开区及重点省级园区等,打造更多集中连片、协同互补、联合发展的产业发展共同体。支持重点平台跨区域配置创新要素,提升周边区域市场主体活力,深化区域经济和科技一体化发展。

表 2-1   我国已设立的国家级新区

名称	设立时间	分布	面积（平方公里）
上海浦东新区	1992 年	上海	1210.41
天津滨海新区	2006 年	天津	2270
重庆两江新区	2010 年	重庆	1200
浙江舟山群岛新区	2011 年	浙江舟山	陆地 1440，海域 20800
兰州新区	2012 年	甘肃兰州	1700
广州南沙新区	2012 年	广东广州	803
陕西西咸新区	2014 年	陕西西安、咸阳	882
贵州贵安新区	2014 年	贵州贵阳、安顺	1795
青岛西海岸新区	2014 年	山东青岛	陆地 2096，海域 5000
大连金浦新区	2014 年	辽宁大连	2299
四川天府新区	2014 年	四川成都、眉山	1578
湖南湘江新区	2015 年	湖南长沙	490
南京江北新区	2015 年	江苏南京	2451
福州新区	2015 年	福建福州	1892
云南滇中新区	2015 年	云南昆明	482
哈尔滨新区	2015 年	黑龙江哈尔滨	493
长春新区	2016 年	吉林长春	499
江西赣江新区	2016 年	江西南昌、九江	465
河北雄安新区	2017 年	河北保定	起步期 100，中期 200，远期 2000

资料来源：作者根据公开资料整理。

专栏 2-1

国家级新区扎实推动高质量建设　打造新质生产力发展实践地

2024 年 3 月，国家发展改革委发布《促进国家级新区高质量建设行动计划》（以下简称《行动计划》），明确了新时期国家级新区高质量建设的发展目标、重点任务和举措。19 个国家级新区是承担国家重大发展和改革开放战略任务的综合功能平台，经济韧性强、经济活力足，在引领区域科技创新、深化改革开放、促进高质量发展等方面发挥了重要作用。自上海浦东新区建立以来，新区坚持以创新作为第一驱动力、扎实推进实体经济发展、大胆推动改革创新，已经集聚了各类先进优质生产要素，是新时期引领新质生产力形成发展的重要载体。未来，新区要提升科技创新策源优势、壮大产业竞争力优势、拓展改革创新优势，为全国不同地区因地制宜发展新质生产力先行试验、形成示范。

一是提升科技创新策源优势，加快形成技术革命性突破。技术革命性突破是催生新质生产力的首要条件。形成和发展新质生产力的源头来自新技术，特别是原创性、颠覆性技术。新区始终将技术创新作为发展的第一动力，是我国科技创新策源最活跃的区域之一。近年来，新区集聚了全国乃至全球前沿科技力量，持续推进基础研究、应用研究和技术攻关，形成了一批重大科技成果，是原创性、颠覆性科技成果的重要载体，为持续强化我国自主创新能力、参与国际前沿科技竞争提供了重要支撑。

上海浦东张江科学城是上海建设具有全球影响力科技创新中心的核心功能区，上海光源、蛋白质上海设施、超强超短激光装置等大科学设施加快建设，初步形成了我国乃至世界上规模最大、种类最全、功能最强的光子大科学设施集群，对新材料、生物医药等领域研发具有重要意义。广州南沙新区南沙科学城是大湾区综合性国家科学中心主要承载区，冷泉生态系统研究装置、南方海洋科学与工程广东省实验室、大洋钻探船、深海科考中心等落地，引领海洋科技力量集聚，率先深耕"深海"技术。四川天府新区挂牌西部地区首个国家实验室，跨尺度矢量光场等大科学装置加快建设，集聚国家级创新平台 80 余家，围绕氢能利用等关键领域，累计承接重大科研项目 1200 余个。

国家级新区高质量建设要强化科技创新策源功能，支持区域科技创新资源和平台向具备条件的新区倾斜，从而进一步集聚科技创新资源，使原创性、颠覆性科技创新成果竞相涌现，在全球新一轮科技革命和产业变革中形成竞争优势、赢得战略主动。

二是壮大产业竞争力优势，推动技术创新与产业发展同频共振。新质生产力的最终形成以具体产业和产业链应用为体现形态，以科技创新带动产业创新、实现产业深度转型升级是根本目标。新区坚持发展实体经济、推动新型工业化，积极促进产学研有效转化，战略性新兴产业持续壮大、传统产业不断升级，是科技成果转化最活跃的载体，是新产业、新模式、新动能不断形成的高地。

湖南湘江新区持续壮大先进装备制造、信息技术、新材料等千亿级产业集群，2023 年战略性新兴产业总产值占规上工业总产值的比重超过一半。江西赣江新区锚定"数字产业化、产业数字化、数字化治理"三大主攻方向，2023 年数字经济重点项目达到 121 个。重庆两江新区加快布局航空航天产业，国家数字经济创新示范区核心载体和卫星互联网产业园正式揭牌，以发展涵盖卫星互联网全产业体系、北斗规模化应用、通导遥一体化为目标，力争到 2030 年形成千亿级产业集群。陕西西咸新区以秦创原总窗口为牵引，积极探索与西安交通大学共同建设中国西部科技创新港，2019 年 9 月正式运行以来，已建成 30 个研究院、222 个研究所、8 个大型仪器设备共享平台和 379 个科研机构智库，形成了先进氢能发动机、固态储氢等一批与陕西重点产业链紧密结合的科技成果转化项目，以西安光机所产业化团队带动光子产业发展的"西光模式"广受关注。

国家级新区高质量建设要在建设现代化产业体系上更有作为，巩固提升新区千亿级及主导产业竞争优势，各新区所在省市要加强政策支持，实施制造业技术改造升级工程，吸引产业链关键环节集聚；要进一步优化重点产业布局，支持设在新区的国家新型工业化产业示范基地提质增效，以新区为重点培育先进制造业集群，聚焦优势产业建设试验区、先导区。未来各新区将立足比较优势、因地制宜，着力推动科技创新成果转化应用，围绕发展新质生产力布局产业链，推动短板产业补链、优势产业延链、传统产业优链，提速培育新兴产业、前瞻布局未来产业，提升产业发展效率和效益，推动产业不断迈上价值链中高端。

三是拓展改革创新优势，加快形成适应新质生产力发展的生产关系。生产关系必须与生产力发展要求相适应，与新质生产力相适应的生产关系需要推动劳动、知识、技术、管理、资本和数据等生产要素的创新配置，根本上要靠改革。新区是我国改革的试验田和先行区，近年来持续深化改革开放、创新体制机制，在要素市场化配置改革、科技体制改革、营商环境改革、产权制度改革、制度型开放等方面形成一批首创性和引领性改革举措，为其他地区形成有效示范，为新质生产力的形成发展塑造了良好生态环境。

广州南沙新区持续深化面向世界的粤港澳全面合作，累计落户港澳企业超3000家，投资总额约千亿美元，累计形成913项制度创新成果，其中44项、130项分别在全国、全省复制推广。四川天府新区聚焦公园城市综合功能、创新策源转化功能、内陆开放门户功能、现代产业旗舰功能等关键环节，谋划实施引领性改革措施，形成了一批"天府经验"和"天府方案"，"推动公园城市高质量发展改革经验""探索经济区与行政区适度分离改革""体教融合赋能教育领域综合改革"等改革经验在全国形成借鉴示范。

国家级新区深化重点领域改革，特别是明确提出赋予新区更大改革自主权，支持新区所在省市采取清单管理、集成改革等模式深化改革。推动新区大胆试、大胆闯，持续增强改革的主动性和能动性，有利于新区加快优化调整生产关系，打通束缚新质生产力发展的堵点卡点，让各类先进优质生产要素向发展新质生产力顺畅流动，加快实现生产要素创新性配置，促进形成劳动者、劳动资料、劳动对象优化组合的质变。

未来，国家级新区在引领因地制宜发展新质生产力、构建现代化产业体系上必将跑出加速度，不断增强自身发展的内生动力、持续推动高质量建设，为区域协调发展作出新区贡献。

资料来源：李晓琳，文扬. 国家级新区扎实推动高质量建设　打造新质生产力发展实践地［EB/OL］.（2024－03－15）［2024－07－07］. https：//www.ndrc.gov. cn/xxgk/jd/jd/202403/t20240315_1364994. html.

（二）以优势平台对接引领东中西产业链创新链融合

发挥平台集聚优质要素的作用，推动中西部和东北地区新区与东部地区产业链、创新链深度融合，以点带面推动更大范围内的分工合作。按照市场导向原则，鼓励东部地区优质平台加强与中西部和东北地区平台对口合作和交流，探索异地孵化、飞地经济、伙伴园区等多种合作机制。探索完善地区间投入共担、利益共享、经济统计分成等跨区域合作机制，采取共建园区等形式深化产业合作。

（三）推动全方位高水平对外开放

面向未来发展和国际市场竞争，在符合国际规则和通行惯例的前提下，支持重点平台通过共建海外创新中心、海外创业基地和国际合作园区等方式，加强与国际创新产业高地联动发展，加快引进集聚国际高端创新资源，深度融合国际产业链、供应链、价值链。鼓励重大平台开展多种形式的国际园区合作，支持与共建"一带一路"国家开展人才交流、技术交流和跨境协作。在确有发展需要、符合条件的园区设立综合保税区，建设外贸转型升级基地和外贸公共服务平台，推动国际货运班列通关一体化，支持发展跨境电子商务。

二、以产业转移示范区为带动促进优势地区产业梯度转移

（一）推动示范区与动力源地区融合发展

推动皖江城市带承接产业转移示范区加强与长三角全面合作，推动

泛长三角区域发展分工合作。推动湖南湘西、湖北荆州、江西赣南、广西桂东加强与粤港澳大湾区、长三角一体化、长江经济带等重大战略融合，扩大泛珠三角地区、长江经济带沿江地区分工合作。推动晋陕豫黄河金三角、甘肃兰白、夏银川—石嘴山与黄河流域生态保护和高质量发展融合，打造中西部地区新的经济增长极，推动中西部欠发达地区实现一体化发展、跨越式发展。推动重庆沿江、四川广安与成渝地区双城经济圈建设、长江经济带融合，促进西部地区加快实现高质量发展。推动辽西北有序有效承接京津冀等国内外产业转移，发挥优势地区对东北振兴的带动作用。截至 2023 年底，已设立的国家级承接产业转移示范区如表 2 - 2 所示。

表 2 - 2　　　　　我国已设立的国家级承接产业转移示范区

名称	设立时间	分布
皖江城市带	2010 年	安徽
广西桂东	2010 年	广西
重庆沿江	2011 年	重庆
湖北荆州	2012 年	湖北
晋陕豫黄河金三角	2012 年	晋陕豫三省交界处
四川广安	2013 年	四川
甘肃兰白	2013 年	甘肃
江西赣南	2013 年	江西
宁夏银川—石嘴山	2014 年	宁夏
湖南湘西	2018 年	湖南
辽西北	2020 年	辽宁
吉西南	2023 年	吉林
蒙东	2023 年	内蒙古

资料来源：作者根据公开资料整理。

（二）提高东部地区企业产业转移的主动性

推动产业转移最根本的是要靠企业主体，特别是要充分发挥不同示范区的资源优势和产业优势，有序引导东部企业跨区域布局产业链供应链。着力增强示范区承接能力，加快优化营商环境，在科技管理、人力资源、信用体系、市场准入监管和政府服务能力上加快与发达地区对标。支持各项改革试点优先考虑在示范区内先行先试，采取更为灵活的政策措施。支持示范区积极探索建立合作发展、互利共赢新机制。

三、以临空经济示范区、海洋经济示范区等平台为引领释放空天海洋资源发展潜力

（一）提升临空经济示范区开放合作枢纽功能

临空经济示范区是依托航空枢纽和现代综合交通运输体系，提供高时效、高质量、高附加值产品和服务，集聚发展航空运输业、高端制造业和现代服务业而形成的特殊经济区域，是民航业与区域经济相互融合、相互促进、相互提升的重要载体。2015年6月，发展改革委、民航局印发《关于临空经济示范区建设发展的指导意见》，明确选择若干条件成熟的临空经济区开展试点示范。目前全国共有17个临空经济示范区（见表2-3），其中东部地区9个，中部地区3个，西南地区4个，东北地区1个。

表2-3　　　　　　　我国已设立的临空经济示范区

名称	时间	分布	所在板块
郑州航空港经济综合实验区	2013年	郑州（中部）	中部
北京大兴国际机场临空经济示范区	2016年	北京	东部
青岛胶东临空经济示范区	2016年	青岛	东部
重庆临空经济示范区	2016年	重庆	西南

名称	时间	分布	所在板块
广州临空经济示范区	2016 年	广州	东部
上海虹桥临空经济示范区	2016 年	上海	东部
成都临空经济示范区	2017 年	成都	西南
长沙临空经济示范区	2017 年	长沙	中部
贵阳临空经济示范区	2017 年	贵阳	西南
杭州临空经济示范区	2017 年	杭州	东部
宁波临空经济示范区	2018 年	宁波	东部
西安临空经济示范区	2018 年	西安	中部
南京临空经济示范区	2019 年	南京	东部
首都机场临空经济示范区	2019 年	北京	东部
长春临空经济示范区	2020 年	长春	东北
南宁临空经济示范区	2020 年	南宁	西南
福州临空经济示范区	2020 年	福州	东部

资料来源：作者根据公开资料整理。

支持示范区遵循航空经济发展规律，引导和推进高端制造业、现代服务业集聚发展，为所在地区打造动力源地区赋能。推动不同示范区联动发展，在通关、检验检疫、信息互通等方面加强合作，从而推动不同板块、不同战略之间融合。支持示范区不断提升开放门户功能，创新对外开放体制机制，推进民航管理先行先试，加快航空口岸建设，促进通关便利化，构建国际化营商环境，提升参与国际产业分工层次，深度推动所在区域全面参与"一带一路"建设。发挥交通、产业和开放优势，强化产业集聚和综合服务功能，延伸面向周边区域的产业链和服务链，实现更大范围、更广领域、更高层次的资源配置，促进合作共赢。

（二）推动海洋经济示范区释放海洋经济新动能

2018 年 11 月，《国家发展改革委 自然资源部关于建设海洋经济发展示范区的通知》印发，明确支持山东威海等 14 个海洋经济发展示范区，努力将示范区建设成为全国海洋经济发展的重要增长极和加快建设海洋强国的重要功能平台。2020 年 5 月，国家发展改革委、自然资源部联合复函支持吉林珲春海洋经济发展示范区建设，吉林珲春成为第 15 个海洋经济发展示范区（见表 2 - 4）。2021 年 12 月，国务院批复同意《"十四五"海洋经济发展规划》，要求以有条件的全国海洋经济发展示范区为依托，打造海洋经济高质量发展和海洋资源保护利用创新试验平台。

表 2 - 4 　　　　　　　我国已设立的海洋经济示范区

类型	名称	主要任务
设置在市的示范区	山东威海海洋经济发展示范区	发展远洋渔业和海洋牧场，推动传统海洋渔业转型升级和海洋生物医药创新发展
	山东日照海洋经济发展示范区	推动国际物流与航运服务创新发展，开展海洋生态文明建设示范
	江苏连云港海洋经济发展示范区	推动国际海陆物流一体化模式创新，开展蓝色海湾综合整治
	江苏盐城海洋经济发展示范区	探索滨海湿地、滩涂等资源综合保护与利用新模式，开展海洋生态保护和修复
	浙江宁波海洋经济发展示范区	提升海洋科技研发与产业化水平，创新海洋产业绿色发展模式
	浙江温州海洋经济发展示范区	探索民营经济参与海洋经济发展新模式，开展海岛生态文明建设示范
	福建福州海洋经济发展示范区	推进海洋资源要素市场化配置，开展涉海金融服务模式创新

续表

类型	名称	主要任务
设置在市的示范区	福建厦门海洋经济发展示范区	推动海洋新兴产业链延伸和产业配套能力提升，创新海洋环境治理与生态保护模式
	广东深圳海洋经济发展示范区	加大海洋科技创新力度，引领海洋高技术产业和服务业发展
	广西北海海洋经济发展示范区	加大海洋经济对外开放合作力度，开展海洋生态文明建设示范
	吉林珲春海洋经济发展示范区	通过加强与浙江省宁波市的对口合作，借鉴沿海地区海洋经济发展经验，提升海洋产业发展水平，推动海洋产业集聚发展
设立在园区的示范区	天津临港海洋经济发展示范区	提升海水淡化与综合利用水平，推动海水淡化产业规模化应用示范
	上海崇明海洋经济发展示范区	开展海工装备产业发展模式创新，创新海洋产业投融资体制
	广东湛江海洋经济发展示范区	创新临港钢铁和临港石化循环经济发展模式，探索产学研用一体化体制机制
	海南陵水海洋经济发展示范区	开展海洋旅游业国际化高端化发展示范，创新"海洋旅游＋"产业融合发展模式

资料来源：作者根据公开资料整理。

　　积极谋划新时期以海洋经济示范区为核心载体推动释放海洋经济的潜力，支持深圳、宁波、厦门等示范区所在城市打造"全球海洋中心城市"。强化示范区对区域海洋经济发展的整体带动作用，推动示范区与周边城市形成海洋经济发展共同体。推动示范区与重大区域战略实施深度融合，促进海洋产业转型升级、海洋战略性新兴产业培育壮大、现代海洋服务业提质增效，为重大战略实施形成新的经济活力。支持深圳带动粤港澳大湾区构建现代海洋产业体系，努力打造海洋经济发展的高地、海洋科技创新的策源地、海洋国际交流合作的先锋地，参与全球海洋经济竞争。

第三章

完善以竞争政策为基础的经济政策体系，推动一体化市场体系建设

　　建立一体化市场体系是推动区域协调发展的重要制度保障，要将充分发挥市场在资源配置中的决定性作用和更好发挥政府作用有机结合起来，推动各区域主体按照市场的原则发挥比较优势，按照区域产业链、供应链和价值链规律优化分工、合理布局。在实践层面上，如何发挥政策引导作用，让土地、劳动力、资本、技术等生产力要素和交通设施、重大项目等更加合理布局，引导每一个区域内部行政主体在符合区域最优化发展前提下实现自身的最优发展，并服务于我国经济"量的合理增长和质的稳定提升"新要求，成为迫切需要回答的问题，也对推进区域协调发展、深化体制改革、建立新的协调机制提出新要求。竞争政策被称为市场经济的宪法，成熟市场国家的发展经验表明，竞争政策是保护市场竞争、发挥市场配置资源决定性作用的有效手段。伴随着我国经济社会的快速发展，现有经济政策体系与经济发展需求的矛盾开始集中显现，特别是以选择性产业政策为主的政府直接干预市场的方式已极大地影响了经济发展效率与质量。从根本上调整我国的经济政策体系、确立竞争政策的基础性地位已经成为新时期深化供给侧结构性改革、推动创新创业、理顺政府与市场关系的迫切需求，对于进一步深化全局改革、完善社会主义市场经济体制、加快构建一体化市场体系具有重要意义。

第一节　竞争政策的相关核心概念及其国际应用

一、竞争政策内涵

竞争政策是政府以尽可能地维护和提高市场对资源的配置效率为基本理念，以提高市场运行效率和保护消费者利益为核心价值，制定的一整套确保市场竞争不因受限制而减少经济福利的政策。其具体内容包括禁止滥用市场势力和行政权力；反对具有反竞争效应的行为，如限制价格或经营者集中等；坚持平等保护产权；维护各类市场主体在市场准入和退出、使用生产要素等方面获得平等地位的权利；维护消费者权益等。世界银行指出竞争政策是一国投资环境的重要组成部分，是对生产率和社会福利具有重大影响的基本支柱。

（一）坚持市场在资源配置中的决定性作用

竞争政策资源配置的核心力量是市场机制这只"看不见的手"，政府原则上并不直接干预资源配置，市场在资源配置中起到决定性作用。竞争政策通过在市场进入、交易、退出等各个环节维护竞争机制，保护和鼓励竞争行为，营造公平、有序的市场环境和竞争秩序，使市场参与者通过充分的市场竞争实现优胜劣汰，从而真实地反映供求状况和资源稀缺程度，引导资源优化配置，实现产业的成长和企业竞争力的提高。

（二）调节微观市场主体行为，具有普遍适用性

竞争政策直接调节的是微观市场主体之间的竞争关系，注重对企业行为进行规范和调整，保护和鼓励企业间的竞争，禁止以市场分享和固定价格为目的的企业间协议，从而确保市场机制在资源配置中的决定性

作用。竞争政策是对整个经济体中所有的可竞争主体普遍适用的公共政策，也正因此，竞争政策被称作市场经济的宪法。

（三）多以法律法规作为调整手段

竞争政策往往以法律法规为手段，依据竞争法对市场中的不正当竞争行为和限制竞争行为进行规制。政府的作用是制定市场竞争的规则，并依据法律法规对破坏竞争秩序、降低经济效率的行为进行规制。

二、竞争政策基础性地位的内涵

以竞争政策为基础就是将保护和鼓励市场竞争作为经济政策制定和使用的基本原则，竞争政策的地位高于其他经济政策，竞争政策的应用顺序优于其他经济政策，其他经济政策的使用需在竞争政策框架内。确立竞争政策的基础性地位要从理念、立法、实践等方面彻底地实现"基础"二字：从理念来看，应形成全社会推崇竞争、抵制破坏公平竞争行为的文化；从立法来看，应以竞争法为经济运行的根本保障；从实践来看，维护竞争、应用竞争政策应成为政府、企业、个人以及其他各类主体参与经济活动的行动准则。

同时，必须指出的是，以竞争政策为基础的经济政策体系并不意味着不能使用其他类型政策手段。在以竞争政策为基础的前提下，根据具体情况，灵活运用不同的政策组合，是现实经济生活的需要，也是当前我国处于发展转折期的需要。这点将在下文进行详细论述，此处不再赘述。

三、产业政策内涵

产业政策是一种非市场的经济调控方法，由政府直接干预资源配置来实现产业结构的调节，根本目的在于实现经济赶超和弥补市场空缺。

进一步细分，可将产业政策分为功能性产业政策和选择性产业政策。功能性产业政策主要是指政府通过提供人力资源培训、研发补贴等形式提高产业部门竞争力的政策，这些政策多具有普遍适用性，能够较好地弥补市场机制的缺陷，不会明显扭曲经济行为，很多欧美国家通常采用这种类型的产业政策。选择性产业政策则更加强调政府在资源配置中的直接作用，政府通过主动扶持特定产业和特定企业，以实现经济赶超目标。选择性产业政策对市场的扭曲较大，诟病也多集中于选择性产业政策。

四、日韩转型经验

从全球来看，时至今日，成熟市场经济国家多以法的形式明确了竞争政策的基础性地位。日、韩两国在二战后经历了产业政策至上向竞争政策优先转换的过程。

（一）日本：由绝对推崇产业政策向不断提高竞争政策地位转变

日本是二战后最早兴起产业政策特别是选择性产业政策的国家。在亟须恢复战后经济的背景下，在发展至上的理念下，日本政府制定了一系列产业政策法规，为政府直接干预经济提供了法律保障。20 世纪 50 年代后半期至 70 年代初期，日本明确提出产业立国的政策目标，积极贯彻产业政策优先的经济政策思路，高度推崇生产集中。随后日本卡特尔迅速增加，20 世纪 60 年代中后期日本企业合并剧增，如 1963 年的三菱重工的合并案。然而伴随着经济发展的日益复杂以及经济全球化的加速，特别是泡沫经济的崩溃使日本深刻认识到政府直接干预经济、助推垄断、破坏竞争的弊端，经济政策的重心开始向限制垄断、鼓励竞争转变。从 20 世纪 70 年代开始，日本通产省通过了一系列法律，在日本产业政策法中不断导入竞争和防止垄断条款，增强市场调节。1998 年，日本公正交易委员会出台了《推进缓和管制三年计划》，明确实施积极的竞争政策，推进日本经济公平自由竞争，竞争政策地位自此不断增强。经过多年的市场化改革，如今日本的经济政策体系中竞争政策功能不断强化，已经基本实现了从产业政策主导向竞争政策优先的自律过渡。同时，日本竞争政策的实施并不排除产业政策的使用，在坚持不限制公平自由竞争的前提下，政府根据经济发展的需要而同时采取适合的产业政策，例如对特殊弱势行业或部门给予反垄断法的豁免；推动国际贸易技术研究、创新教育及中小企业发展。

（二）韩国：痛苦中的艰难转型

伴随着日本的迅速崛起，以韩国为代表的东亚国家纷纷仿效日本，制定了支持政府直接干预经济的选择性产业政策，短期内迅速推动了支柱产业的成长和骨干企业的发展。但是伴随着经济的不断发展，产业政策造成了市场畸形，形成了寡头市场，阻碍了市场配置资源功能的正常发挥，经济效率十分低下。20世纪90年代末，在国内外市场环境突变的背景下，产业政策造成的结构性缺陷集中爆发，亚洲金融危机爆发。痛定思痛之后，东亚国家和地区相继进行了以市场化为导向的改革，经济政策逐步从产业政策为主向竞争政策优先转型。以韩国为例，亚洲金融危机爆发之前，韩国最大的30家企业集团的平均负债股本比超过了386%，但平均销售利润率只有0.2%，资产收益率只有0.21%。这些大企业在政府的保护下，缺少自我提升的动力，没有核心竞争力。因此，在市场发生变化时，这些企业的脆弱性就暴露出来了，导致了严重的债务危机，最终引发国内经济危机。亚洲金融危机之后，韩国经济体制在痛苦中转型，从政府主导型体制转向市场主导型。其中，韩国公平交易委员发挥了重要作用，该委员会采取了一系列积极的措施，如限制大财团规模、放松民间部门准入限制、加大反垄断力度等，全面推动竞争政策的应用，为韩国的经济重新带来生机。

（三）对我国的启示：竞争政策能够持续为市场经济注入活力

现代市场经济的良性发展离不开竞争政策的保障。短期内，以政府直接干预经济替代市场机制可能会有明显效果；但长期来看，政府的过多干预必然会扭曲市场的价格信号，抑制市场竞争，降低甚至损坏市场运行效率。以日本、韩国为代表的东亚地区各国的转型经验值得我国借鉴。当市场日益复杂、本国企业与国际市场接触日益密切时，建立以竞争政策为基础的经济政策体系并不会阻碍经济的快速增长，反而能为经济的健康、持续发展创造条件。我国要接受东亚国家的教训，积极学习国际先进经验和做法，及时确立并不断巩固竞争政策的基础性地位，为提升市场竞争活力、提高资源配置效率形成可靠的保障。

第二节　理顺竞争政策与产业政策的关系是确立竞争政策基础性地位的前提

在市场经济条件下，产业政策与竞争政策构成了政府影响资源配置的两大类公共政策。考虑到我国长期以来形成的以产业政策为主特别是选择性产业政策大量使用的既有现实，确立竞争政策基础性地位不可回避的一个关键问题就是如何处理竞争政策与产业政策的关系。

一、竞争政策框架下，竞争政策与产业政策常用的协调方式

在竞争政策框架下合法合理地使用产业政策，就需要在竞争政策立法过程中充分考虑产业政策可能的使用情况和使用范围，预留一定的弹性空间。国际上常用的竞争政策与产业政策的协调方式主要包括以下几种。

（一）适用除外制度

适用除外制度是指出于特殊的政治、经济等因素考虑，或者某些产业本身的特殊性，在竞争政策制度设计之初就明确这些产业不适用竞争

政策。适用除外是国际上常用的法律制度安排。实际上，适用除外就是将计划扶持的某些产业不纳入竞争政策的约束范围之内，是产业政策与竞争政策在作用范围上的分工，也可以说是竞争政策对产业政策的一种妥协。

（二）适用豁免制度

适用豁免制度是指在竞争政策中规定免责条件，对某种违反竞争政策的行为不予禁止。适用除外与适用豁免的区别在于，从制度设定之初，适用除外就被设定为不适用竞争政策；而适用豁免则是适用竞争政策的结果，即对限制竞争的某些行为，按一定标准判断其是否具有合理性，如果其产生的收益大于成本，则认为这种限制是合理的，不予禁止。

（三）事前协商制度

在竞争政策优先适用的情形下，如果政府计划通过产业政策来实现某种利益诉求而又不至于引起较大反弹，那么可以建立对产业政策与竞争政策的事前协商制度。在产业政策起草时或执行前，政策制定部门应征询竞争主管机构的意见，进行良好的沟通协调。为了确保竞争政策与产业政策共同发挥作用，很多国家采取了事前协商制度。

二、妥善处理竞争政策与产业政策的关系，实现不同政策间的有效互补

以竞争政策为基础并不意味着不能使用产业政策。对一些关系国计民生、竞争力又很弱的产业，通过产业政策进行扶持是各国普遍采取的做法。成熟市场经济国家多以社会整体利益最大化为原则，寻找两者之间的平衡。特别是以日韩为代表的亚洲转型国家，在经济政策转型过程中，在坚持竞争政策优先适用的同时，努力构建了相互支持、相互依

存、相互补充的竞争政策与产业政策关系，实现了两者之间的协调与融合。即使是作为竞争政策应用的领路人的欧盟，也并不绝对排斥产业政策特别是功能性产业政策的应用，在竞争政策中也规定了研发补贴、培训补贴、失业补贴等例外情况与附加条件。我国在重构经济政策体系的过程中，在确立竞争政策基础性地位的同时，也需要根据经济发展的需要采取合适的产业政策，并在竞争政策制定与实施的过程中融合合理的产业政策诉求。我国可以从建立产业政策与竞争政策的事前协商制度入手，使竞争政策成为基础性的经济政策。同时通过适用除外、适用豁免等形式，在竞争法的设计过程中预留合理的产业政策使用空间。

第三节　公平竞争审查制度是落实竞争政策基础性地位的有效手段

公平竞争审查制度是指竞争主管部门对政府管制措施可能或已经产生的竞争影响作出审查和评价。开展公平竞争审查是成熟市场经济国家落实竞争政策的有效手段，对于限制可能破坏公平竞争的政府管制行为发挥了重要作用。

一、公平竞争审查制度的国际应用

欧美等竞争政策体系成熟的市场经济国家是最早运用公平竞争审查制度减少政府政策干涉竞争的地区，制度体系建设相对完善。特别是澳大利亚和经济合作与发展组织（OECD）国家已经基本建立了系统的、易操作的制度框架，成为全世界竞相借鉴的对象。

澳大利亚是最早全面推行公平竞争审查制度的国家，并且成效十分显著。20 世纪 60 年代至 80 年代早期，澳大利亚是一个政府高度管制的经济体。90 年代早期开始，以促进竞争为目标，澳大利亚政府在全国范围内推动改革，由独立的国家竞争政策咨询委员会主导国家竞争政策制定工作。1995 年，澳大利亚联邦政府和地方政府签订了《国家竞争政策协议》，公平竞争审查制度成为澳大利亚推动竞争政策应用的抓手。协议确立了公平竞争审查制度的基本原则："原则上不应有限制竞争的管制，除非有证据表明该项管制符合以下两点：第一，管制措施产生的效益超过成本；第二，管制措施是政策目标得以实现的唯一方式"。到 2005 年，大约 85% 的管制立法进行了评估并且作出了适当改革。随着公平竞争审查制度的推广，竞争政策实现了在全国范围内的应用，推动了澳大利亚经济的稳定发展。

OECD 是推动公平竞争审查最为积极的国际组织，并且执行更为严格。其 1997 年出台的管制改革报告指出，"在没有明确证据表明管制是实现公众利益的必要手段时，政府应首先确认并废除限制竞争的政策措施"。欧盟委员会是审查的主体。2005 年的《管制质量与绩效的指导原则》报告建议："应对即将新拟或已经存在的管制措施或法规进行公平竞争审查；各经济管制都应该被废止，除非这些措施可以被明显证明是提供公众利益的最佳工具。" 2007 年，OECD 推出了《竞争审核工具书》，用简单易懂的方式给出了审查的方法和程序，成为很多国家借鉴的范本。

二、主流公平竞争审查体系

经过 20 多年的发展，成熟市场经济国家逐渐形成了比较完整的审查体系。总结现有成熟做法加以借鉴，将对未来我国公平竞争审查制度的建立和完善具有重要意义。

（一）审查对象

公平竞争审查的对象既包括现行政府管制，也包括拟议（新）政府管制。从理论和实践上讲，对二者都进行审查，是发挥公平竞争审查制度作用的最佳方式。从实践来看，成熟市场经济国家对拟议（新）政府管制进行公平竞争审查已趋于常态化，很多国家以立法的形式明确要求政府管制在拟定之初必须进行公平竞争审查。相较之下，对现行政府管制进行审查面临的阻力会更大，必须通过严格、巧妙的制度建设加以推动。不同国家的操作步骤不同，例如美国、澳大利亚都是从现行政府管制进行公平竞争审查开始的，通过审查对不符合竞争政策要求的管制加以清理。但二者对现行政府管制审查的范围有所不同：澳大利亚在确立了竞争政策体系后，要求对所有限制竞争的管制立法进行审查，并提出了明确的时间表，建立了推动审查的激励机制。美国则是先从国际贸易、卫生、医疗等领域进行审查，后来逐步扩展到电力、运输、石油天然气、酒类、电子商务以及特殊职业等行业和领域。

在我国现有经济政策体系中，不符合竞争政策思想的立法和政策数量多、种类繁杂，如果不进行较为全面的清理，新的制度确立将会面临无法逾越的障碍，同时也与依法治国的要求不符。这就要求对现有法律法规和政策进行深度的公平竞争审查，区分好哪些当留、哪些当清。

（二）审查主体

各国竞争审核的主体大致分为三类：第一类是政府管制政策制定机构（以下简称管制机构）自我审核；第二类是由专门的竞争主管机构负责，例如澳大利亚明确要求各级政府设立一个独立的审查委员会具体从事管制立法审查工作；第三类是由管制机构和竞争主管机构共同负责，最终由竞争主管机构进行决定性的把关，例如在日本，首先由管制机构按照竞争核对清单进行初审，将初审报告提交内务部，再由内务部提交给公平交易委员会进行把关。第二类和第三类在实践中是成熟市场国家多采用的方式，而且相对更加有效。通常，由于存在直接的利益关系，管制机构直接审核可能造成审核的不客观、不公正，由独立的竞争主管机构进行直接审查或把关能够更好地保障审查的中立性、有效性。

（三）审查方式及内容

OECD 的两步审查方式及竞争核对清单是许多国家公平竞争审查制度参考和学习的对象，也是相对简易和容易落实的审查方式，对我国形成具有可操作性的公平竞争审查制度具有很好的借鉴意义。

第一步是按照竞争核对清单进行初步审查。竞争核对清单是通过一系列简单的问题，进行初步审查。这一清单使得审查人员不需要广泛的行业知识就可以对某项管制是否会限制或破坏公平竞争作出判断，这就极大地简化了审查的步骤，降低了审查的难度。现行 OECD《竞争审核工具书》给出的清单大致包括以下四个方面的内容：限制供应商的数量或经营范围、限制供应商的竞争能力、打击供应商参与竞争的积极性和对消费者可获信息及其选择的限制。

第二步是基于成本效益分析进行全面竞争审查。如果初步审查表明有可能存在对市场的过度限制时，则要进入第二个步骤——全面竞争审查。OECD 国家通常将全面竞争审查纳入对特殊规定而进行的市场监管影响审查（RIA）的过程中。基于效益和成本分析，RIA 用来比较能达到共同政策目标的各项政策执行情况。

（四）实施适当的激励政策

管制机构作为管制政策的直接制定者，并没有对其出台的政策进行公平竞争审查的直接激励，相反由于审查还可能提高其行政成本、削弱其权力，因此其很可能会抗拒审查。要想推行公平竞争审查制度，必须实施适当的激励政策，提高政策制定者对竞争审核的主动性。澳大利亚的财务奖励（financial rewards）制度值得我国借鉴。澳大利亚是联邦体系国家，在州或地区实行国家竞争政策（NCP）需要经过州政府同意。澳大利亚联邦政府会根据各州和地区法规审核和修改的完成程度向它们拨款（即 NCP 拨款），以推行国家竞争政策。虽然 NCP 拨款的绝对数额巨大，但根据澳大利亚政府的估计，由此带来的生产力提高的收益远大于成本，其改革收益约为国民生产总值的 2.5%。

第四节　我国确立以竞争政策为基础的
经济政策体系的实施机制

2024 年 8 月 1 日，《公平竞争审查条例》正式实施，该条例首次将起草阶段的法律、地方性法规纳入了公平竞争审查范围，以进一步预防政府部门出台排除、限制竞争的政策措施，破除各类资本进入市场的隐形壁垒。当前我国经济政策体系应以保护和促进竞争、完善市场经济体制、提高社会经济效率和消费者利益为目标，由原来的以产业政策为主的经济政策体系调整为以竞争政策为基础、产业政策与竞争政策兼容互补的经济政策体系。从落实路径来看，必须做好自上而下的推动工作，形成严格有效的公平竞争审查机制，建立起竞争政策与产业政策的协调机制，构建可靠的组织保障机制。

一、自上而下确立竞争政策基础性地位

（一）形成自上而下的推动力

从中央层面加大对竞争政策基础性地位的强调力度、强调频率，形成自上而下的强大推动力。明确全国层面的竞争主管机关，使其专司竞争政策制定、推广、裁定等职责，并及时为各部门和各地人民政府应用竞争政策给予指导；赋予该机构一定的独立性和较高的统筹协调权限，使其能够对竞争执法机构进行综合统筹，对竞争政策应用涉及的部门和各级政府进行全面统筹。当前可以考虑将国务院反垄断委员会转型为全国层面的竞争主管机构，也可根据情况另设机构。在全国竞争主管机关的领导下，建立地方各级竞争主管机关网络，并进行垂直管理。

（二）以法的形式明确竞争政策的优先适用性

以立法的形式明确竞争政策为我国建立并完善市场经济的基础性经济政策，在经济政策体系中居于优先地位。以法的强制性明确要求将竞争政策理念贯穿于其他经济政策的制定和实施过程。除关系国计民生和国家安全的重要产业以及特殊经济形势发展需求下，以优先使用和遵守竞争政策为使用经济政策的基本原则。

（三）加快完善竞争政策制度体系

从市场进入、交易、退出等各个环节，鼓励竞争行为，放松经济管制，制定促进竞争自由和市场开放的各项政策。加快完善《反不正当竞争法》《反垄断法》《消费者权益保护法》《知识产权法》等竞争法。依法对市场竞争中的不正当竞争行为和滥用市场势力的行为以及可能有碍经济效率的市场结构进行规制，防止和制裁各种竞争限制手段和不正当竞争行为，维护公平竞争秩序，排除市场竞争障碍。

（四）加快推进有利于确立竞争政策基础性地位的改革

不断深化行政审批制度改革，在全国范围内建立统一的负面清单制度，激发各类主体参与市场竞争的热情。支持民营经济、小微企业的发展，创造有利于技术进步和创新的竞争环境，鼓励大众创业、万众创新。在竞争政策的统领下，加快推动垄断行业改革的竞争性改革。将垄断行业改革与市场结构调整、国有资产布局调整相结合，加快放开自然垄断行业竞争性业务。

二、探索实施公平竞争审查制度

（一）形成初评估与全面评估相结合的审查机制

制定适合我国国情的竞争评估工具书，形成合理易懂的竞争核对清单，方便各级竞争主管机构开展审查工作。按照竞争核对清单进行初评估，对于明显影响公平竞争的政策，返回政策制定部门改正或不予出台。对于有可能影响、限制公平竞争的，进行成本效益的全面评估。竞争主管机构负责对工具书的使用进行培训和指导。

（二）对拟议政策实施严格的公平竞争审查制度

对规章制度和条例、全国性政策、地区性政策，建立严格的拟议政府管制政策公平竞争审查制度。加快相关立法，明确公平竞争审查是公共政策正式生效的必要程序。国家层面进一步明确公平竞争审查制度的审查主体、对象、内容、程序、方法和相关责任等事项。由各级竞争主管机构对所有拟实施的政策实施公平竞争审查，并对不符合竞争政策的事项提出修改建议。

（三）重点突破，对现行政策进行集中审查

对现行政策从重大的、严重影响竞争的领域入手进行公平竞争审查。由竞争主管机构与相关政策制定部门紧密配合，最大限度地减小审查阻力，尽快完成现行政策的竞争评估和清理、修订工作。政策制定部门负责提供本部门现有管制政策清单，并向竞争主管机构提交初评估报告，由竞争主管机构进行核实，确定清理清单和再评估清单，并对需要修订的政策提出修订意见。

三、建立竞争政策与产业政策的协调机制

（一）妥善处理竞争政策一般性与产业政策特殊性之间的关系

在坚持竞争政策基础性地位的原则下，以社会整体利益最大化为原则，对关系国计民生的弱势产业合理制定补救性产业政策和特殊保护性产业政策，构建相互支持、相互依存、相互补充的竞争政策与产业政

关系。通过适用除外制度、豁免制度、事前协商制度等制度安排，明确产业政策与竞争政策在作用范围上的分工，在竞争政策框架下为产业政策的合理使用预留开放性的立法空间。现阶段我国竞争政策适用除外的范围可包括农业等特殊弱势行业、事关国家安全的基础性非竞争行业部门、过度竞争领域、创新引导行业等，具体内容应根据经济发展的不同阶段以及不同产业的差别需求进行调整。

（二）建立竞争主管机构与政策制定部门的协调机制

建立竞争主管机构与政策制定部门之间的沟通协调机制，合理配置二者之间的管辖权。政策制定部门要主动配合竞争主管机构进行公平竞争审查，并在竞争主管机构的指导下对不符合要求的事项进行修改，维护竞争主管机构的权威性和一般性。通过不同管理部门之间的合理分工、相互制约、相互博弈，最大限度地消除产业政策与竞争政策的冲突。竞争主管机构进行全面审查时，要与政策制定部门紧密合作，尊重相关部门和相关行业的专业性和特殊性。

（三）弱化使用选择性产业政策，重点使用功能性产业政策

以尽量减少对市场主体行为的直接干预为原则，各级政府在认真梳理现有产业政策的基础上，逐步清理并减少选择性产业政策，原则上不采取对市场主体行为进行直接干预、补贴、赋予垄断或限制竞争的特权等扭曲竞争的方式。强化功能性产业政策的使用，包括支持相关产业所需人才的教育、基础理论研究、制定较高的产业标准、引导或创造早期需求、投资基础设施建设等。

四、加强竞争推进机制建设

（一）理顺竞争执法组织体系，强化竞争执法

建立竞争执法机构和司法机关之间的协调机制，建立高效便捷的私

人诉讼体系，同步推动竞争法的公共实施和私人实施。加大反垄断和反不正当竞争执法力度，强化统一执法。重点查处社会反映强烈的垄断性排除、限制竞争行为，开展重点领域不正当竞争行为集中整治。

（二）建立有效的激励机制

在充分尊重竞争机制和市场规律的前提下，建立竞争政策应用的激励机制。改革地方政府政绩考核标准，不单纯依靠 GDP 论英雄，将竞争政策应用纳入地方政府竞争考核体系。探索中央对地方的税收倾斜性优惠措施，鼓励地方政府主动配合公平竞争审查制度。对于地方经济和就业由于应用竞争政策可能造成的暂时性困难，设计合理的补偿机制，降低竞争政策应用的成本。对于竞争政策推广和应用有成效的地方和地区给予物质和精神双重嘉奖，对于懈怠者及时进行督查和处分。

（三）加快推广竞争文化

在全社会加快推广竞争文化，提升竞争文化成为我国主流文化的组成部分，形成推进竞争政策实施的坚实思想基础。加强舆论建设，重视教育宣传，面向广大公众积极宣传竞争的优势，提高社会公众对竞争政策的理解与支持。加快完善社会组织建设，推动社会组织与政府脱钩，培育社会组织成为竞争政策推进中的主要力量。

第四章

构建有利于推动区域协调发展的公共服务供给机制

新时期推动区域协调发展，着力破解难点和短板问题，逐步缩小城乡区域间基本公共服务差距，保障全体公民公平获得大致均等的基本公共服务，保障不同地区的人民共同发展、共同富裕、共享发展成果，对于实现区域协调发展中的相对平衡、促进全国范围内的高质量发展、推进中国式现代化具有重大意义。要采取针对性更强、覆盖面更大、作用更直接、效果更明显的举措，集中力量做好普惠性、基础性、兜底性民生建设，不断提高公共服务共建能力和共享水平，织密扎牢托底的民生"保障网"，确保全国各地人民群众安居乐业、社会秩序安定有序。近年来，我国公共服务基本化程度不断提高，但是仍有农民工随迁子女教育、社区服务体系建设等重难点问题，需要以更大力度的制度突破推动构建更加公平的公共服务供给机制。

第一节 加快突破更加公平的公共服务供给机制的难点问题

——以我国农民工子女教育政策优化为例

2023年我国农民工总人数达到 2.98 亿人，外出农民工 1.77 亿人，年末在城镇居住的进城农民工达到 1.28 亿人。① 农民工子女教育已经成为广大农民工群体关注的重点问题，解决好这一问题对于加快推动基本公共服务一体化、扎实推进以人为核心的新型城镇化、促进区域协调发展具有重要意义。当前，农民工子女在公平获得教育资源仍面临较大困难，人口集中流入特别是跨省流动突出的城市问题尤为显著。

一、农民工随迁子女就学需求供需矛盾仍然较为突出

自 20 世纪 90 年代开始，农民工群体迁移的"家庭化"特征日益明显，随迁子女②迅速涌入城市，城市教育容量与农民工随迁子女就学需求之间的供需矛盾不断激化，引起社会各界广泛关注。

近 20 年来，我国农民工随迁子女教育政策体系不断完善，逐步明确了农民工随迁子女义务教育执行以"两为主、两纳入"为主要特征的政策。"两为主"，即"以流入地区政府管理为主，以全日制公办中小学为主"，"两纳入"，即"将农民工随迁子女义务教育纳入各级政府教育发展规划和财政保障范畴"。在这一政策框架下，明确了政府在农民工随迁子女接受义务教育中需要承担起相关责任，改变了农民工家长单方面承担责任的模式。同时，进一步明确了流出地与流入地之间的责任，即从返回流出地为主转为以输入地为主。政府责任的明确有效保障了农民工随迁子女平等接受教育权利。国家统计局数据显示，2023 年我国义务教育年龄段随迁儿童在校率已经达到 99.7%。

同时也要看到，99.7% 的在校率并非涵盖全部有随迁子女就读意愿的农民工，而是仅限于已经能够实现随迁的农民工群体。我国农民工子女受教育问题依然较为严峻。我国农民工随迁子女义务教育整体还面临

---

① 国家统计局.2023 年农民工监测调查报告［EB/OL］.(2024–05–01)［2024–07–08］. https://www.gov.cn/lianbo/bumen/202405/content_6948813.htm. 以下关于农民工的数据如无特殊说明，均出自相应年份的农民工监测调研报告。

② 进城务工人员随迁子女，是指户籍登记在外省（区、市）、本省外县（区）的乡村，随务工父母到输入地的城区、镇区（同住）并接受义务教育的适龄儿童少年。

着缺口大、公平入学和享受优质教育资源难等问题。国家发展和改革委员会国土开发与地区经济研究所 2020 年基于 46 个地级及以上城市问卷调查的结果显示，在农民工适龄子女中，实现城镇随迁就读的比例仅为56.51%。从受教育意愿来看，农民工对子女教育期望与自身就业地一致的占 79.1%，但真正能够实现随迁就读的比例仅在一半左右，实际就读比例远低于期望值；特别是北上广深农民工随迁子女就读难度明显高于全国其他地区，农民工子女在城镇随迁就读的比例为 48.02%，明显低于 56.51% 的平均水平。

二、农民工子女教育问题背后的制度性原因分析

（一）户籍门槛仍然是突出制度性障碍

1. 户籍决定就近所能进入的学校

目前，我国义务教育实行"地方负责、分级管理"的办学体制。在这种体制下，学龄儿童入学由户籍所在地政府负责，并且按照户口所在地标准划分学区，实行就近入学，造成优质教育资源与住房挂钩的"财产"化特征明显。农民工家庭经济条件多无法承担优质学校所在片区住房购置费用，居住在城乡结合部，随迁子女能够就近进入的学校大部分教学质量较低，特别是在跨省农民工集聚城市，"上好学"的教育需求难以得到满足。

2. 户籍决定能否享受公平的教育过程

部分农民工随迁子女虽然进入公办学校读书，但由于没有城市户籍，无法获得流入地公办学校正式学籍。一些地方将这部分儿童的受教育质量排除在学校和教师的考核体系之外，导致这部分学校和教师对所接收的农民工随迁子女教育重视程度较低，一些公办学校为追求升学率将农民工随迁子女独立编班。

3. 户籍决定适龄儿童所能获得的教育经费

农民工随迁子女获得的教育经费通常低于同市县区域内本地户籍学生，同一区域内民办农民工子弟学校学生所能获得的教育经费通常低于公立学校学生。例如，东部地区某省同一区县内，本地户籍学生与外地户籍农民工子弟相应生均教育财政拨款比值的均值为 1.13。公立学校生均教育财政拨款为 1467 元，而农民工子弟学校仅为 350 元。

（二）支出责任划分不合理，农民工随迁子女教育经费配置不到位

1. 从支出责任来看，县级政府支出压力过大

回答好"钱"从哪里来的问题是关系农民工随迁子女能否更好接受义务教育的关键。从财政支出责任来看，我国义务教育实施"地方负责，分级管理，以县为主"的财政支出体制。即县级政府是农民工随迁子女义务教育经费的主要承担主体。县级政府财税来源少，承担的公共支出责任大，统筹力度低，难以形成对新增农民工随迁子女教育经费的有效保障。部分流入地县级政府面对规模庞大、未列入义务教育预算范围内的农民工随迁子女，既缺乏足够的财政供给能力，又欠缺财政供给意愿，导致仍有大量农民工随迁子女教育支出缺少财政支持。

2. 从流入地与流出地关系来看，东部城市需给予较大补贴支持

2015 年 11 月，《国务院关于进一步完善城乡义务教育经费保障机制的通知》发布，对生均公用经费基准定额的央地承担比例及资金流动可携带作出了明确规定。文件要求：落实生均公用经费基准定额所需资金由中央和地方按比例分担，西部地区及中部地区比照实施西部大开发政策的县（市、区）为 8:2，中部其他地区为 6:4，东部地区为 5:5；统一城乡义务教育经费保障机制，实现"两免一补"和生均公用经费基准定额资金随学生流动可携带。按照这一规定，目前农民工子女可携带的经费仅仅限于生均公用经费基准定额资金。东部地区人口流入地往往经济较为发达，生均经费支出水平明显高于大多数输出地，可以携带的生均公用经费基准定额资金仅能覆盖一小部分费用。2022 年，北京

市普通小学、普通初中学校生均一般公共预算公用经费支出分别为 10055.04 元、18312.17 元,① 而西部相对发达的重庆普通小学、普通初中学校生均一般公共预算公用经费支出分别仅为 3397.52 元、4505.71 元。② 对于东部地区而言,生均经费差额需要自行补齐,对农民工随迁子女实现"一视同仁"的经费保障支出压力较大。

此外,《义务教育法》规定:"用于实施义务教育财政拨款的增长比例应当高于财政经常性收入的增长比例,保证按照在校学生人数平均义务教育费用逐步增长,保证教职工工资和学生人均公用经费逐步增长。"也就是说,人口流入地不仅要增加经费支出,还要保障经费支出的同步增长,这就进一步增加了流入地政府吸纳农民工随迁子女接受义务教育的支出压力。

(三)优质教育资源供给不足,供需在总量和结构上存在双重矛盾

1. 优质教育资源供给受到要素保障不足限制

农民工随迁子女入学最大的难点在于优质教育资源供给不足,跨省流动人口集聚的城市这一现象尤为突出。伴随着我国城镇化进程的快速推进,城镇农民工数量迅速增加,义务教育阶段适龄儿童人数增长速度超出了城市公办学校的承载能力。在教育资源特别是优质教育资源紧缺的情况下,农民工随迁子女获得公平教育的问题始终难以得到根本性解决。未来,人口将进一步向中心城市和城市群集聚,中心城市优质学位供给压力将持续加大。人口集中流入地区学校的教学设施、师资数量、教学经费等资源与适龄儿童数量增长不匹配,直接限制了这些地区教育资源的供给能力。特别是教师编制问题难以突破,教师数量增长难以与

---

① 北京市教育委员会. 北京市教育委员会等五部门关于本市 2022 年教育经费执行情况的公告 [EB/OL]. (2023 - 12 - 25) [2024 - 07 - 08]. https://jw. beijing. gov. cn/xxgk/shuju-fab/jiaoyujingfei/202401/t20240103_3523396. html.
② 重庆市教育委员会. 重庆市教育委员会 重庆市统计局 重庆市财政局关于 2022 年地方教育经费执行情况的通告 [EB/OL]. (2023 - 12 - 18) [2024 - 07 - 08]. https://jw. cq. gov. cn/zwxx_209/gggs/202312/t20231218_12717015_wap. html.

学生增长速度匹配。一些学校为了确保完成正常的教学任务，需要通过临时聘用的形式补充师资力量。由于待遇相较正式编制教师明显偏低，临时聘用教师稳定性差，直接影响了就学儿童所能得到的教育质量。

2. 大部分接收农民工子女入学的民办学校教育质量较低

购买民办学校学位是很多地方解决农民工随迁子女入学的重要途径。与公办学校相比，大部分接收农民工随迁子女入学就读的民办学校在硬件配套以及师资力量、教育理念、发展平台等软条件上存在明显差距。在这些民办学校就读的农民工随迁子女，难以与城市公立学校儿童获得同样的教育资源，造成了实质上的教育不公平。

（四）入学条件和程序要求较高，构成了实际的隐性壁垒

1. 部分城市实际入学门槛设定仍然较高

从农民工随迁子女义务教育入学政策设计来看，大致可以划分为三类准入方式：材料准入制（如北京、济南、南京等）、积分准入制（如上海、广州、深圳等）、材料准入＋积分混合制（如杭州、重庆、成都等）。无论采取何种形式，其本质体现的都是对农民工随迁子女在本地接受义务教育所设定的门槛。从表 4－1 来看，按照不同门槛设定的倾向来划分，大致可以将不同城市政策制定的偏好分为稳定发展偏好型、人才偏好型、两者兼具型三类。部分超大、特大以及大城市①通过设定父母较长的稳定居住、就业年限，或较高的学历、技能等要求，形成了较高的入学门槛。这就意味着，虽然这些城市名义上放开了随迁子女入学通道，但实际上仅能满足小部分农民工需求。

---

① 国务院于 2014 年 10 月 29 日印发《国务院关于调整城市规模划分标准的通知》，对原有城市规模划分标准进行了调整，明确了新的城市规模划分标准以城区常住人口为统计口径，将城市划分为五类七档。城区常住人口 50 万以下的城市为小城市，其中 20 万以上 50 万以下的城市为Ⅰ型小城市，20 万以下的城市为Ⅱ型小城市；城区常住人口 50 万以上 100 万以下的城市为中等城市；城区常住人口 100 万以上 500 万以下的城市为大城市，其中 300 万以上 500 万以下的城市为Ⅰ型大城市，100 万以上 300 万以下的城市为Ⅱ型大城市；城区常住人口 500 万以上 1000 万以下的城市为特大城市；城区常住人口 1000 万以上的城市为超大城市。

表 4 - 1　　　不同地区农民工随迁子女义务教育入学政策偏好分类

偏好类型	特征	标准设定	典型城市
稳定发展偏好型	强调流动人口在流入地的长期稳定发展主要判定依据	以就业年限、居住年限、房产种类等为主要标准	北京、成都、深圳、武汉、西安等
人才偏好型	以吸引高层次人才为主要目标	以个人学历高低、获得奖励、专业技能等为主要标准	佛山、东莞、广州、苏州等
两者兼具型	兼具前两者特征	兼具前两者特征	上海、杭州等

资料来源：根据各地材料整理。

2. 证明较多、手续烦琐

不同城市对随迁子女义务教育入学申请所要求提供材料的要求各不相同，多包括城市暂住证、学历证、父母工作证明、劳务合同、户籍证明、房产证、房屋租赁合同、养老保险证明等一系列证明材料。一些证明材料（如就学联系函、流入地无监护条件证明等）还需申请人返回户籍地进行办理，农民工需要多次往返家乡和城市。此外，由于办理期间不可控人为因素的出现，以及农民工难以获取对政府相关职能部门职责的精准认知，又进一步增加了申请办理难度。

（五）北上广深异地高考问题未能实现实质性突破，利益博弈复杂交织

高考是农民工随迁子女接受义务教育结果的体现。尽管各地均出台了异地高考政策，农民工随迁子女实现异地高考有了渠道，但部分人口流入集中地城市标准依然较高，无法顺畅地在父母务工所在地参加高考。特别是北上广深制定的标准较高，矛盾突出。以北京为例，除对随迁子女本人要求满足学籍所在地为北京且连续就读高中三年的条件外，还对农民工家长设置了较高的门槛标准，包括拥有有合法稳定的住所、就业时间满六年、连续缴纳六年社保等较难达到的累积性条件。然而，即使满足所有条件，农民工随迁子女也仅能够报考北京高职院校，形成了制度性歧视。是否应该完全放开异地高考政策的主要争议

在于对"高考移民"的担忧。设置一定的条件防止"高考移民"是合理且必要的，但如果以此为由"一刀切"地将随迁子女拒绝在本地高考制度之外是有失公平的，实际上造成了义务教育结果的不公平，降低了农民工随迁子女群体的教育期望，影响农民工及其随迁子女的社会融入。

（六）法治保障薄弱，农民工子女平等受教育权利保护不足

我国农民工随迁子女平等受教育权缺少法治保障，多以政策文件的形式加以规定，稳定性和权威性不足。从法律法规的完善性来看，异地升学、居住地入学、各级政府财政事权与财政支出责任等关键性问题尚无明确的法律法规可依。我国现有法律体系对于地方政府失职或滥用权力等行为没有规定明确的惩罚措施，司法救济途径欠缺，一旦地方政府出于地方保护主义未有效保障农民工随迁子女受教育权，农民工只能向上级行政部门进行申诉，缺少相应的追责依据和手段，相应权利难以得到有效保障。

三、进一步完善区域差别化的农民工随迁子女教育政策的建议

（一）加快推动义务教育入学与户籍解绑

合理设置农民工随迁子女义务教育入学标准，减少并最终消除以户籍为标准对随迁子女进行入学、分班。统筹多领域改革，同步推进户籍制度、财政制度、教育体制改革，推动教育、发展改革、公安、人社等多部门协同联动，重塑农民工随迁子女义务教育制度保障体系。北上广深改革难度最大，建议从优化入学条件设计入手，对长期在城市就业的农民工子女优先解决平等入学问题，伴随着教育资源数量和质量的提高，逐步降低相应门槛。

（二）合理划分央地财政事权和支出责任

1. 提高中央及省级财政支出责任

推动教育资金的财政义务承担主体上移，中央政府提高相应支出责任，特别是要提高跨省流动随迁子女的中央政府支出责任，提高教育经费的流动性。充分考虑东部流入地政府教育资金需求不断增加的现状，研究调整东部地区生均公用经费基准定额央地分担比例，适当上调中央政府承担比例。进一步提高省级政府义务教育经费支出比例，减轻县级政府支出负担。

2. 全面落实并适度放宽"钱随人走"

加强落实监督，确保"两免一补"和生均公用经费基准定额资金随学生流动可携带。在提高中央财政支出比例的前提下，研究放宽生均教育事业费的流动性，确保中央财政提高部分能够随着人口流动变成可携带的资源。大力推进教育管理信息化，提高教育经费管理现代化水平，创新义务教育转移支付与学生流动相适应的管理机制。研究通过税收减免、专项奖励、典型宣传等多种措施鼓励引导企业承担部分农民工子女教育的社会责任，支持企业提供农民工子女教育补贴。

（三）推动义务教育资源供给量质齐升

1. 以常住人口为基数标准

改变教育资源按户籍人口配置方式，加快向以常住人口为基准配置相应资源的模式转变，加快实现城镇义务教育资源覆盖城镇常住的农民工随迁子女。推动各地开展教育需求和教育资源调查，准确掌握教育资源总量及配置、农民工随迁子女接受教育需求，并科学预测核心数据的变化趋势。基于科学调查和预测的数据基础，对接受随迁子女较多的省份在学校总量、经费配置、教师编制配置等方面给予必要的支持，确保随迁子女的教育需求与教育供给相匹配。结合常住人口、教育资源情况以及发展趋势，充分考虑农民工多居住于城乡结合部的实际，优化完善中小学规划布局，促进教育资源特别是优质教育资源科学均衡配置，满足农民工随迁子女平等接受优质教育的需求。

2. 深化教师编制管理改革

充分考虑以人为核心的新型城镇化的要求，适应新形势下教育需求的变化，从中央层面进行总量调剂，合理增加教师编制总量。按照承载常住人口数量和农民工随迁子女入学需求，统筹核定教职工编制数量，盘活存量事业编制，优化编制结构，引导缺口较大地区新增编制进一步向教师队伍倾斜。支持地方探索多种形式的编制调剂，加强教师编制的总体统筹，加大教职工编制统筹配置和跨县（区）调整力度。严格规范中小学教职工编制管理，对于挤占、挪用、截留教师编制的行为予以严惩。

3. 支持民办教育高质量发展

制定统一的义务教育阶段学校教育设施配置标准，对于因资金短缺问题而无法达到标准的民办学校，在严格审核的基础上，与公办学校"一视同仁"发放教育资金财政补贴。保障民办学校教职工人员"五险一金"、教职工食宿等待遇，加大培训进修支持力度，吸引更多的优秀师资力量，缩小与公立学校的师资差距。

（四）分区域制定以学籍为主要依据的异地高考政策

1. 强化学籍导向

进一步弱化并逐步消除户籍限制，建立并完善学籍报考制度，最终实行基于学籍的高考报名、录取制度。现阶段，建议以"学籍年限＋就业/居住年限"作为能否参加异地高考的判定标准，从而在防止"高考移民"和落实"异地高考"之间取得平衡。具体来讲，可以将硬性条件由"户籍"调整为"学籍＋居住证"或者"学籍＋纳税证明"标准，突出强调学籍的决定性作用，保障长期在流入地城市学习的农民工随迁子女能够平等地参与学籍所在地高考，同时有效防止"高考移民"的投机行为。随着城市教育供给的优化和相关配套改革的完善，逐渐降低对父母就业或居住年限要求。

2. 分类制定并完善异地升学政策

从异地高考推进的步骤看，要按照不同地区分类稳步推进相关工作，坚持公平高效的原则，结合防止"高考移民"的实际压力，合理设置"学籍年限 + 就业/居住年限"，以差异化的年限要求体现防止"高考移民"的压力差异。对于生源多、优质高等教育资源稀缺、高考录取率整体较低的省份，例如河南、山东等，可优先基于居住证完全放开"异地高考"。对于生源较少、高考录取分数较低的西部欠发达地区，例如贵州、广西等是"高考移民"的重点目标，可在居住证基础上，适当提高对学生本人拥有本地学籍年限的要求。对于生源较少、优质高等教育集中、高考录取率较高的城市，例如北京、上海等，考虑到这些地区流动人口群体庞大并且防止高考移民的难度较大，须制定相对公平的准入条件，进一步细化"学籍年限 + 就业/居住年限"的标准制定，逐步畅通在本地就读一定年限的农民工随迁子女参加高考的渠道。

3. 优化配套制度改革

异地高考制度改革绝不仅仅是高考报名政策本身，还需要综合优化包括考试制度、招生制度等多项制度在内的改革。特别是要抓紧研究优化招生名额分配制度，逐步弱化并取消高校在各地招生名额的户籍分配标准，强化学籍人数标准，适当增加人口流入主要城市招生指标，最大限度地减少利益冲突。

（五）以人为本优化农民工随迁子女入学申请政策

1. 简化就读手续

进一步精简入学申请的非必需材料，降低入学相关证明材料的复杂程度，简化入学程序。提高申请条件弹性空间，增加可替代性材料，对材料提交时限和形式作出更具弹性的规定。流入地教育行政部门和中小学要及时主动公开相关入学政策，做好政策宣传和宣讲，明确招生计划、入学手续、办理时间等要求，保障入学程序规范透明。

2. 优化服务方式

推动各地将农民随迁子女义务教育入学申请纳入政务大厅服务范围，并开通"绿色通道"。提高政府服务意识，帮助和指导农民工高效便捷办理入学申请，逐步探索提供"一站式"服务。发挥社区、社会组织的作用，提高农民工及其子女对入学政策的理解，提升农民工对相关政策的知晓度和满意度。

（六）加快完善法治保障

从法律层面明确保障适龄儿童在户籍所在地或居住地学校就近入学，且义务教育"就近入学"原则不受户籍影响，对适龄儿童义务教育入学不受歧视、异地升学等权利作出具体明确的保障性规定。进一步细化教育经费支出责任，从法律层面确保义务教育经费支出财权事权相统一。加强监督执法，对于没有落实相关职责的地方政府明确相应的惩罚举措，确保相关责任落实。完善司法救济制度，将维护受教育权纳入行政诉讼受案范围，加强对农民工随迁子女平等受教育权的保障。

第二节　加快完善我国社区服务体系

社区是社会治理和民生保障的重要载体。以社区为平台和载体，推动各类服务资源下沉，实现供需有效对接，是新时期提升我国社会治理水平、实现基本公共服务均等化和人民基本生活保障基本相当等区域协调发展重要目标的应有之义。

一、我国社区服务体系建设面临的主要挑战

党的十八大以来，从顶层设计来看，社区服务的作用正在得到重视，社区服务设施和服务体系不断完善。民政部数据显示，截至 2022

年底，全国共有各类社区服务机构和设施 250.1 万个，① 比 2012 年底（136.7 万个）增长 113.4 万个。但总体来看，我国城乡社区服务体系建设仍处于起步阶段，社区服务供给与人民群众的需求相比还有不小差距。究其原因在于，社区服务供给的多元主体权责关系不清晰，需求导向的供给理念和机制还未建立，社会化、市场化手段应用不足等问题突出。

（一）我国城乡社区服务供需数量和结构不匹配问题突出

1. 社区服务总量缺口还比较大

整体来看，社区居民所需要的养老、婴幼儿照护、医疗卫生、家政等服务供给不足问题突出。从养老服务来看，养老服务设施布局不合理，中心城区"一床难求"与郊区、农村地区养老床位大量闲置现象并存，中度和重度失能老年人服务缺口较大。第五次中国城乡老年人生活状况抽样调查显示，2021 年，我国失能老年人约 3500 万，占全体老年人的 11.6%，老年人患病率是总人口平均水平的 4 倍，带病生存时间达 8 年多。据测算，到 2035 年，我国失能老年人将达到 4600 万，到 2050 年达到 5800 万左右。② 从婴幼儿托育服务来看，截至 2023 年 9 月，超过三成的 3 岁以下婴幼儿家庭有送托需求，受行业发展阶段及服务价格等多种因素影响，全国实际入托率仅为 7.86%，③ 远低于 OECD 国家 0~3 岁婴幼儿进入正式托育机构 25% 左右的比例；目前能够提供托育服务的社区还很少，即使有也存在质量低下、安全性不高的问题。我国对家政服务的供求缺口率高达 55%；社区助医、日托和助餐等城市老年人日常服务缺口率在 60%~70%，农村老年人缺口率则高达 90%。

---

① 民政部. 2022 年民政事业发展统计公报 ［R/OL］.（2024 – 11 – 13）［2024 – 07 – 08］. https：//www. mca. gov. cn/n156/n2679/c1662004999979995221/attr/306352. pdf.

② 民政部. 国务院关于推进养老服务体系建设、加强和改进失能老年人照护工作情况的报告——2024 年 9 月 10 日在第十四届全国人民代表大会常务委员会第十一次会议上 ［R/OL］.（2024 – 09 – 11）［2024 – 09 – 20］. http：//www. npc. gov. cn/c2/c30834/202409/t20240911_439362. html.

③ 国家卫生健康委员会. 国务院关于推进托育服务工作情况的报告——2024 年 9 月 10 日在第十四届全国人民代表大会常务委员会第十一次会议上 ［R/OL］.（2024 – 09 – 11）［2024 – 09 – 20］. http：//www. npc. gov. cn/npc/c2/c30834/202409/t20240911_439363. html.

2. 均等化程度差距较大

社区作为推动基本公共服务均等化的载体作用还未充分发挥，不同区域间、城乡间、社区间提供基本公共服务的能力和水平参差不齐，与基本公共服务均等化的要求还有较大差距。

3. 非公共服务的多样性、多元化程度有待提升

社区是居民居住生活的主要领域，社区消费和社区商业将是中国居民消费实现和商业发展的主要单元。我国社区配套的非公共服务缺乏整体规划，区域发展不平衡，业态传统、设施简陋、服务功能不完善等问题突出。以社区商业服务为例，城市的商业规划偏重于中心商业区和大商圈的建设，而与老百姓最为接近的社区商业多处于自由生长的状态，大量社区菜市场、维修、家政等居民日常生活需要的服务功能缺失。

（二）我国社区服务体系供需矛盾形成的主要原因

1. 社区服务供给的多元主体权责关系不清晰

从根源上解决供需结构不匹配问题首要的也是最根本的路径是厘清权责关系，对于不同性质的服务供给的出资人主体、生产者主体应从制度上加以明确。从目前我国社区服务供给体系的权责制度设计来看，社区服务属性和范围尚未厘清，进一步导致政府、社会、市场之间，以及市、县（区）、街道、社区组织等各级政府和政府组织机构之间权责关系模糊，出现供给的空白或混乱。

2. 需求导向的社区服务供给理念和机制还未建立

目前，社区自治的层次还比较低，居民所能获得的服务多为被动接受，而非主动提出需求。这样一来，多样化、多层次的服务需求很难得到满足，造成需求与实际供给之间的矛盾突出。

3. 社会化、市场化手段应用不足

当前社区服务供给以政府包揽和运作的模式为主，社会资源、市场力量参与社区服务供给不足，导致服务供给的效率不高，难以满足多样化的服务需求。一些地区开始探索引入社会力量或者市场化手段的路

径，但由于理念未能根本转变，体制机制未能配套，市场或社会机构与社区管理者之间容易出现对专业化服务要求的摩擦或矛盾。

4. 运行机制建设尚未理顺

社区服务体系的构建需要多项制度共同协调、多个部门相互配合、多级政府全面统筹。从现实来看，我国社区管理体系还未理顺，部门利益掣肘明显，各级政府权责不匹配，各项保障制度在社区难以形成合力，成为社区服务体系构建和完善过程中的巨大阻力。

5. 能够支撑社区服务体系的要素投入不充分

目前，人、财、物、技术等要素还没有实现在社区层面的有效集聚和下沉，与社区服务体系的发展不相适应。其主要体现在社区服务设施仍然紧张，配套水平不高；技术更新相对滞后；服务项目和资源投入紧张；社区服务专业化人才欠缺，职业化程度较低等方面。

二、新时期建立完善我国社区服务体系的"四新"要求

社区服务类型多样，所涉及的利益关系复杂而敏感。这就需要综合考虑与社区利益相关各方的条件和利益诉求，从社会治理的战略高度把握社区服务体系建设的定位和方向。一直以来，社区承担了大量的社会治理职能，但由于政策导向、制度设计、舆论宣传不到位，社区这一功能单元的重要性被忽略。着眼未来，绝不能仅仅将社区服务体系建设看作是社区这个社会单元的事，而是要用战略、全局的眼光，把"小单元"变成"大治理"，从社会治理的高度，对整个社区服务体系进行整体谋划，形成自上而下的制度设计和统一认知。

（一）新机制：明确权责，分类供给

根据服务的外部性、市场失灵程度的不同，可以将社区服务大致划分为社区公共服务和社区非公共服务两大类，进一步细分又可以将社区公共服务划分为社区基本公共服务和社区非基本公共服务。

社区基本公共服务，针对的是社区居民根据其自身条件获得全国性或地方性公共产品的需求，对于同一个市域内的居民来说，具有普惠性、基础性和平等性特征，不同社区居民享有的基本公共服务应大致相同。也就是说社区基本公共服务大多与政府履行社会管理和公共服务职能有关，是对政府将社区作为改善民生的基本单元提出的施政要求。

社区非基本公共服务，针对的是具有一定外部性，但也同时有属地差异的服务需求，这种差异体现在区（县）之间，以及不同社区之间。社区非基本公共服务仅对本社区居民具有普惠性质，与社区发展状况和社区居民的共同利益有关。

社区非公共服务，针对的是社区居民表达的根据其自身喜好而有所差异的服务需求，具有明显的社区差异性和个体特殊性。

不同性质的社区服务需求，决定了政府扮演的角色不同。大致说来，市场失灵的程度不同，决定了政府与市场的边界不同。因此，要理顺不同性质社区服务的供给中社区基层组织、各级政府、社会组织及企业的角色定位，明确区分供给责任主体和生产主体，划分各级政府权责关系，形成权责清晰的社区服务分类供给机制，既避免政府"大包大揽"，又避免政府"乱甩包袱"。

（二）新导向：以居民需求为导向，精准服务

根本转变社区居民被动接受服务的供需关系，将居民服务需求作为社区服务供给的根本导向，把这一理念贯穿到社区服务供给的每个环节。通过搭建交流平台、进一步完善机制等举措，将居民诉求充分纳入社区服务供给的内容清单和标准制定过程中，推动社区服务精准化供给，使社区真正成为满足人民群众多样化、多层次美好生活需求的载体。

（三）新格局：区分生产责任主体和供给责任主体，构建多元参与的供给格局

社区服务涵盖的服务种类繁多，与社区居民密切相关的教育、养

老、医疗卫生等民生服务需求兼具公共服务和非公共服务性质，仅依靠一类生产主体难以满足社区居民多样化、多层次和多方面的服务需求。即使是性质单一的社区基本公共服务，供给责任理论上应在政府，但生产主体依然可以由企业、社会组织等社会主体来承担，政府可以以购买服务的方式来履行供给责任。新时期要改善社区服务供给状况，就要打破社区服务特别是公共服务供给的垄断局面，明确区分生产责任主体和供给责任主体，更加注重效率和效益，扩大社会参与，推动社区服务从条块分治转向多部门资源整合、多主体共同参与，实现发展动力从外在驱动为主转向内生自我发展为主，全面构建机构健全、设施完备、主体多元、供给充分、群众满意的城乡社区服务体系。

三、新时期完善城乡社区服务体系的具体路径

（一）厘清多元主体权责，构建社区服务分类供给机制

1. 分类制定社区服务清单

社区基本公共服务应以国家基本公共服务清单为依据，由市一级政府按照国家、省的要求，结合本地财政能力，在充分论证基础上，制定市一级社区基本公共服务清单。社区基本公共服务项目提供标准应该不低于国家规定的基本公共服务标准。社区非基本公共服务由县（区）一级政府根据本地区实际制定相应清单和标准，各个社区基于本社区居民需求调查的基础上，制定符合本社区特征的非基本公共服务清单，标准不低于县（区）清单标准。社区非公共服务由社区以居民需求调查的形式加以确定。

2. 分类厘清政府和社会、市场边界

根据社区三类服务的外部性特征，厘清在社区服务体系中社区基层组织、各级政府、社会组织及企业的角色定位，明确区分供给责任主体和生产主体。

从出资责任来看，基本公共服务出资责任主体在政府，非基本公共服务出资责任在政府和社区等多个主体，非公共服务出资责任在居民个人。而社区服务生产主体可以是事业单位、社会组织、企业等多种形式的主体，从供给的效率和质量来看，更好地发挥社会组织和企业的作用，是未来社区服务生产的主要方向。市、县（区）一级政府有责任为提供社区服务的社会组织或企业提供水、电、场地、税收等外部保障，使生产主体具有获得合理利润、进行持续经营的空间。

3. 分类理顺各级政府支出责任

根据国家法律法规和省、市、区（县）的相关政策规定，以清单的形式明确各级政府在各类社区服务项目的权责。

社区基本公共服务的支出责任，按照基本公共服务财政事权与支出责任划分的要求，由中央、省、市政府承担。

社区非基本公共服务的支出，以市、县（区）政府出资扶持引导与社区通过多种方式自筹相结合的方式解决。

社区非公共服务支出责任在居民个人，但市、县（区）政府和社区组织可以通过引进市场服务主体等方式为更好地满足居民非公共服务需求创造条件。市一级政府要全面做好城市商业设施规划合理规划，统筹布局。

基于以上整理的社区服务分类供给体系见表 4 – 2。

表 4 – 2　　　　　　　　社区服务分类供给体系

类型	普惠范围	服务内容	提供主体	各级政府支出责任	生产主体
社区基本公共服务	在市域范围内具有普惠性，不具有社区差异性	以国家基本公共服务清单为依据，由市一级政府按照国家、省的要求，结合本地财政能力，在充分论证基础上制定。标准不低于国家基本公共服务清单标准	政府为提供主体，确定服务标准，并进行监管	中央、省、市政府承担	生产主体可以是事业单位、社会组织、企业等多种形式的主体，从供给的效率和质量来看，更好地发挥社会组织和企业的作用，是未来社区服务生产的主要方向

类型	普惠范围	服务内容	提供主体	各级政府支出责任	生产主体
社区非基本公共服务	在社区范围内具有普惠性，具有社区差异性	由县（区）根据本地区实际制定相应标准和清单，各个社区在基于本社区居民需求调查的基础上制定本社区清单。标准不低于县（区）服务清单标准	各级政府和社区组织为提供主体，确定服务标准，并进行监管	市、县（区）政府出资扶持引导与社区多种方式自筹相结合	生产主体可以是事业单位、社会组织、企业等多种形式的主体，从供给的效率和质量来看，更好地发挥社会组织和企业的作用，是未来社区服务生产的主要方向
社区非公共服务	不具有普惠性，具有社区差异性	由社区以居民需求调查的形式加以确定	居民个人自主选择购买	引入市场主体，市一级政府做好商业设施规划	市场化机制为主导

资料来源：作者整理。

4. 建立社区服务项目动态调整机制

根据国家有关政策，结合市、县（区）社会经济发展水平和政府财力情况，综合考虑社区居民实际需求和物价水平，建立社区服务项目与居民实际需求相匹配、社区服务提供标准与政府财力负担相适应，并适当兼顾物价波动因素的社区服务项目动态调整机制，使社区服务项目不断得到完善。

（二）构建有利于落实需求导向的社区服务供给机制，推动社区服务供需的有效对接

1. 建立社区服务需求征集机制

从服务清单确立环节入手，以广大人民群众的实际需求为根本导向，及时收集、汇总公共服务需求信息，充分发挥社会组织在发现新增公共服务需求、促进供需衔接方面的积极作用，建立完善常态化、制度化的社区服务需求征集机制。

2. 完善居民自治载体，打造居民参与社区服务供给的平台

采用居民志愿参与的自治方式，构建社区基金会、社区议事会、社区客厅等自治载体和空间，激发多方主体广泛参与的社区服务决策机制。推行社区闭环管理和贡献积分制，形成社区民情信息库，推举有声望、贡献积分高的居民作为代表共同管理社区事务。

3. 健全以社区居民满意度为主要衡量标准的社区服务评价体系

以社区居民对社区服务的满意度为主要指标，构建以社区居民为主体、多方参与的社区服务评价机制。组织动员社区居民参与监督社区服务的考核评价工作，并通过委托第三方组织或机构实施考核评估，提高社区服务评价的科学性、客观性和公正性。

（三）创新社区服务供给模式，扩大社会和市场参与空间

1. 以开放的心态培育多元化社区服务生产主体

按照"政府引导、社会协同、多元参与"原则，以政府购买服务为牵引、以居民需求为导向，基于民生服务的多元性质，培育城乡社区多元服务主体。激发基层社会组织活力，鼓励社会组织特别是由居民自发联结形成的社区自组织迅速成熟壮大。鼓励地方探索培育"社会企业""共益企业"等多种形式的社区服务供给主体。政府推动制定社区服务规范化服务标准及管理办法，促进社区服务规范化运作、职业化发展，提高服务管理水平。

2. 建立不同性质供给主体的公平准入机制

通过政府"购买服务""合同包""项目委托"等多种形式，将部分公共服务转交给专业化社会组织或市场机构承担，逐步实现社区服务供给的专业化、社会化、市场化。支持各类主体公平参与竞争，以扶强扶优为导向，根据服务项目的具体特点和实际需要，合理确定评审方法和评审标准。

3. 培育参与式治理文化

培育以"助人自助、关心他人、社会担当"为核心的志愿参与文化，培养"有责任感的公民"。构建邻里贡献积分机制，弘扬诚信守约、共享互助、公益环保社区精神，构建服务换积分、积分换服务等多种激励机制。打造邻里互助生活共同体，制定邻里公约，建立邻里社群，发挥居家办公人员、自由职业者、志愿者及退休专业人员等群体的特长优势，为居民提供放心安全的服务，形成远亲不如近邻的邻里氛围。大力推动社区志愿互助服务常态化，将志愿服务情况纳入社会信用体系，并与积分落户制度相衔接。推行志愿者星级认定和嘉许制度，探索"时间银行"等激励机制。

（四）上下联动，推动构建社区服务供给综合协调机制

1. 自上而下推动民生领域相关制度在社区层面的协同

增强综合治理理念，全面把握社会经济发展的状况和规律，从顶层推动社区服务体系建设与相关制度的配合联动。例如，在社区提供医养结合的养老服务，需要与医疗保障制度和医药卫生政策紧密配合，加快完善分级诊疗制度，完善长期护理保险制度在社区医养结合型服务供给中的应用。

2. 地方政府积极推动资源整合下沉

社区服务平台在社区，但责任不在社区组织，必须明确市、县（区）、街道各级政府职责。构建社区服务体系不是给社区组织加压，而是要利用社区平台整合调度资源，是各级政府联动的系统性工程。市、县（区）各级政府需要积极参与到社区服务事务中，主动担当组织者和"中介"角色，整合医疗、文化等各类资源"下沉"至社区，在政策、资金、人才上支持商业机构、地产商、社区组织、民间社团、志愿协会、接受服务的对象及其家庭、年轻大学生等相关主体参与进来，充分发挥各自优势，从而实现各取所需、事半功倍的共赢局面。

（五）夯实人、财、物、技术等要素对社区服务体系的配套保障

1. 加强社区服务人才队伍建设

更好地发挥社工在社区服务中的引领作用，着力提升社区工作者队

伍专业能力建设，加快开发社工服务岗位和项目。整合社区服务培训资源，支持建立社区服务培训基地，加强对社区服务业从业人员的上岗培训、技能培训，逐步形成高标准、严要求、针对性强的社区服务人员培训体系。鼓励社区服务人员立足岗位，积极参与相关职业资格考试和学历教育考试。健全社区服务业用工制度、服务标准、服务价格、行业监督、企业及服务人员资质认证管理等制度，提升社区服务的标准化、规范化程度。

2. 多渠道筹集城乡社区服务体系建设资金

鼓励市、县（区）、街道各级政府以及社区组织通过政府预算安排、发展社区基金、引入社会资本、鼓励慈善捐赠等方式，多渠道筹集城乡社区服务体系建设资金。支持地方政府为社区基金（会）的建立、培育、扶持、监督管理提供政策保障，建立社区基金（会）注资及培育的财政增长机制。采取公建民营、民办公助、政府购买社会力量服务、政府和社会资本合作（PPP）等方式，引导社会资金参与城乡社区综合服务设施建设运营、信息化建设、人才队伍建设和社会组织培育发展。鼓励金融机构加快相关金融产品的开发和服务创新，利用小额贷款等方式支持社区服务业发展。

3. 推动社区服务设施建设

科学编制社区规划，更好地利用社区空间和公共资源。从居民实际需求出发，整合服务项目和服务资源，鼓励有条件的地区开展社区服务综合体建设，探索建立社区各类设施资源基于共享理念的交换使用机制，避免重复投资、重复建设、重复供给。通过国资划拨、底商返租、区域共建、市场化购买等方式，完善社区服务配套设施。落实社区综合服务设施水、电、气等价格优惠政策。明确要求新建社区公共配套设施与住宅同步规划、同步建设、同步交付使用。加大老旧院落改造力度，推动棚户区和城中村改造，改善居住环境，增加社区公共空间。

4. 以信息化手段支撑社区服务体系升级

提高城乡社区服务综合信息平台覆盖率，推动信息技术与城乡社区服务的深度融合，突破社区信息化统筹规划薄弱、建设经费投入分散、跨部门业务协同和信息共享不足的瓶颈，使信息技术成为沟通社区居民需求与社区服务供给的桥梁。推动社区服务综合信息平台城乡全面覆盖，积极实施社区养老、医疗、家政、消防、无障碍建设、物业设备设施智能化升级改造，支持城乡社区电子商务发展。

第五章

探索适应区域协调发展
需要的行政区划调整

行政区划包括建制类型、建制层级和区划范围。在我国，行政区划设置代表了中央政府对于不同行政区划主体的确权和赋能，直接影响了不同行政单元的资源获取能力和发展话语权。在城镇化快速推进的过程中，我国行政经济模式与人口流动、要素流动需求的矛盾已经凸显。通过优化行政区划调整，构建与新型城镇化建设要求相匹配的城镇体系，是值得我们深入思考和研究的重要命题。

第一节 区域协调发展对行政区划设置的新要求

我国行政区划设置经过了几轮探索，形成了目前的五级行政区划及管理体制，包括中央、省（自治区、直辖市）、地（地级市、盟、州）、县（自治县、旗）、乡（镇）。截至 2022 年 12 月，全国大陆地区共有 34 个省级行政单位，333 个地级行政单位，2843 个县级行政单位。到 2035 年，我国城镇化依然将处于快速推进阶段，大量农业转移人口进入深度市民化阶段，区域协调发展要求更高，一系列新的变化都对我国行政区划设置提出了新的要求。

一、需要开拓更多低成本、高活力城市载体

未来一段时期，人口和各类经济活动向城市集中、集聚的进程将持续推进。当前，我国各类高等级城市和中心城市发展成本快速上升，房价高企、资源环境限制加大、居民幸福感低、"大城市病"等问题已经出现，并且日益严重。在空间上寻找新的载体来承载新增农业转移人口、承担产业和功能疏解作用，降低转移人口的就业成本、落户成本和土地成本，是摆在我国未来城镇化道路上的重要命题。

二、需要更加重视匹配人的需求

习近平总书记要求未来"要更好推进以人为核心的城镇化，使城市更健康、更安全、更宜居，成为人民群众高品质生活的空间"。[①] 进入全面建设社会主义现代化的新阶段，以人为本是城镇化的主题，与过去"以产为本"将有很大的不同。行政区划作为上层建筑必须依据城镇化引发的各要素空间重组变化而作出相应调整，要转变"以产为中心"的单一导向，将人的需求纳入考量标准。

三、需要打破行政区划对要素流动形成的壁垒

从世界城市发展历程看，随着城镇化的快速推进，城镇之间的相互影响越来越密切。我国的城镇化已经开始从个别城市"单打独斗"进入区域一体化新阶段。破除地区之间行政壁垒，推动形成区域和全国统一大市场，实现不同区域和城市之间要素自由流动和有效配置，是符合我国高质量城镇化需求的必然趋势。面向未来，需要加快打破行政区经济模式下产生的区域市场壁垒，为发挥市场配置资源的决定性作用、促

---

① 习近平关于城市工作论述摘编［M］.北京：中央文献出版社，2023：38.

进各类生产要素自由流动、提高资源配置效率创造条件。

四、需要重视中西部地区调整

从区域来看，东部地区城镇化率已经远超过 60%，大量城市和地区达到 80% 以上的城镇化率水平；但是中西部地区，大量城市和地区城镇化率在 60% 以下，城镇化空间仍然较大。2023 年，中西部地区 18 个省（区、市）中除了重庆、内蒙古、宁夏外，均低于全国平均水平，河南、广西、四川、贵州、云南、甘肃、新疆、西藏 8 省份城镇化率低于 60%。差距也是潜力，未来一段时期，中西部地区是我国城镇化加速的主要区域。近年来，农业转移人口流向发生新的变化。中西部省份人口回流的趋势有所加强，部分中西部省会城市对人口吸引力大幅提升，2023 年合肥市常住人口增加 21.9 万人，位居全国 26 个万亿城市首位。农民工跨省流动放缓，跨省流动的农民工比例从 2012 年的 46.8%下降到 2023 年的 38.23%（见图 5-1），省内流动比例持续提高，其中约 50% 在县级单元内部流动。

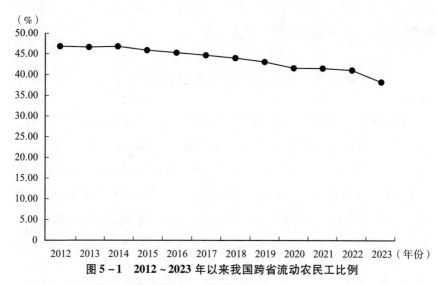

图 5-1　2012~2023 年以来我国跨省流动农民工比例

资料来源：根据国家统计局历年农民工监测报告整理。

这就需要通过优化行政区划调整，加快推进中西部地区城镇化进程，提高中西部地区吸纳新增城镇人口的比重，推动中西部地区农业转移人口就近城镇化，缩小中西部地区与东部地区之间的发展差距。

第二节　我国行政区划调整实践及特征

我国行政区划是在长期历史发展进程中形成的，决定了一个地方的社会政治属性，行政区划的调整往往会对地方经济发展和城镇化进程产生极其深刻的影响。伴随着经济社会的不断发展，我国行政区划调整和设置形成了具有我国独特特色的模式和特征。

一、我国行政区划调整的主要形式

改革开放以来，我国行政区划调整主要可以分为市制设置调整、市辖区行政区划调整、县以下行政区划调整以及多种手段变相的区划范围调整。其中，县以下行政区划调整相对简单和频繁；涉及市一级行政区划调整的政策则不断出现变化。整体来看，1997 年，撤县设市叫停之后，市辖区行政区划调整成为市一级建制调整的主要形式。

（一）市级建制设置调整

市级建制设置调整的主要方式包括县改市、撤地设市、撤镇设市、撤市合并。1980～1997 年，以县改市和撤地设市模式为主，我国市级建制数量由 1980 年的 223 个迅速增加到 1996 年底的 666 个。这一阶段"撤县设市"随意性较强，导致"城市"概念泛化，在数据统计、社会认识、行政管理、公共服务供给等方面产生一定的混乱。鉴于此，1997年国家基本冻结了撤县设市的审批。直到 2013 年底《中共中央关于全面深化改革若干重大问题的决定》提出"完善设市标准，严格审批程序，对具备行政区划调整条件的县可有序改市"，才再次在官方层面明确提出再次启动撤县设市。撤镇设市是"切块设市"的一种，近年来实践案例较少，2019 年 8 月，浙江省苍南县龙港镇实现"撤镇设市"，引发社会各界广泛关注，再次激起了一轮关于撤镇设市的讨论。龙港镇是我国东部地区一批特大镇在城镇化过程中受限于行政级别，难以满足人口承载需求的缩影。此外，近年来，也有个别省份选择以撤市合并的方式做大做强省会城市或区域性大城市。如 2019 年初，济南合并莱芜，济南 2019 年的 GDP 稳超 9000 亿元，人口也大幅增加，提前迈入特大城市行列。

（二）撤县（市）设区

近年来，全国范围内特别是东部地区的市辖区设置已进入深度调整阶段，在增设市辖区的同时也伴随着市辖区的重组。1997 年国家叫停撤县设市后，地域型行政区划转变为城市型行政区划的主要通道只剩下撤县设区。1979～2003 年，伴随着市管县体制的推广，地级市数量快速增长，市辖区也随之增加了 437 个；2004～2012 年，由于撤县（市）设区的审批被收紧，再加上部分城市对市辖区的合并重组以及地改市进程基本结束，市辖区仅增加了 15 个。2013 年以来，随着城市的快速发展，"撤县（市）设区"成为城市拓展发展空间、提高人口和经济规模的重要手段，市辖区数量开始了新一轮快速增长，从 2013 年底的 872 个增长到 2019 年底的 965 个，6 年间增加 93 个。"撤县（市）设区"一定程度上有利于整合发展资源，降低沟通矛盾，为大城市发展创造条件。但由于我国设区标准不明确，在设区过程中存在一定的随意性。部分城市撤县（市）设区能否实现预期目的，有待观察。

（三）市辖区合并

市辖区合并整合主要发生在城市的连续建成区范围内。从政策目标来看，市辖区合并重组主要是希望做大做强市辖区，从而完善城市功能分区和规划布局，推动城市发展。例如，2010 年北京市将东城区、西城区分别与崇文、宣武区合并，设立新的东城区和西城区；上海市于 2000 年和 2011 年先后将南市区和卢湾区并入黄浦区。一些市辖区的合并有利于资源的重组，但更多的合并主要是在做空间规模的简单加法。这种以做大市辖区空间规模为导向的市辖区调整模式，科学性待考。

（四）多种变相调整模式

由于行政区划调整面临的阻力较大，特别是涉及市一级行政区划调整是一项系统性工程，调整的层级越高，利益博弈越大，成本代价越高。但在现实发展过程中，一些城市又面临着发展空间、产业融合、城市拓展等迫切需求。因此，多种变相调整模式在实践中产生。这些模式跳过了行政区划的直接调整，形成了实质上的发展空间的变化。例如，以成都代管简阳为代表的"代管模式"，以深汕特别合作区为代表的"飞地模式"，以"长三角生态绿色一体化发展示范区"为代表的"区域一体化模式"。

二、我国行政区划调整的本质

1994 年分税制改革以后，各级地方政府的经济主体地位不断强化。行政区划代表了地方政府能够向上争取、横向联系整合的资源池，直接影响着一个地区的经济发展空间，主要体现在四个"影响"上，由此逐步形成了我国的行政区经济特征。近年来，市场配置资源的作用不断加强，但行政区经济格局始终无法打破，甚至有不断固化的态势。

（一）影响地方政府经济社会管理权限

20 世纪 80 年代，市领导县体制全面推行之后，形成了目前"省—市—县—乡"四级制为主的地方行政层级。按照行政分级原则，不同层级建制政府拥有不同的经济社会管理权限。进一步细分，即使同为地级以上城市建制，直辖市、副省级城市、地级市享受的管理权限也有较大差异，直辖市享有省级经济社会管理权限，副省级城市在计划单列市基础上被赋予省级经济管理权限，明显高于一般地级市的管理权限。

（二）影响政治资源获取能级

行政层级直接影响了能够向上级争取支持的话语权，高层级的行政主体往往容易获得更多的政治资源优势，例如行政审批权、法律法规制定权、先行试点权、上级政府的支持等。差异化的区域政策使一部分地区获得了发展优势。受此影响，越来越多的地方政府希望通过提高建制层级获得更多政治资源。

（三）直接影响财税资源获取

财税资源分布表现出明显的向上集中的特征。在我国分税制财税体系下，财税分配的主要依据就是建制层级。以增值税为例，中央和地方共享的增值税75%归中央，其余25%由各省确定省内各层级的分享比例。在分税制格局下，城市政府（直辖市政府除外）财政收入的很大一部分要依赖于中央和省的转移支付以及各类建设项目补助资金，这部分资金同样按照自上而下的路径实现，这就意味着层级越低的政府就会受到越多层级的"削减"。行政层级越高，也就能够掌控更大规模的资金。以苏州为例，苏州50%的财政收入都来自下辖镇，镇一级政府90%的财政所得需上交给县级市政府和地级市政府。

（四）直接影响土地指标分配

土地资源是地方发展的核心资源之一，具有自上而下分配的典型特征。大部分土地指标优先分配在省会城市和重点地级城市，省会城市占比约30%以上，镇一级政府基本没有土地话语权。

总体来看，行政区划不仅是一个简单的空间关系，还是一种权力关系。在行政区经济下，大量的资源要素按照行政等级分配，并逐级分流。等级越高的城市，获取资源的机会更多。这种权力由于行政层级的差异而形成了明显的势差，也构成了各地行政区划调整的直接动因，行政区划调整的本质实际是不同行政区划间资源配置的调整。

三、我国行政区划调整的效果

整体来看，我国行政区划调整的实践受政策导向的影响非常大。这些调整一定程度上符合我国城镇化进程的需要，起到了积极的推进作用；但同时伴随着城镇化进程的深入推进，也暴露出了一些矛盾。

（一）一定程度上推动了城镇化进程

改革开放40多年来，我国特别是东部经济发达地区行政区划调整频繁，对城镇化进程起到了一定的促进作用。整体来看，我国城镇型行政区的分布与"胡焕庸线"高度吻合，县级市和市辖区大多分布于"胡焕庸线"的东南侧。城市与农村的社会经济结构大不相同，需要不同的管理体制，城镇化的发展必然对行政区划建制的城乡结构、数量和规模等提出新的要求。近年来，我国行政区划调整已经从新中国成立之初的调整城市数量转向微观优化城市空间结构和格局。通过行政区划的调整增加城市的发展空间和优化空间布局，实现中心城市发展空间的拓展，在一定程度上表现出适应提升城镇化质量需要的特征。

（二）上下级城市间发展需求存在矛盾

我国行政区划调整在政策目标上具有强烈的发展主义导向，大部分是上级城市希望通过行政区划调整集聚、优化资源配置，扩展和整合城市空间结构，提升城市的竞争力。随着行政区划调整制度红利的不断释放，矛盾积累也越来越多。城市管理粗放、中小城市活力不足等负面效果开始显现，上级城市发展主义导向强烈与下级城市发展活力之间的矛盾日益突出，如果继续通过行政手段粗放式地推动行政区划调整，必然会加剧冲突矛盾。

第三节　国际实践对我国行政区划调整的启示

从世界范围来看，行政区划调整的方式标准与一国的历史、文化、政治体制特征等多种因素密切相关，并没有放之四海而皆准的准则。但在城镇化推进过程中，仍有一些共性的规律和趋势，值得我们关注和思考。

一、行政区划调整是适应城镇化快速推进时期的必然选择

从世界范围来看，在城镇化高速发展阶段，主要发达国家都进行了较为频繁的行政区划调整。日本在 20 世纪 50 年代进入快速城镇化后，3 年内增设了 213 个市；韩国在 20 世纪 60 年代进入快速城镇化后，将 140 个县设置为一级正式基本区划单位；英国从 20 世纪 60 年代以来，地方政府发生了 4 次重组，许多地方政府特别是大都市区地方政府被合并。未来一段时期，我国进入高质量推进城镇化阶段，如何通过更加科学的行政区划设置，提升行政区划与人口集聚趋势匹配程度，是需要我们再次审视的重要命题。这就要不回避行政区划调整的问题，通过充分科学论证积极稳妥推动行政区划调整工作。

二、城市设置标准普遍较低

总体来看，发达国家城市设置标准普遍较低，人口规模一般达到几千人就可以申请设立城市。欧美等国家通常将城市作为一种统计上的概念，只要达到了某些客观标准，例如人口密度、昼夜人口比、生产总值等，无须经过特别批准就可以称之为"城市"。由于城市设置标准较

低，因此欧美等国城镇数量要远多于我国。例如，美国有2万多个小城镇，法国、德国等都有数千个城镇。美国作为市的行政主体有19000多个，但人口规模超过3万人的只有1100余个。在我国，大量镇区人口规模已经远远超过国外中大城市人口规模。

三、促进区域整体发展

第二次世界大战后，西方发达国家的城镇化普遍进入大都市区化阶段，城市区域的空间形态与规模都发生了变化，以功能区域为导向的大都市区范围超越了核心城市的行政区域，这种形式在解决跨区域的环境污染、公共交通、土地利用等方面发挥了重要作用。"城市政府+大都市区政府（或城市联合政府）"的双层管理体制被公认为大都市区政府体系的典范。例如，美国目前多中心体制的大都市区几乎遍及全国，已经超过600个。大都市区的实践实际上反映了区域合作的一种趋势，即通过城市合作打破行政壁垒，扩大人口承载空间。当前，我国推进都市圈建设，实际上就是以非行政区划调整的强制性手段打破行政区划壁垒，提高区域整体发展水平。

四、着力构建扁平化行政管理体系

在大部分发达国家，不同城镇建制往往代表的仅仅是服务人口规模的差异，并保持相对平等和独立。人口规模不同，所需要的公共服务也会形成差异，城镇政府所担负的城市职责也相应有所差异。美国的官方统计中，城市政区包括市、市镇和村镇，面积、人口各异，形式不同，但都隶属于州，行政级别相同；加拿大2100多个城市行政区，都是独立的地方自治单位。未来，我国行政区划调整需要为进一步理顺不同级别城镇间关系积极创造条件，构建更为扁平化的行政管理体系，特别是要加快突破公共资源配置的行政级别体系，更加突出人本导向，为各层级城镇提供平等的发展机会和广阔的发展空间。

第四节　我国行政区划调整存在的主要问题

相较于当前我国城镇化进程深入推进的要求，我国行政区划调整的制度设计和相关配套制度设计和调整相对滞后，在城市载体数量、质量和区域分布等方面一些问题逐渐暴露。这样不仅无法满足大量农业人口转移的需求，还会造成城镇发展的低效。

一、城市型载体不足

近年来，市以下行政单元转化为市级建制的渠道十分有限，相较于我国城镇人口转移的趋势需求，市制设置改革总体滞后，城市型载体总体不足，一些经济强县和特大镇设市的需求已经十分强烈。

（一）城市数量滞后于城镇化的需求

我国人口城镇化的进程不断加快，城镇化的速度远远超出了设市审批的速度。1997年国家叫停"撤县设市"后，市的行政建制设置紧缩，设市成本高、难度大、渠道狭窄。1998年，我国城市建制共有664个，城镇人口约为3.8亿人；截至2022年底，我国9.2亿多城镇人口，城市建制共695个。24年间，城镇人口增加了5.4亿人，城市建制仅增加31个。如图5-2所示，2022年，市辖区人口规模介于200万~400万人口的全国地级及以上城市数量为49个，比2005年增加24个；介于100万~200万人口的城市数量为96个，比2005年增加21个。未来，容纳庞大的新增城镇化人口的需求决定了我国需要增加城市数量、合理拓展城市空间。

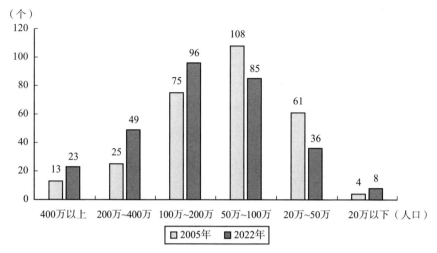

图 5 - 2　2005 年、2022 年按市辖区年末总人口
规模的中国地级及以上城市个数

资料来源：国家统计局，《中国统计年鉴（2006 年）》《中国统计年鉴（2023 年）》。

（二）经济强县和特大镇发展受到严重挤压

经济强县和特大镇经济发展程度超越了与其相匹配的行政权力，遇到人权、事权、地权、财权等各项权限的天花板，限制了这些载体在城镇化进程中作用的发挥。无论是镇改市的努力突破，还是扩权强镇的改革实践，都集中体现了我国特大镇受限于不合理的政区设置，导致地方经济社会发展受阻、政府管理服务资源不足等问题。在长三角、珠三角一带很多镇集聚的经济和人口规模已经达到中等城市标准，常住人口规模已经远高于户籍人口，但由于受到乡级行政区划层级的限制，特大镇处于行政等级的最基层，更多是为上级城市"输血"，其机构设置、人员编制、权力职能都只能按照乡级行政区划的标准建制，"小马拉大车""人大衣服小"的窘况严重制约了当地经济的发展和居民公共服务的获取，这些经济强县和特大镇突破行政区经济发展限制需求迫切。

二、市辖区过度扩张趋势显现

近年来，市辖区调整由于门槛较低，成为城市扩张的主要手段。"求大"成为城市调整市辖区的主要诉求，部分市辖区过度扩张，不顾实际的发展冲动强烈。

（一）部分调整超出最优规模

为了取得短期内的迅速扩张，市级政府对于城区扩张的冲动十分强烈。1996 年以来，我国城市建设规模在不断扩大。如图 5 - 3 所示，1996 年平均每个城市建用地为 28.5 平方公里，到 2022 年则达到 85.54 平方公里。空间规模对城市发展的影响并不是简单的正相关关系，而是呈现出复杂的变化曲线，大致类似于"N"型。城市空间规模的不断扩大容易诱发交通通勤成本过高、社会问题增多、生产生活成本上升等一系列"城市病"，导致集聚经济在城市的空间规模达到一定程度后出现边际效应递减。

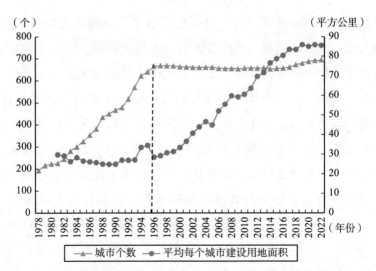

图 5 - 3　1978 ~ 2022 年中国城市总量和平均每个城市建设用地规模变化

资料来源：中华人民共和国住房和城乡建设部，《2022 年城乡建设统计年鉴》。

（二）部分调整导致"假性城镇化"

除了在县域经济发达、城镇化水平较高的东部地区，很多新设市辖区无论是产业结构、基础设施建设，还是政府管理形式，都具有浓厚的县域色彩，与市辖区的建制性质不符。特别是那些新设置于中西部地区中小城市的、远离中心城区的市辖区，由于地理位置偏僻、人口集聚不足，市政基础设施水平与中心城区存在很大差距。甚至一些市辖区还有相当面积的农村地区，城乡二元结构十分显著。

（三）撤县设区无法满足较大县发展需求

近年来，大量地级市通过撤县设区扩大城区面积、提升城市发展体量。特别是在一些省份推动省直管县的情况下，地级市不愿失去对所属县的资源统筹，盲目推动撤县设区。如图 5 - 4 所示，1998 ~ 2022 年，我国县级市从 437 个减少到 393 个；地级市从 227 个增长到 302 个；县及其他同级行政区从 1689 个减少到 1481 个，减少了 208 个。撤县设区的优势主要集中在大城市周围的县，距离大城市较远、所在地级市经济相对落后或自身经济较为发达的县并不支持撤县设区。县尤其是省直管的县，相较于市辖区，在财政保留、项目审批、经济管理等方面拥有更大的权力，一旦被划入地级市，自主权就大打折扣。例如，广东省顺德、南海县设区以后，发展速度远落后于长三角的昆山、江阴；浙江长兴县改区一提出，就引起了长兴县各界的广泛反对，最终也不得不暂停。在县域经济发达地区，简单的区划兼并手段可能会导致县域经济活力丧失，也就从根本上违背了城市扩张的初衷。

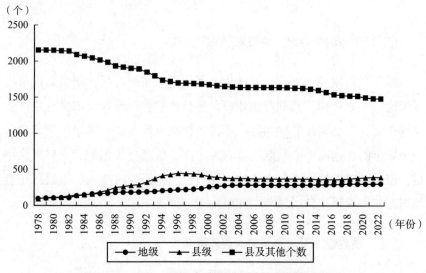

图 5 – 4　1978～2022 年中国地级市和县数量的变化

资料来源：中华人民共和国住房和城乡建设部，《2022 年城乡建设统计年鉴》。

三、西部地区城市体系难以承载高质量的城镇化进程

当前，西部地区城市体系已经呈现出与东部地区不同的特征。由于行政区划调整标准"一刀切"，西部地区城市体系难以承载高质量的城镇化进程。

（一）具有辐射带动能力大中型城市相对不足

2022 年底，城市市辖区年末总人口规模超过 400 万人以上的超大城市，西部有 4 个，中部有 2 个，东部有 13 个；200 万～400 万人的特大城市，西部有 7 个，中部有 13 个，东部有 29 个。按照省级行政单位个数进行均值计算，这两类城市的中西部地区与东部地区的差距更加明显。如表 5 – 1 所示，400 万人以上的超大城市，西部和中部省均为0.33 个，东部为 1.3 个；200 万～400 万人的特大城市，西部省均为0.58 个，中部为 2.17 个，东部为 2.9 个。

表 5－1 　　　　按城市市辖区年末总人口规模我国东中西部地级及
以上不同规模城市分布情况　　　单位：个

地区	400 万人以上		200 万～400 万人		100 万～200 万人		50 万～100 万人		20 万～50 万人		20 万人以下	
	总数	省均	总数	省均	总数	省均	总数	省均	总数	省均	总数	省均
东部	13	1.3	29	2.9	29	2.9	14	1.4	2	0.2	1	0.1
西部	4	0.33	7	0.58	33	2.75	24	2	21	1.75	6	0.5
中部	2	0.33	13	2.17	28	4.67	31	5.17	6	1	0	0

资料来源：国家统计局，《中国统计年鉴（2023 年)》。

（二）中小城市发展缓慢、人口集聚能力差

我国西部地区面积占全国土地面积的 72%，人口仅占 27%，除了成渝地区和陕西关中地区人口相对集中外，其他地区人口居住高度分散。2022 年，西部地区建制县与县级市的比为 5.05∶1；中部地区为 3.76∶1，东部地区 2.21∶1。这从一定程度上反映出西部地区中小城市载体偏少的问题。

四、配套制度建设滞后

在行政区划调整过程中，标准的制定和制度体系的完善是基础性保障。从实践来看，我国行政区划如何调整和调整后如何配套的制度体系都需要进一步完善。

（一）调整标准亟须调整

当前我国对行政区划的管理多依赖于政策和行政手段，以中央政府和省级政府的审批为主，缺乏依法管理的依据，稳定性和可预期性差，导致行政区划调整的随意性较大。现有标准过于滞后，动态调整机制缺位，难以适应未来城镇化发展的新要求。例如，最近一次公开发布的县

级市设立标准要追溯至 1993 年发布的《国务院批转民政部关于调整设市标准报告的通知》，具体标准如表 5 - 2 所示，对于现实的指导意义已经较差。

表 5 - 2　　　　　　国务院 1993 年关于设立县级市的标准

	人口密度（人/平方公里）	< 100	100 ~ 400	> 400
县政府驻地指标	从事非农产业的人口（万人）	8	10	12
	具有非农业户口的人口（万人）	6	7	8
	自来水普及率（%）	55	60	65
	道路铺装率（%）	50	55	60
县域指标	从事非农产业的人口（万人）	8	12	15
	非农产业人口比重（%）	20	25	30
	国内生产总值（亿元）	6	8	10
	第三产业占国内生产总值的比重（%）	20	20	20
	乡镇以上工业产值（亿元）	8	12	15
	乡镇以上工业产值占工农业产值的比重（%）	60	70	80
	县级财政预算内收入（万元）	4000	5000	6000
	人均县级财政预算内收入（元/人）	60	80	100

资料来源：作者根据《国务院批转民政部关于调整设市标准报告的通知》整理。

（二）调整后配套改革不到位

现有政策过于强调准入门槛和现实需要，而没有就改革所应具备的配套措施做相应的规定和要求。例如，设市后的政府机构改革和职能转变只是给出了原则性的指导，而并没有制定专门的方案和细则。这就导致县级市和镇级市在建制后，仍面临权限不足、编制不足的问题。部分县级市还未实现省直管，而是由地级市代管，仍存在地级市挤压县级市的问题。此外，在强经济性引导下的市制设置，由于对于经济因素的过强关注，以至于忽略了对自然、历史、文化特别是公共服务因素的关注，造成了对人的城镇化的忽略。

第五节　适应未来发展需求的行政
区划调整思路及政策建议

行政区划调整是一个复杂的制度体系，没有任何一个国家的经验可以直接套用，也不能跳脱城市和人口发展的普遍规律任意为之。当前及今后一段时期，要远近结合，围绕城镇化人口和经济集聚特征，解决一批当前迫切需要的突出问题，调整部分方向性偏差，谋划好长远的制度设计问题。

一、整体思路

（一）系统谋划

行政区划调整制度的改变意味着资源和要素分配的制度性变革，对不同层级政府之间行政权力职权划分、对各级官员的职业生涯都可能产生重要影响。推动行政区划调整的思路必须建立在我国是单一制国家的框架前提下，着眼于中国问题，从我国的实际需要出发。行政区划调整要综合考虑人口、经济、政治、历史等多种因素。相关方案要以稳定为基本前提，做好风险评估与管控，减少改革的制度成本。

（二）分类指导

尊重差异，对不同发展阶段、不同规模、不同功能行政单元进行差异化的调整。以规模为例，要通过适度调整或扩大行政区划范围，增强城镇化综合载体功能，扩大中心城市规模，完善综合服务功能，提高辐射带动和引领能力；积极培育一批经济强县和重点镇成为中小城市，大力提升中小城市的人口承载能力，促进中小城市发育成熟；对于已经出现严重城市病的大城市、特大城市，要以有利于疏解中心城区功能为主调整行政区划，引导大城市、特大城市的一些城市功能、人口及产业向周边地区转移扩散。

（三）分区域指导

充分考虑当前我国不同区域地区城镇化程度的不同、城镇体系的差异，探索实施区域差别化的行政区划调整策略。东部地区要加快推动一批有条件的特大镇和较强县设市，严格控制超大城市和特大城市通过县改区等形式继续无序扩张行政边界。中西部地区要实事求是，以培育多个具有一定规模的大城市为方向，继续推动部分城市城区的优化；适度降低中西部地区设市标准，推动增设部分中小城市来吸纳中西部地区农业转移人口。

（四）提高组织体系效率

适应面向未来城镇化的要求，行政区划调整的重点不应该再是通过行政手段集中资源要素，而应进一步发挥中心城市的辐射带动作用，通过行政引导市场，让各类城镇获得平等发展机会。行政区划调整必须抓住政经济模式与市场配置资源模式之间的根本性冲突，以更好地服务于人口集聚、要素自由流动和资源高效配置为根本指引，更加强调"以人为本"、提供优质公共服务、降低政府运行成本、形成一体化的市场体系等新要求和新理念。

二、政策建议

（一）因地制宜推动中心城市优化调整行政区划空间

中心城市是未来我国城镇人口的主要载体，要因地制宜推动中心城市优化调整行政区划空间，分类指导城市市区规模调整，提高中心城市综合承载和资源优化配置能力。

1. 突出最优规模目标

撤县（市）设区、市辖区合等城市城区空间调整并应摒弃简单的发展主义导向，要突出最优规模目标。在区分城市和调整类型的前提下，兼顾经济发展与城市政府管理的整体性特点，对市辖区的调整在政策上进行分类指导。既要解决一部分城市发展空间不足的问题，也要避免贪大求多、盲目扩张。对于已经出现严重城市病的特大城市，要以有利于疏解中心城区功能为主调整行政区划，引导大城市、特大城市的一些城市功能、人口及产业向周边地区转移扩散。对于天津、重庆、成都、武汉、郑州等已经通过行政区划调整获得较大管辖空间的主要城市群中心城市，鼓励优先通过做大都市圈的方式实现发展空间的扩容，主要以内部所辖区县的行政区划优化调整为主提高资源配置效率。对于中小城市，要严格控制无序的撤县设区、市辖区合并，特别是要严格控制距离中心城区较远县级单位改区。

2. 适度支持西部地区扩大中心城区培育新的中心城市

对于城镇化水平相对滞后的西部地区，要加大以行政区划调整壮大省会城市、节点城市发展规模以及优化中心城市空间结构的倾斜和支持力度，解决一些地级市"一市一区"、市辖区面积过小的问题。支持部分临近中心城市的县、市及重点镇施行撤县改区、撤市改区、撤镇改区，为西部地区尽快培育出一批具有较强辐射带动能力的中心城市。

（二）有针对性地支持培育一批中小城市

当前，要有针对性地培育一批中小城市，根据不同地区不同特征，通过优化市制设置标准，推动形成承载农业转移人口的高质量城市载体。

1. 加快解决东部地区经济强县和特大镇设市问题

当前，我国镇区人口超过 10 万以上的特大镇超过 300 个，大多在江苏、广东、浙江、福建等东部沿海省份。近期，要加大"切块设市"探索力度，集中解决一批群众广泛关注的特大镇设市问题。进一步优化规范县改市标准体系，保障经济强县转向城市型建制通道顺畅。通过行政区划调整，实现特大镇和经济强县形成与所承载经济规模和人口规模相匹配的行政功能，积极培育一批基础设施配套和服务功能完善、产业特色明显、人居环境良好，区域带动辐射能力较强、有效统筹城乡的中小城市，为农业转移人口就地城镇化提供空间载体。

2. 适度降低对中西部地区较强县改市经济、人口标准

严格设市的距离条件，将要设立的市与已有中心城市距离纳入考量，整体做好经济强县市制改革的区域效应评估，保障设市质量。若经济强县距离中心城市较远，具备发展成中心城市的基础条件，则可以进入下一步的评估。简化对西部地区县改市指标要求，以人口、区域经济为主，不对产业结构作出硬性要求。

（三）系统性做好配套制度优化

系统优化设计我国行政区划调整的制度体系，不断提升制度设计的科学性、民主性和灵活性，完善制度配套。

1. 科学设置标准

加快研究制定新的行政区划设置标准，充分考虑区域性城镇体系优化导向、经济发展水平、人口规模、地域独立性和辐射带动潜力以及与周边市的距离等多重因素，加快促进行政区划调整走上法治化、规范化的道路。建立市制设置标准动态调整机制，可以根据经济社会发展水平、人口规模、城镇体系规模结构态势以及城镇化进程，考虑 5 ~ 10 年进行一次设市标准的调整。建立可进可退的制度体系，将现有城市市辖区的设置从"只增不减"转变为"有增有减"的动态调整状态。通过区域规模效应综合评估，研究一批市辖区撤并问题，允许一批市辖区改回独立的县级单位，实现资源的优化配置，促进人口、产业的科学布局。

2. 优化审批评估机制

考虑到县级以下（含县级）的市制改革影响范围较为有限，对经济社会的稳定影响不大；同时中央政府对县级政府的了解较为有限，中央政府的审批实质性意义不大。建议县级以下（含县级）的市制审批及管理权限授权给省级政府，市制改革举措采用备案制，中央政府将重点放在相关法律、法规、标准的制定上。建立常态化专家审核机制，在测绘、勘界等专业环节实施独立的第三方评估，提升评估结果的透明度和公开程度。建立被调整行政单位区域内群众诉求表达机制，加强公众参与，将公众意见作为行政区划调整价值评审的重要依据。

3. 积极推行扁平化行政管理体系

深化放权让利改革，积极推行扁平化行政管理体系，赋予新兴中小城市更多的行政资源和发展空间。在增设市的过程中，要统筹考虑撤销原有周边相对弱小或被同城化的县或市级行政单元，在总量上尽量减少行政层级。适时考虑谋划省级建制增设问题，提升省直管县级市在财权、事权、人权方面的直管力度，逐步弱化地级市对县级市的管辖，保障新建中小城市的发展独立性。

（四）鼓励引导城市间通过多种形式的协作合作解决发展问题

在城镇化推进过程中，大城市会集聚更多人口，拓展空间的需求也必然会越来越强烈。对我国大都市的发展来说，行政区划调整只是扩大城市发展空间的一条路径，并不是唯一有效的路径。从全球来看，维持政区组织体系的相对稳定，积极开展府际合作解决政区间的跨界发展需求问题，鼓励各地方依照市场规则平等开展合作竞争是推动城市群经济社会一体化、提升城镇化质量和水平的更优选择。未来，要明确引导建立以中心城市为核心的经济区体制，推动经济区和行政区适度分离。加快探索在不打破行政隶属关系前提下，建立完善地区间利益协调机制和约束机制，建立经济区内规则统一的制度体系，在重要领域加强政策协商，提高政策制定的一致性和执行协同性，形成维护共同利益的制度安排。

（五）着眼未来，改变资源配置方式打破行政区经济模式

长期来看，行政区划调整机制改革的根本是要充分考虑区域资源优化配置，根本转变是改变资源配置方式和路径。要有序推动教育、医疗、养老等基本公共服务资源分配与人挂钩，逐步改变与行政单元等级挂钩的逐级分配模式。更大范围内、更高层面上，要为市场主导资源配置积极创造条件，包括要进一步完善市场经济体制，清理和废除妨碍全国统一市场和公平竞争的不合理规定和做法，分类完善要素市场化配置体制机制，促进土地要素、劳动力要素、资本要素、技术要素、数据要素等各类要素在区域间自由流动和合理配置，推动不同空间子系统之间形成整体组合效应，突破行政壁垒，凝聚成强大合力。

第六章

优化区域协调发展保障支撑体系

推动区域协调发展是一项系统工程。伴随着我国推进区域协调发展的政策和实践不断深化,我国区域经济发展出现一些新情况新问题,在国内外形势发生新变化的背景下,要深刻理解新时期构建区域协调发展机制的新要求。破除制度性障碍、优化保障支撑体系是当前和今后一段时期区域协调发展的整体性和系统性的内在要求和迫切需要,要加快系统化设计区域协调发展的保障支撑体系,加快解决长期累积的深层次矛盾和新的问题,提升区域治理效能,推动我国实现更深层次、更高水平的区域协调发展。

第一节 深刻理解新时期完善区域 协调发展机制的新要求

适应国内外形势变化、新阶段区域经济发展的特点,新时期区域协调发展新机制设计需要按照区域产业链、供应链和价值链规律分工布局,发挥机制设计和政策引导作用,让土地、劳动力、资本、技术等生产力要素和交通设施、重大项目等更加合理布局,引导每一个区域内部行政主体充分发挥比较优势,形成区域发展合力,并服务于我国高质量发展、构建新发展格局、推进中国式现代化的整体要求。完善区域协调发展机制要求兼顾发展效率的提升与发展差距的缩小，核心难题是如何在经济和人口集聚在少数优势地区的趋势下，实现城乡和区域间在人均意义上的公平发展。

一、现阶段需要关注的几个形势变化

（一）国内外形势发生重大变化要求区域间形成更加紧密的产业链供应链关系

从国际局势看，中美战略博弈愈演愈烈，全球地缘政治关系持续恶化，部分国家以安全为由，将产业政治化，全球供应链区域化、本地化趋势增强，我国面临低端产业向东南亚国家转移、高端产业向发达经济体回流的严峻形势。统筹好安全与发展、因地制宜发展新质生产力成为区域协调发展的重要命题。这就要求区域协调发展体制机制设计要更有利于地区间发挥比较优势、加强分工协作，先发地区要加快形成面临全球竞争的科学技术和产业竞争力，中西部地区要强化承接产业转移能力建设，将产业链关键环节留在国内，保持我国在产业体系完备、配套能力领先等方面的优势，因地制宜发展新质生产力。

（二）我国进入高质量发展阶段要求区域政策更加关注开放合作

随着我国经济增长阶段转换的推进和完成，过去纵向指令式区域政策在促进区域快速发展的同时会加剧区域分割，制约统一市场形成，影响市场在资源配置中决定性作用的发挥，使得资源错配或低效率配置现象越来越突出。新阶段，应加快推动由纵向指令式为主的区域政策向横向协调为主的区域政策理念转变，由以鼓励地区竞争为主的区域政策向以鼓励地区协同合作为主的区域政策转变，以及由支持特定区域独立发展向协同发展、由封闭发展向开放式发展、由给予优惠政策向给予平等市场机会转变，突出区域政策在保障市场在资源配置中发挥决定性作用的职能。

（三）数字要素正成为推动区域协调发展不容忽视的要素变量

数字要素正在从多方面深刻改变区域空间格局，高度的流动性在一定程度上突破了时空限制，打破了传统要素市场的束缚，促进了区域间资源要素有序流动，在价值分配环节实现了要素有效配置，在价值实现环节推动了市场化改革，在价值创造环节优化了区域分工协作。数字要素便于流动的特征催生了"东数西算"等新型区域合作形式，依托数字技术先发地区优质公共服务产生的外部性能够更好地惠及后发地区，从而为缩小区域间发展不平衡提供新的解决方案。同时，也要注意到，如果缺乏人才、技术支撑以及对于产业发展的应用赋能，数字技术很可能造成后发地区与先发地区发展鸿沟的拉大。这就要求区域协调发展体制机制设计要有利于发挥数字技术对区域协调发展的正向效应。

（四）区域发展不协调在板块内部、省域内部有新的表现

从全国的区域分化来看，东西差距仍是区域发展不协调的主要方面，由缩小区域相对差距向缩小区域绝对差距转变的拐点还未到来，东部地区同中西部地区 GDP 绝对差仍有所扩大。同时，近年来，区域发展不平衡不充分表现出新特点。全国层面，南北差距问题引发关注；从板块内部来看，西部板块内部西南、西北之间发展差距明显拉大；省域层面，以中心城市与其他城市、沿海地区与内陆地区间差距为主要体现形势的省域内部发展差距拉大。这就要求区域协调发展体制机制设计要适应更小单元的发展不协调的表现，细化举措。

（五）经济下行压力加大影响区域合作意愿

当前，随着国际需求收缩及国内经济增速放缓，我国不同地区之间及地区内部的同质化竞争增强，地区封锁及恶性竞争依然存在。深圳、上海等城市同样面临保工业、保增速的压力，区域产业合作难度增大。这就需要找到不同地区共赢的切入点，以区域战略推进及融合带动我国

优化产业链布局，提高产业链供应链稳定性和国际竞争力。

（六）中央区域协调发展领导小组成立提高了区域协调发展统筹层次

中央区域协调发展领导小组成立是推动区域协调发展工作的组织体系的重大变化。过去单个区域重大战略设立的领导小组，更多是关注本战略区域内的协调问题。通过设立中央区域协调发展领导小组，有助于从全局上谋划区域重大战略，系统统筹各战略间的重大政策，持续推动区域一体化进程，推进全国统一大市场建设。这就要求区域协调发展体制机制设计要适应区域协调发展领导组织架构调整，既要推动单个区域重大战略顺利推进，更要推动区域战略的融合发展。

二、结合新形势从三个层面来理解区域协调新机制的作用机理

（一）从微观层面看，要形成有利于促进要素高效流动的机制，实现"公平发展"

由于不同地区在自然地理条件、要素资源禀赋和经济发展基础等方面存在客观差异，各地区的要素报酬也必然存在差异。要素高效流动有助于发现区域的差异化竞争优势，促进区域找准自身在全国发展大局中的定位，实现与其他区域的有效分工、错位发展。兼顾效率与平衡的区域协调发展关键在于要素的自由流动，特别是人这一核心要素的流动。因此，从微观层面看，要盘活要素流动渠道，一方面保障不同地区发展机会公平，另一方面提高要素配置效率。

（二）从中观层面看，要形成有利于促进创新链产业链供应链深度联动的机制，实现"共生发展"

随着区域一体化发展的不断推进，区域之间的经济联系越发紧密，

市场规模不断扩大，区域间合理的产业分工与密切协作是不同地区间发挥比较优势的主要形式。通过不同地区间创新链产业链供应链深度联动能够找到不同地区间最大公约数，形成跨地区利益共同体，密切区域间经济联系。因此，从中观层面看，要着力构建不同地区之间的产业分工体系，加强系统谋划促进区域战略融合，在区域协调发展中优化产业分工体系和产业空间布局，鼓励不同地区发挥各自比较优势，增强不同地区内生动力，维护我国产业安全，推动区域协调发展走深走实。

（三）从宏观层面看，要形成有利于促进优势地区辐射带动的机制，实现"共享发展"

增长极区域在发展过程中会产生溢出效应，能够辐射带动邻近区域发展。随着辐射范围不断扩大，在地理邻近的空间上会逐渐形成以增长极为中心的大中小城市协调发展的城市体系，城市间的资源配置效率得到有效提升，促进区域经济协调发展。因此，从宏观层面看，要通过地区间有效的利益共享机制，不断提升区域合作互动的层次和水平，确保区域发展差距稳定缩小，让所有区域都有机会分享发展的成果，扎实推动共同富裕。

三、完善区域协调发展机制的几点思考

（一）推动创新链产业链供应链跨区域融合，形成新时期区域协调机制的重要目标和手段

1. 推动产业跨地区梯度转移

建立区域重大战略与国家战略腹地协调推进机制，强化京津冀、长三角、粤港澳大湾区等动力源地区与内陆战略腹地发展联动，积极推进部分产能合理有序转移，同时强化重大战略区域产业链关键核心环节及生产能力在战略腹地的布局。在中西部地区和东北地区布局新增一批承

接产业转移的重要载体，全面承接沿海电子信息、能源原材料、装备制造等产业转移，促进东部地区科研成果落地转化。

2. 统筹推动区域战略融合与产业链供应链合作

增强三大动力源地区对中西部地区引领带动作用，不断密切经济联系，活跃国内大循环。推动湖南、江西、广西等中西部省份深度融入粤港澳大湾区建设，比照大湾区菜篮子平台建设，推动电子信息、生物医药、装备制造等重点产业领域建设同类平台，支撑带动不同地区强化资源精准对接。增强京津冀地区对内蒙古、山西、辽宁等中西部和东北省份的带动作用，推动"科技创新 + 产业转化"落地落实。推动长三角地区依托长江经济带促进东中西部梯度协作。进一步发挥长江经济带、黄河流域生态保护和高质量发展两大流域带状区域战略牵引作用，促进沿江沿河流域地区要素高效流动，推动先发地区带动后发地区发展。

（二）推进经济区与行政区适度分离改革，推动跨行政区深度合作

1. 深入推进省际交界地区跨省合作

支持在省际交界城市优先布局建设跨省合作示范园区，引入跨省重大产业项目和平台，率先探索打破省际行政区壁垒的制度创新。赋予园区更加灵活的发展权限，允许跨行政区合作园区自主选择所涉不同行政区域的发展政策，自主选择适用更加有利的政策。

2. 创新跨行政区合作机制

积极开展规划衔接、政策沟通、产业合作、要素流动、共建园区等跨区域合作，围绕就业信息共享、劳务合作交流、创业服务互动、产业精准承接等方面探索多种形式的区域协同发展机制和产业转移引导机制，推动建立跨行政区成本共担和利益共享机制。

（三）用好数字技术，突破时空对区域经济活动边界约束

1. 促进数字技术赋能后发地区发展

发挥专项债、超长期特别国债等政策工具撬动作用，支持中西部和东北地区适度超前数字基础设施建设，推动云计算、大数据、人工智能、物联网、区块链等新一代信息技术发展，促进发达地区、大城市的可数字化服务资源向欠发达地区、边远地区覆盖。

2. 推动数字技术在公共服务供给中广泛应用

通过扩大数字基建缩小城乡之间、区域之间在基础设施通达性和基本公共服务方面的差距，推动教育、医疗、卫生等公共服务优质资源远程共享，促进养老保险、医疗保险等社会保障网络一体化，实现先发地区优质公共服务更好惠及后发地区。

3. 以数字协作促进区域间联动发展

在过去产业转移、功能疏解、对口支援等基础上开拓新型区域经济联系通道，以数字化网络的构建加强区域之间经济联系、市场连通与利益共享。依托"东数西算"工程，在东西部地区之间通过加强数据要素流动带动更深层次跨区产业与服务联动发展。以都市圈、城市群为主要载体，围绕数字产业协作，推进大中小城市之间、城乡之间资源共享与交流合作，增强区域数字产业的集聚力与影响力。

（四）突破要素配置难点痛点，促进地区间实现机会公平和共享发展成果

1. 以跨行政区标准制度对接为重点构建统一大市场

全面实施全国统一的市场准入负面清单制度，消除歧视性、隐蔽性的区域市场准入限制，建立市场准入负面清单动态调整机制和信息公开机制。清理城市间因技术标准不统一形成的各种障碍，在信用、金融、信息、产品质量、公共服务、食品安全等领域加强法律法规和标准规范的衔接。

2. 增强土地管理制度的弹性

支持创新耕地占补平衡制度，探索建立全国性的补充耕地指标跨区域交易机制，解决以深圳为代表的东部发达地区耕地、建设用地指标紧缺的问题，提高中西部地区土地利用率、实现土地价值。支持优势地区优先开展基本农田规划调整试点和耕地占补平衡指标跨省市交易试点。

3. 推动资源要素流动

完善以清洁能源为主的电力外送大通道，加快西气东输、北煤南运等大通道建设。建立健全用水权、排污权、碳排放权、用能权额度初始分配与交易制度，完善自然资源资产有偿使用制度，推动跨区域资源交易。

（五）优化支持重点和路径，推动基础设施建设和公共服务供给差距缩小

1. 细化交通基础设施补短板单元

着眼于更精准尺度的补短板，全面改善生态功能区、革命老区、边境地区等重点区域交通基础设施条件，加大对欠发达地区交通枢纽建设支持力度，打通跨省交界地区断头路。

2. 缩小优质公共服务供给差距

在实现基本公共服务均等化的基础上，进一步加强中央财政对基本公共服务供给的支持力度，提高公共服务可携带性。着力提高优质公共服务供给公平，支持开展集团化办学办医，用好数字技术开展远程教学医疗，加强教师和医护人员异地交流。

（六）提升区域治理能力，增强机制的精准性、科学性、约束性

1. 优化调整政策单元

充分发挥中央区域协调发展领导小组指导及统筹协调作用，系统研究制定标准区域划分体系及识别问题区域的框架路径，明确区域政策调控的主要对象及调控目标。

2. 研究起草促进区域协调发展的法规制度

加快推动促进区域协调发展的相关立法工作，明确区域协调发展的内涵、战略重点和方向，形成一套能保障区域规划与区域政策贯彻执行的完整、健全的法律法规，同时针对不同类型的政策设置标准化、精准化的政策体系。

第二节　推动建立跨行政区合作机制

加快形成跨行政区合作机制是更好推进区域协调发展，实现以强带弱、以点及面的关键所在。如何打破行政藩篱，推动跨行政区合作一直是区域合作的难点。当前，基于城市群、都市圈等形态，不同城市间已经初步形成协同化、同城化、一体化发展体制机制，但依然存在着机制弱、层次浅、保障弱等问题，这就需要进一步解放思想，深入剖析体制机制障碍，通过体制机制创新为区域协同发展提供坚实的制度和政策保障。

一、主要问题

（一）政府合作多、产业协作少

从目前的合作实践来看，跨行政区合作主体多以地方政府为主，合作方式多以行政手段推动为主，合作内容多以跨区域的铁路公路等基础设施项目、生态环境保护治理为主，产业链创新链供应链有效分工协作进展缓慢，企业主体作用发挥不够充分，能够促进人才、技术、管理等生产要素在不同地区间梯次流动的机制缺位。

（二）跨行政区合作成本共担利益分享机制缺位

产业和创新等深层次合作需要形成双方互利共赢的激励机制。目前，大多跨行政区合作在共建园区、飞地经济等模式下，成本分担、利益分享、生产和发展要素跨区域调剂等问题缺少系统谋划。在合理的利益协调与分配机制缺位的情况下，资源溢出地区可能利益受损，缺少合作动力，导致跨行政区共建园区反而成为发展相对滞后的园区。

（三）一体化市场体系建设仍然存在行政壁垒

由于行政壁垒、地方利益、政策环境差异等因素，区域间一体化市场体系建设仍有较多制度性障碍和壁垒。以行政区为基础单元的发展模式仍没有根本改变，市场分割、无序竞争、低水平重复建设、低效率资源利用等问题依然存在，规则、标准、机制等"软联通"衔接程度有待提升。一些地方本地保护主义较为严重，区域市场的歧视性、隐蔽性准入限制仍然存在，在经济下行压力加大的背景下设置行政壁垒留住本地资源的冲动更加强烈，制约了资源要素跨行政区的自由流动和高效配置。

（四）城市群内不同城市能级和发展差距较大影响对等合作

以城市群、都市圈为载体，中心城市如果与周边城市发展水平差距较大，就可能限制城市间合作的可能性。例如，成都平原城市群内部成都的经济、财政实力显著强于其他城市，对资源要素的虹吸作用较为明显。2023 年成都经济总量突破 2.21 万亿元、财政收入 1929.3 亿元；而资阳经济总量仅千亿出头，不足成都的 1/20，财政收入 70.3 亿元，仅为成都的 3.64%。经济发展差距巨大，加之行政级别的不对等，其他城市与成都在话语权、财力支撑、发展水平等方面都有较大落差，城市间难以对等合作。

（五）省际交界地区发展困难较多

省际交界地区多为生态功能区、资源型城市、老工业基地、脱贫地区、革命老区等特殊类型地区叠加地区，山区面积大、经济发展的自然条件较为恶劣，发展不充分的问题较为突出。例如，大别山革命老区是集老区、山区、贫困地区于一身的经济欠发达地区，发展速度缓慢、贫困人口较多、生态保护任务繁重、行政区划分割，三个中心城市六安市、黄冈市、信阳市 2022 年人均 GDP、城镇和农村居民人均可支配收入在 20 个革命老区重点城市中均位于中后位置。从区域经济格局来看，交界地区多远离省域中心城市，普遍地处省域经济边缘，经济发展水平普遍低于全省平均水平。例如，江西上饶地处赣浙闽皖四省交界、抚州位于赣闽交界，2023 年两市人均 GDP 分别为 5.3 万元、5.7 万元，分别低于全省平均水平（7.1 万元）1.8 万元、1.4 万元，排在全省倒数第二位、倒数第三位。由于公共产品的外部效应，导致交界地区存在"各人自扫门前雪"的现象。例如，在交通基础设施建设方面，省际交界地区密度普遍不高、连通性不强，甚至存在严重的"断头路"现象。

二、更好推动跨行政区合作的总体思路

基于目标导向和问题导向，进一步解放思想，以推动资源要素的高效配置、处理好政府和市场的关系为基本原则，加大体制机制创新力度，为更高水平的跨行政区合作提供坚实的制度和政策保障。

（一）探索建立与网络型城市群结构相匹配的治理机制

以更大力度地改革打破要素流动的行政壁垒和区域壁垒，加快构建统一开放、竞争有序、充满活力的区域市场体系，从而更好地发挥市场配置资源的决定性作用、提升区域协调发展水平、激活市场活力。加强通盘谋划和顶层设计，在没有行政隶属关系、涉及多个平行行政主体的框架下，通过体制机制突破，不破行政隶属、打破行政边界，探索行之有效的一体化制度安排，构建更为扁平化的治理格局，实现城市群或都市圈内部各城市间的共商、共建、共管、共享、共赢。

（二）促进各类要素在更大范围自由流动和优化组合

以生产要素的合理配置和自由流动为核心，推动深层次的一体化体制机制创新，为更好地发挥市场主体作用打造优质环境。坚持以企业为主体，以要素合作、产业合作为核心，搭建合作平台，创新合作方式，循序

渐进地扩大合作范围和领域，提升合作层次和水平；政府着力建设法治化、国际化的投资与贸易环境，促进产业有效协作、市场要素高效流动。

（三）推动硬条件完善与软环境对接并举

综合考虑城市间的差异，在基础设施、公共服务、生活环境、城市建设等方面着力缩小地区间差距，更好发挥中心城市的辐射带动效应，同时通过更科学的机制设计推动城市间平等对话。将营商环境、改革开放、城市建设、公共服务、社会治理等关系地区发展的软环境对接作为重点，为企业、人员跨行政区流动创造良好环境。

（四）以合理的激励机制推动城市间分工合作

聚焦规划管理、生态保护、土地管理、要素流动、财税分享、公共服务政策等方面优化创新相关机制设计，抓住成本分担、利益分配、生产和发展要素跨区域调剂等核心问题进行制度创新，推动地区间从浅层次的合作转向深层次的交往交流交融。

三、具体举措

（一）推动构建区域一体化市场体系

1. 构建统一的商事登记制度

统一跨区域迁移的登记注册条件和程序，在企业登记的政策条件、程序方式和服务措施等方面执行统一的标准规范。建立企业自由迁移服务机制和自由选择注册地名称机制。深化"放管服"改革，从都市圈、城市群为切入，推动形成跨区域统一政务审批平台，推动城市群内部异地通办事项清单化、标准化，推动审批事项批跨行政区"无差别化"办理。在共建产业园区内，统筹招商引资政策，制定统一的项目准入标准，建设统一的项目管理平台。推进电子税务局一体化建设，实现办税服务平台数据交互，探索异地办税、区域通办。

2. 构建统一的标准认定体系

统一企业各类资质认定标准，实施统一便利化服务，降低企业跨行政区迁移或开展业务成本。推动名优产品互认。开展军民融合企业互认，支持认定企业开展军民融合项目建设。推动质量技术标准和检测认证信息互通。

3. 构建统一的市场监管体系

推动建设跨行政区守信联合激励和失信联合惩戒机制，形成区域统一的公共信用报告制度，建立信用"红黑名单"共享和互查互认机制。推动信用信息嵌入一体化政务服务平台，实现事前差异化政务服务、事中分类监管、事后联动奖惩。建立产品质量监督抽查协调合作机制，畅通产品质量监督抽查信息交换渠道。

4. 搭建统一的企业交流合作平台

培育和支持行业商（协）会做强做大，推动建立跨行政区旅游联盟、产业技术协同创新战略联盟等产业联盟，支持举办各类行业展会、博览会、节庆赛事、区域发展论坛等跨区域性活动。推动中心城市支持本地企业服务平台向同城化、一体化区域延伸或建立分支机构，开展培训、行业信息互通、举办研讨活动、组织参展和考察学习等活动。

（二）促进要素跨行政区高效流动

1. 推进要素资源跨区域交易

加强各类公共资源交易平台整合，推动城市群都市圈内率先构建统一的土地使用权、排污权、用能权、产权、技术等要素综合交易平台。支持中心城市牵头搭建针对区域合作的信息、咨询、人才、技术、加工、中介、调剂、融资、孵化、指导、结算等公共平台。鼓励市场主体跨行政区自主选择平台进行公共资源交易。

2. 构建一体化人力资源市场

构建区域联合引才机制，推动人力资源市场信息互联互通，打造集政策咨询、职业指导职业介绍、创业服务等功能于一体的区域性就业服务平台，建立跨行政区人才信息联合发布机制。探索建立统一的人才评价体系，推动专业技术人员职业资格、继续教育证书、外国人工作许可证跨区域同行业认证。

3. 构建一体化知识产权保护和运用机制

建设区域统一的技术交易平台和区域科技管理信息数据库，加强跨行政区知识产权保护、专业人才培养合作。建立一体化专利行政执法协作机制、知识产权评估机制和质押融资机制。建立区域技术转移联盟，支持科研院所、科技中介设立异地分支机构，提供专利挖掘、申请维护和管理等服务。

4. 探索跨区域土地管理机制

探索建立耕地占补平衡、城乡建设用地增减挂钩等土地指标协商共享机制，支持耕地占补平衡指标跨区流转。推进存量用地二次开发，实施增量土地差别化出让制度改革。建立完善符合城乡统一建设用地市场要求的建设用地使用权转让、出租、抵押二级市场。建设统一的用地指标市场化调剂和有偿使用平台，鼓励项目建设用地指标跨行政区调剂。建立建设用地收储和出让统一管理机制，探索执行统一绩效标准和资源利用效率标准的土地利用全生命周期管理机制。

（三）推动创新链产业链深度融合

1. 建立跨区域产学研合作机制

发挥不同地区比较优势，增强中心城市带动，推动形成"知识创造＋研发＋中试＋产业化"的全链条转化体系。推动跨行政区共建科技成果转化基金，建设集研发机构、高端人才、创投资本、成果转化为一体的产业技术研究院、联合实验室、工程技术（研究）中心、新型研发机构等机构。支持高水平建设一批跨区域科技企业孵化器、众创空间、高新技术产业化基地等创新成果转化平台和载体。

2. 推动创新资源共享

强化关键共性技术跨区域联合攻关和转化，集中破解创新驱动发展瓶颈制约。推动国家级和省级重点实验室、中试基地、重大科研基础设施等科技创新基础平台开放和共享。探索建立包含研发设计、工艺开发、中试孵化、检测测试、政策咨询、公益培训等多项功能的一站式科技创新服务平台，促进创新资源的高效配置和共享利用。

3. 推动科技政策衔接

强化科技政策一体化发展，推动政府投资项目和政府采购供需对接。加强重大装备首台套、软件首版次、新材料首批次应用等支持政策联动和统一。在科研项目申请、合作办学、职业资格互认、财政科技经费跨行政区使用、研发机构设立等方面，加强规则制度衔接。

（四）构建一体化的社会治理体系

1. 探索公共服务供给新机制

进一步推动户籍与基本公共服务"脱钩"，并建立相应的财政支出统筹分担机制，推动部分基本公共服务财政支出跨区域结转。以社会保障卡为载体建立居民服务"一卡通"，逐步扩大"一卡通"使用范围。稳妥做好基本养老保险、医疗保险、失业保险关系的跨区域转移接续，完善异地联动监管机制。鼓励优秀品牌养老服务机构在不同城市布局设点或托管经营，推动跨行政区养老服务补贴异地结算。

2. 推进区域教育资源均衡配置

鼓励中心城市优质基础教育及高中阶段教育学校跨市域建立分校或兼并托管薄弱学校。支持通过远程共享、集团联盟等方式推进优质基础教育资源共建共享。推动培训资源共享，支持教师继续教育学分跨区域互认。完善职业教育联盟跨区域合作发展机制。推进重点大学分校建设，促进多种形式的教育合作，提高教育发展质量和共享水平。

3. 构建医疗卫生资源共享体系

推动医疗保障跨行政区统筹和无障碍转移接续，完善医保异地结算机制，完善异地就医急诊、门诊医疗费用直接结算。建立医保监管联动制度，推动违规查处结果互认。完善二级以上医疗机构医学检验结果互认和双向转诊合作机制。推动组建跨区域医疗联合体，建立卫生应急协作机制，推动健康大数据信息互通、资源共享。支持医师开展多点执业。

（五）健全成本利益协调机制

1. 探索建立一体化发展基金

探索中心城市牵头搭建资本平台，充分吸纳央企、社会机构、地方政府等参与，推动不同主体共同出资设立一体化发展基金，鼓励社会资本参与基金设立和运营。基金可采取"1＋N"模式，即1只母基金、N只区域子基金，运用市场化手段投资和支持跨区域重大基础设施互联互通、生态环境联防共治、重大产业合作项目、创新体系共建、公共服务和信息共享、园区合作等。

2. 创新园区合作机制

支持开展飞地经济、园区托管等跨行政区园区合作模式，按照"成本共担、利益共享、互利共赢"的原则，制定 GDP 在地统算、资金投入、土地能耗等要素保障和税收分享征管协调准则。支持合作园区按照存量收益由原行政辖区各自分享、增量收益按照一定比例分成的原则，探索跨行政区利益分享机制。支持合作主体共同遴选具有丰富开发经验的市场化主体，共同出资成立开发公司，作为重点合作园区的建设主体，负责基础性开发、重大设施建设和功能塑造等。

第三节　加快优化区际利益补偿机制

按照发挥各地区比较优势的要求，不同类型地区根据禀赋的不同，承担不同的功能定位，生态功能区、农产品主产区、能源资源地区、边境地区承担了维护国家生态、粮食、能源、边境安全的重要功能。长期以来，农产品主产区、重点生态功能区、能源资源富集地区和边境地区由于所承担的战略功能，在经济发展过程中所受限制较多，一些地区甚至是限制或禁止开发地区。由此，导致这些地区在生产了大量具有正外部性公共产品的同时，却成为相对落后地区，特别是部分地区人民生活水平明显落后，造成了区际利益的冲突，影响了这些地区承担战略功能的积极性。为此，应加快构建系统完善的区域利益补偿机制，促进经济优势地区与承担战略功能地区共担成本、共享发展成果，在全国"一盘棋"布局下引导不同区域因地制宜走高质量发展的道路。

一、以"权责统一"为原则，健全生态保护补偿机制

根据《生态保护补偿条例》规定："生态保护补偿，是指通过财政纵向补偿、地区间横向补偿、市场机制补偿等机制，对按照规定或者约定开展生态保护的单位和个人予以补偿的激励性制度安排。生态保护补偿可以采取资金补偿、对口协作、产业转移、人才培训、共建园区、购买生态产品和服务等多种补偿方式。"近年来，我国生态补偿探索不断深化，制度体系逐步完善，特别是新安江等流域横向补偿试点为完善生态补偿体系积累了宝贵的经验。但总体来看，跨行政区的横向生态补偿机制依然没有建立，生态补偿形式单一，生态功能区保护与发展的矛盾依然突出。

（一）提高对重点生态功能区纵向补偿力度

强化中央财政对重点生态功能区转移支付的主导责任，推动单项生态补偿向生态综合补偿转变，建立规范的补偿资金统筹整合机制。对生态保护任务完成较好、生态产品质量提升的地区加大补偿力度，形成让

"优者更优、劣者变优"的有效激励机制。

（二）以流域治理为纽带突破横向补偿区域行政壁垒

复制推广新安江流域生态补偿经验，打破行政壁垒，将跨省横向生态补偿拓展覆盖到更大区域范围。发挥长江经济带发展、黄河流域生态保护和高质量发展等重大战略实施引领作用，由点及面，深入推进跨省份横向生态保护补偿，鼓励地方政府间通过对口协作、产业转移、人才培训、共建园区等多种方式进行补偿。

（三）完善生态产品价值转化机制

生态产品价值转化机制是将政府作用与市场机制有机结合的有效生态补偿形式，以建立生态产品价值转化机制为抓手提高生态补偿的效率和效能，对于提高生态地区守好生态安全的积极性具有重要意义。加快自然资源资产产权制度体系、生态产品价值评价体系等基础性制度建设，完善不同类型生态系统服务价值的核算方法和核算技术规范。鼓励引导生态地区充分利用优质生态产品优势，大力发展环境适应性产业，适度发展数字经济、清洁能源、环保服务等环境敏感型产业，促进产业与生态"共生"发展。

（四）构建市场化多元化生态补偿机制

发挥市场主体作用，促进环境污染第三方治理、合同能源管理、合同节水管理、资源循环利用服务业、环境综合治理服务托管等环保服务业发展，深入推进排污权交易、碳排放权交易、用能权交易、水权交易等市场化交易机制实施。支持发展绿色金融，鼓励有条件的机构发行绿色债券，推动保险机构创新绿色保险产品，积极探索生态产品资产证券化路径和模式。

专栏 6 -1

我国现有生态补偿机制探索

我国自 1999 年实施退耕还林工程以来，生态补偿已经开展 20 多年，补偿的领域已经从森林逐步扩展到流域生态补偿、草原生态补偿、湿地生态补偿、海洋生态补偿、农业耕地生态补偿等。与此同时，生态补偿也从生态系统要素补偿扩展到区域补偿，如我国实施的重点生态功能区转移支付生态补偿，2019 年的补偿资金已经达到 811 亿元。我国目前每年生态补偿资金投入总量在 1800 亿元左右。

2018 年底，国家发展改革委等九部委发布《建立市场化、多元化生态保护补偿机制行动计划》，提出要健全资源开发补偿、污染物减排补偿、水资源节约补偿、碳排放权抵消补偿制度，合理界定和配置生态环境权利，健全交易平台，引导生态受益者对生态保护者的补偿。积极稳妥发展生态产业，建立健全绿色标识、绿色采购、绿色金融、绿色利益分享机制，引导社会投资者对生态保护者的补偿。

2020 年 11 月，国家发展改革委研究起草了《生态保护补偿条例（公开征求意见稿)》。《生态保护补偿条例》自 2024 年 6 月 1 日起施行。

资料来源：作者根据相关资料整理。

二、以提高产粮意愿和能力为目标，健全农产品主产区利益补偿机制

长期以来，由于粮食生产成本与粮食价格背离，粮食生产效益低，产粮大县呈现"经济弱县、财政穷县"的现象，粮食主产区利益受损严重，粮食主产区与主销区之间在区域功能定位、经济增长速度以及农民人均收入等方面存在很大差异，致使部分产粮大县积极性不高。为扭转这种局面，需要充分加快完善粮食主产区利益补偿机制，调动粮食主

产区地方政府抓粮和农民种粮的积极性，确保国家粮食安全。

（一）加大粮食主产区发展支持力度

健全产粮大县奖补政策，进一步提高中央财政转移支付直接用于粮食主产区域利益补偿的比例。提高对产粮大县的一般性转移支付比例，确保中央财政对粮食主产区域的转移支付直接拨付到县。综合采取财政周转金、贷款贴息、信用担保等形式，对粮食主产区域促进粮食生产的项目和生产经营活动予以支持。压实主销区和产销平衡区稳定粮食生产责任，确保国家粮食安全。促进主产区提高粮食综合生产能力，国家应支持大型农产品精深加工项目优先向粮食主产区布局，通过政策扶持，促进一批市场前景好、科技含量高、产业链条长、带动能力强、节能环保的农产品精深加工项目落户粮食主产区，充分调动主产区地方政府抓粮食生产和农民种粮的积极性。

（二）建立国家、主销区为资金来源主体的补偿基金

建立粮食主产区补偿基金，基金主要由国家财政和主销区上缴的粮食生产补偿资金两部分组成，即将中央与主产区间纵向财政转移支付与主产区与主销区间的财政横向转移支付结合起来。探索建立以粮食净输入量为依据的商品粮调销补偿基金运行模式，可考虑由粮食调入的主销区地方财政按每千克粮价的一定比例提取基金，并将其转移支付给相应的主产区地方政府，用于改善主产区农田基础设施建设及提高农户种粮补贴，以调动地方政府和农户种粮的积极性。

（三）加强粮食主销区与主产区协作

鼓励引导粮食主销区通过在主产区建设加工园区、建立优质商品粮基地、建立产销区储备合作机制，并以提供资金、人才、技术服务支持等方式开展产销协作。引导销区地方政府在确保区域内短期粮食安全的前提下，尽可能与产区企业开展异地粮食储备合作。支持主销区资本、

技术、企业等主体到主产区投资建设粮源基地、粮食加工转化和仓储物流设施，对到主产区建设粮食生产收购基地的企业，提供农业产业化优惠政策。鼓励主产区粮食企业在主销区粮食市场经销粮食，建立集储、加、销为一体的粮食经营企业。

三、以推动资源开发成本内部化为关键，完善资源输出地区利益补偿机制

我国资源市场化改革相对滞后，价格偏低，资源输出地区难以通过价格（市场）渠道，补偿其在与输入地区经济往来过程中的损失。未来，需要加快完善资源输出地区利益补偿机制，着力提高资源输出地区可持续发展能力。

（一）加快完善有利于资源集约节约利用和可持续发展的资源价格形成机制

充分考虑资源产品环境成本等外部性成本，以市场供求关系为基础，完善资源产品定价机制，尽快推出资源税整改措施，促进价格对资源供需调节与资源开发的综合性成本相匹配，以从量定额、从价定率的角度实现从价计税，从根本上提高自然资源负税能力。

（二）建立资源开发补偿机制

合理有序开发矿山资源，有效保护矿山的生态环境，科学建立资源开发补偿机制。完善矿业权交易制度，规范发展探矿权、采矿权交易市场，促进资源产权有序流转和公开、公平、公正交易。完善矿山环境恢复治理保证金制度，建立可持续发展准备金，支持发展接续产业。以央企作为开采主体的矿产资源，要妥善处理央地关系，探索对地方由于矿产资源开采而带来的生态环境修复和保护成本、社会性成本开展合理补偿。

（三）明确资源型地区转型成本分担机制

资源型地区转型过程中会付出诸多成本，这些成本或是显性或是隐性，大致涵盖了产业及相关结构转换成本、生态环境修复和保护成本、转型过程引起的社会性成本等。根据输出总量和消费价值，推进资源输出地与资源消费地之间共同建立生态修复和环境治理保障基金、能源消费补偿基金。独立工矿区、采煤沉陷区的转型发展任务艰巨，应集中力量、突出重点，以改善矿区发展条件、保障群众基本生活为核心，着力突破制约转型发展的瓶颈。建立健全国家、企业和个人共同支持的资源型地区的社会保障机制，对资源型地区各类生活困难人员实施分类施助。

（四）建立支持资源型地区转型发展长效机制

鼓励资源输入地支持输出地，通过共建园区等方式发展接续替代产业，促进承接产业转移和产业合作。支持输出地与输入地中心城市加强产业配套、科技研发和成果转化、能源保障等领域合作，形成错位发展、分工协作的格局。研究建立资源型地区转型发展金融合作机制，积极探索通过输出地与输入地金融合作助推转型的新模式、新路径。支持输出地企业深度融入"一带一路"建设，支持开展国际产能合作，推动优势产业产品、技术、标准等"捆绑式""走出去"。支持毗邻的老工业城市和资源型城市在相对集中的成片区域内试点加强第二、第三产业融合合作与协同发展，促进要素流动和资源整合，强化产业链上下游的衔接配套，推进共同转型。

四、以兴边富民为主线，健全边境地区利益补偿机制

边境地区大多处于高原、高寒、高山、荒漠环境，生存条件恶劣，经济发展明显滞后，巩固脱贫攻坚成果和稳定致富任务艰巨，人口、人才流失严重，降低了居民的幸福感和获得感。这就需要把兴边富民作为

维护边境地区稳定的战略举措，保障边境地区经济社会的整体实力至少保持与全国同步的发展水平，激发和调动群众守边护边的积极性。

（一）以中央及省级财政为主体提高边境地区基础设施和公共服务补助水平

中央及省级财政应加大对改善边境地区基础设施和公共服务水平转移支付的支持力度，下大力气解决事关群众切身利益的民生问题。完善边民动态补助机制，降低创业就业门，实施护边员制度，鼓励边民抵边居住。逐步提高边民医保补助标准，推进远程医疗项目建设。提高驻边教师补助标准，有计划地选派教师驻边支教。合理确定最低生活保障标准，保障边民基本生活，建立多元化补偿机制。提高禁牧补偿标准，为边境地区生态保护修复提供更多资金支持。

（二）以差别化产业政策优化产业发展环境

在政策、资金、技术和基础设施上给予适当的倾斜和支持，鼓励北方边境地区、西南边境地区等开放开发条件相对较优地区用好"一带一路"建设机遇、强化产业支撑。扩大差别化税收优惠政策覆盖范围，选择有条件地区复制推广霍尔果斯注册企业所得税优惠政策。允许少数民族发展基金用于兴边富民，引导各类金融机构实施差别化信贷支持政策，鼓励边境地区在政策许可、风险可控的前提下多渠道融资，重点投向基础设施建设、民生改善和特色优势产业发展。

（三）提升边境地区改革创新权限

针对边境地区资源、生态特征，安排一批改革举措在边境地区先行先试，最大限度地释放边境地区要素活力。例如，在耕地、草牧场"三权分置"基础上，探索通过经营权流转发展现代化农牧场，推动农牧业集中集聚集约发展；优先探索生态产品价值转换机制；推动煤炭、石油、电力、特种矿产等资源能源市场化改革，促进风电、光伏发电等清洁能源产业发展。

（四）加快推动边境地区制度型开放

科学确定各对外口岸的功能定位，加快满洲里、二连浩特等国家重点开发开放试验区建设，用足用好边民互市贸易政策，拓展与优势地区的合作，推动边境地区全方位开放。充分发挥边境地区口岸优势，推动跨境电商发展，打造一批"边境仓"，推动新业态、新模式与边境贸易融合。支持边境口岸创新口岸监管模式，优化查验机制，推进沿边口岸国际贸易"单一窗口"建设，提升边贸便利化水平。

第四节　增强省域区域发展的协调性
——以广东、江苏、山东、浙江、福建五省为例

近年来，省域内部发展不平衡问题日益凸显，成为区域发展不协调的新特征。广东、江苏、山东、浙江、福建是我国东部 5 个最重要的经济大省，2023 年经济总量占东部地区的 75.6%、占全国的 39.1%。当前，这 5 个省份已经进入加快推动高质量发展、实现共同富裕的阶段，需要更加关注省域内部发展不平衡的问题，从而在推进中国式现代化建设中走在前列。解决经济大省发展不平衡的问题，要分清客观主观原因，立足各地发展实际，因地制宜、分类指导，将有效市场与有为政府紧密结合起来，处理好公平与效率的关系，在发展中解决不平衡问题，以更加协调的区域格局实现更高质量的发展。

一、五省区域发展不协调的空间格局

五省区域发展不协调总体呈现沿海与内陆、少数中心城市与其他地

区之间的差距。其中，广东省内分化最为显著。

（一）广东：珠三角地区和粤东西北地区

广东区域发展不协调主要表现为珠三角地区和粤东西北之间的分化，且差距较为显著并有再次拉大趋势。2003 年以来珠三角地区 GDP 占全省比重稳定在 79% 左右，党的十八大以来珠三角地区经济集聚态势有所增强，GDP 占比从 2013 年的 79.6% 提高至 2023 年的 81.2%。也就意味着，粤东西北地区占比下降了 1.6 个百分点，与珠三角地区的绝对差距与相对差距都在拉大。

特别是粤北地区下滑突出，2022 年，粤北地区 GDP、固定资产投资、社会消费品零售总额、进出口等全省占比分别为 5.7%、5.5%、5.6%、0.4%，分别较 2013 年下降 0.3 个、5.1 个、2.2 个、0.8 个百分点。

（二）江苏：苏南和苏中苏北

江苏区域发展不协调主要体现在苏南和苏中苏北之间的分化，南北差距有所缩小但苏北仍是共同富裕的短板。2023 年苏南、苏中、苏北地区 GDP 占全省比重分别为 56.9%、20.3%、23.5%；分别较 2012 年下降 3 个百分点、提高 2.7 个百分点、提高 1 个百分点。2012～2017 年，苏南 GDP 年均增速明显慢于苏中和苏北地区。2018 年以来，苏南 GDP 增速快于苏北地区慢于苏中地区。2023 年，苏北地区发展明显滞后的格局仍然没有根本改变，苏北地区居民人均可支配收入除盐城外均低于全国平均水平，城镇化率低于全省平均水平 8.9 个百分点，全省有 1 个设区市、12 个县（市）人均地区生产总值低于全国平均水平，全部在苏北。

（三）山东：胶东、省会、鲁南三大经济圈

山东区域发展不协调主要体现在胶东、省会、鲁南三大经济圈之间

的分化，经济重心整体东移且中心城市集聚态势明显。胶东经济圈 GDP 占全省的比重于 2015 年超过省会都市圈，2023 年达到 42.8%，较 2012 年提高 2.9 个百分点；2023 年胶东经济圈人均 GDP 分别是省会、鲁南经济圈的 1.3 倍、2.1 倍。2012～2023 年，济南、青岛两大中心城市 GDP 占全省比重从 23.8% 提高到 31.0%，提高了 7.2 个百分点。

（四）浙江：浙东北和浙西南

浙江区域发展不协调主要体现为浙东北和浙西南的分化，省内发展协调程度较高但板块差距、山海差距依然较大。近年来，通过深入推动山海协作、实施"八八战略"、建设共同富裕示范区，浙西南等相对欠发达地区经济社会加快发展。但 2016 年以来，浙东北与浙西南发展相对差距仍有重新拉大的态势，2022 年人均 GDP 倍差为 1.75，为 2000 年以来的最高值；山区 26 县追赶全省任重道远，2022 年人均 GDP 仅约为全省的 62%。

（五）福建：福州、厦门、泉州 3 个中心城市与其他地区

福建区域发展不协调主要体现为福州、厦门、泉州 3 个中心城市与其他地区的分化，且中心城市经济和人口集聚效应持续提高。2023 年，福州、厦门、泉州 3 市 GDP 占全省比重为 61.1%，较 2012 年提高 1.3 个百分点；2022 年厦门、福州、泉州人均 GDP 分别高于全省 2.1 万元、1.9 万元、1 万元，其他城市均低于全省平均水平。

二、省内区域发展不平衡形成的主要成因

造成经济大省区域发展不平衡有多重因素，其中自然条件及区位差异导致最初的经济分化，而随着经济的发展，制度性因素越来越突出，当前推动省域内协调发展的举措多是"治标"，长远性、结构性的制度性设计缺位，难以从根本上解决差距过大的问题。

（一）自然禀赋的异质性是发展差距产生的自然基础，但由此带来开放程度差异是差距扩大的重要因素

1. 自然禀赋的异质性造成了发展的初始条件差异

不同地区地理、气候条件的差异具有客观性、稳定性、长期性，所产生的区域发展差距可以一定程度上改造和缩小，但难以根本性改变和消除。五省省域内不平衡主要是平原与山区、沿海与内陆的差异，浙闽山区、粤东西北、鲁西南、苏北等分布有大量山地、丘陵，如福建三明山地面积占比达到82%、龙岩超过94%，这些地区资源环境承载能力弱、土地资源紧张、信息相对闭塞、城市扩展空间不足。

2. 区位进一步形成改革开放时序和程度差异是差距拉大的重要原因

沿海地区改革开放程度高，最早获得制度改革的红利，形成了高度外向型经济，并培育了较为成熟的市场环境，为后续加速发展创造了坚实基础。珠三角地区、福州、厦门、胶东、扬子江城市群、杭州、宁波都是我国改革开放的前沿，开放性政策和措施安排促使生产要素向沿海集聚，市场化程度相对较高，形成了经济发展的良性循环，拉开了与内陆地区的发展差距。2023年福厦泉3市利用外资规模占全省比重达到86.1%。胶东经济圈2022年实际利用外资分别是省会、鲁南的1.6倍、2.9倍。

（二）公共服务质量和基础设施通达性仍有差距，影响了不同地区的发展机会公平

1. 优质公共服务资源依然差距较大

优质资源配套的差异成为不同地区吸引人才、企业的重要因素。尽管基本公共服务均等化推进成效显著，但优质公共服务资源分布仍然有较大的地区差异。教育、医疗、养老资源共建共享不足，优秀教师、医生等关键人才难以实现有效流动。例如，广东超过40%的三甲医院、一半的大学均在广州。

2. 交通基础设施通达程度差异对地区分化产生了较大影响

公路与铁路的路网建设，带来交通方式和运输通道的变化，对地区分化起到了重要作用，这种基础差距对地区经济长远的发展造成了深远的影响。五省交通基础设施的分化仍然较为明显，是省内区域协调发展的短板，造成了各地区发展机会的不公平，阻碍了人才、企业的流动。浙东北、苏南与上海高铁、城际、高速等交通极为便捷，这为其融入上海大都市圈提供了先天优势；宁波、舟山、青岛、深圳港群经济优势明显，结合铁路、高速公路干线和航空线组成了立体的海陆空运输交通网络。而2019年底苏北才接入高铁路网；2021年东营、聊城、菏泽铁路网密度低于3公里/百平方公里，不到青岛、济南的一半。

（三）部分省域或区域中心城市能级较低，城镇体系格局有待优化

1. 福建、山东省域中心城市处于虹吸阶段

福州、泉州、厦门三市之间还处于资源竞争的阶段，中心城市能级低、龙头主导作用不明显，对周边城市产生了明显的虹吸作用。例如，莆田、漳州在福州、厦门、泉州三个福建中心城市之间，虽然同为沿海城市且拥有宝贵的平原地形，却成为夹在高地中的"洼地"，成为2023年全省人均GDP最低的两座城市；青岛、济南两座中心城市自身人口和经济集中度较高，但对其他城市带动作用较弱，2023年青岛GDP是胶东经济圈内排名第2的烟台的1.6倍，是排名末位的日照的6.6倍，济南是省会经济圈内排名第2淄博的2.8倍、是排名末位聊城的4.4倍。

2. 相对落后地区区域性中心城市辐射带动能力不足

区域性中心城市辐射带动能力弱及都市圈发育不足，是省域发展不平衡的重要因素。相对落后地区缺少成熟的中心城市带动，即使在规划中谋划了都市圈建设，也难以形成区域发展合力。2023年，珠海、湛江、汕头3个省域副中心城市经济总量仅为深圳的12.2%、11.0%、9.1%。鲁南经济圈临沂、济宁、菏泽2023年的GDP均在4000亿~6000亿元之间，人均GDP分别为5.55万元/人、6.65万元/人、5.14

万元/人，均远低于全省平均水平（9.06 万元/人）；同为典型的资源型城市，处于同质竞争阶段。苏北中心城市徐州 2023 年 GDP 排在全省第 6 位，人均 GDP 仅排在全省倒数第 3 位。

3. 县域单元发展差异较大

从省域内来看，县（区）域经济不平衡是造成区域发展不平衡的底部原因，五省百强县基本分布于沿海地区，2022 年山东县（区）域地区生产总值前 20 名中胶东、省会、鲁南经济圈分别为 12 个、6 个、2 个；后 20 名中胶东、省会、鲁南经济圈分别为 1 个、11 个、8 个，主要分布在鲁西、鲁南省际交界地区。从不同省份来看，浙江、江苏相对均衡的发展格局与其大中小城市协调发展的城镇体系格局有密切关系，反观广东县域发展薄弱，2022 年 57 个县（或县级市）面积占全省的 71.7%，常住人口仅占 28%，GDP 占 12.4%，难以形成梯次分工合作的经济布局。

（四）后发地区内生发展动力不足，或导致"马太效应"进一步增强

1. 产业升级与创新能力差距有进一步拉大趋势

先发地区普遍已经进入工业化后期，伴随着新一轮产业和科技革命的兴起，创新资源、数字经济、高技术产业、现代服务业成为主要动力，部分欠发达地区由于难以吸引技术、人才、资金等要素，产业转型升级面临瓶颈，地区间差距进一步扩大。2022 年，浙东北研发经费投入强度为 3.3%，浙西南仅为 2.5%；2023 年，粤东西北一产占比仍高达 14.2%，2022 年珠三角研发经费占全省比重达到 95.7%。一些后发城市抓住新经济机遇，加快转型升级，正在加速弯道超车，福建宁德用 10 年时间发展形成锂电新能源、新能源汽车、不锈钢新材料、铜材料四个主导产业集群，2023 年实现产值 5806 亿元，GDP 增速连续 5 年居全省首位，依靠产业突破实现了从"老、少、边、岛、贫"地区到全省高质量发展新增长极的蜕变。

2. 营商环境等软配套薄弱

相对落后地区与先发地区的差距不仅仅是硬条件的差距，更多体现在软环境的落后上。当前地区间协作多以行政手段为主，市场主体积极性不足，先进理念、先进经验等深层次输出不足，营商环境、要素配套等深层次因素影响后发地区要素集聚能力，对重大产业平台项目承载和吸引力不足，导致产业跨省跨国转移。《2022 年广东省营商环境评价报告》显示，粤东西北只有汕头、清远、湛江三市属于第二档次，其他地市属于第三档次，各项指标得分均低于珠三角地市。同时，由于经济上的落后，在各类改革试点、平台建设上难以获得先行先试机会，造成软环境差距的进一步拉大。

（五）不同类型地区间区际补偿机制不健全，落后地区比较优势难以有效发挥

相对落后地区大多与生态地区、革命老区、资源型城市等特殊类型地区、功能性地区重合。浙闽山区是全省的生态功能区，粤东、粤北、闽西是重点老区苏区的所在地，鲁西南、苏北都是资源型城市和产粮大县聚集区。由于对重点功能型地区的补偿机制缺位，这些地区的比较优势难以有效发挥，经济价值转换渠道不畅，部分地区人民生活水平欠账较多，造成了区际发展的不公平和不协调。

三、推动五省省域区域协调发展的政策建议

应立足不同地区比较优势，以切实改善民生、推动共同富裕为根本出发点和落脚点，以畅通要素区域间流动、提高发展效率和效益为主要动力，以公共服务均等化、基础设施通达均衡为基本手段，以完善区域利益关系、优化区域调控机制为重要保障，更加注重构建相对落后地区内生发展动力的长效机制，在高质量发展中解决不协调问题。

（一）持之以恒推进基础设施通达均衡和公共服务均等化

1. 增强互联互通程度，补齐交通传统基础设施短板

进一步补齐山区、海岛、革命老区、民族地区等欠发达地区交通基础设施短板，加密长江、珠江过江通道，推进省域内高铁网、轨道交通网、大城市地铁网三网融合，持续推进综合立体交通走廊建设。

2. 优化新型基础设施布局，弥补传统基础设施均衡性短板

抓住新型基础设施再布局的关键时期，着力打造更加均衡新基建网络，加快工业互联网、5G 融合基础设施全面有效覆盖，推动先发地区与相对落后地区共建"5G＋工业园"示范园区，推进多式联运枢纽场站、冷链基础设施、新能源充电桩及配套电网、加（制）氢站布局及建设。

3. 从基本公共服务均等化转向缩小优质公共服务供给差距

提高公共服务省级统筹力度，推动省域内跨行政区公共服务互认制度。在实现基本公共服务均等化的基础上，着力提高优质公共服务供给水平。推进就业、教育、医疗卫生和文体资源共享，支持开展集团化办学办医、远程教学医疗，加强教师和医护人员异地交流。

（二）强化功能区导向优化省域经济地理布局

按照"宜水则水、宜山则山、宜粮则粮、宜农则农、宜工则工、宜商则商"的区域分工合作思路，不断优化空间发展格局，打破传统地理分界、梯度发展定式和行政壁垒制约，以功能区为突破口，畅通各类要素合理流动和高效集聚，形成一条因地制宜、优势互补、协调联动的差异化区域高质量发展路子。

1. 优化城市化地区区域中心城市布局

深圳、广州、南京、杭州、苏锡常都市圈相对成熟，要着重增强都市圈内部协作，加大对周边地区辐射带动作用。青岛、济南、福州、厦门等要首先增强自身发展能级，更加注重与周边城市合作，形成合力。

浙西南、苏北、鲁西南、福建山区着力培育区域中心城市，加强与先发地区中心城市间互动，加快形成区域增长极。

2. 畅通"核带区"动力传导机制

按照"圈""链"思维，以优化关键产业链布局为抓手促进区域协调发展，尽快在土地跨域整合、投资项目审批、公共服务一体化等方面形成突破，形成以中心城市引领都市圈发展、都市圈带动协同区发展的空间动力机制。

3. 健全区际利益补偿机制

加大重点生态功能区、重要水系源头地区、自然保护地省级财政转移支付力度，完善生态保护成效与相关转移支付资金分配挂钩机制。完善多元化横向生态补偿机制，更大力度开展生态产品价值实现机制试点。落实产粮大县奖励办法，实施产粮大县粮食风险基金动态补助，完善粮食主产区利益补偿机制。围绕煤炭、水能、风能以及其他矿产等重要资源，建立健全有利于资源集约节约利用和可持续发展的资源价格形成机制，健全资源输入输出地间利益补偿。在高质量发展考核中，对不同类型地区实行差异化考核机制，引导各地特色发展、错位发展。

（三）做好增强欠发达地区内生发展动力文章

1. 全面推动产业链供应链协作

推广山海协作经验，理顺县级帮扶关系，将先发地区"腾笼换鸟"与后发地区"筑巢引凤"有机结合，共同绘制产业图谱，推动联合招商、共建招商中心，形成"研发＋制造"、产业整体转移集聚、产业链双向延伸、"总部＋功能性机构"等各具特色的产业合作方式。推动"双向飞地"建设，欠发达地区到发达地区设立"人才飞地"和"离岸人才中心"，发达地区到欠发达地区设立生产制造飞地。

2. 推动营商环境一体化

优化各类改革试点示范布局，支持后发地区更大力度推动改革开放，确保后发地区公平享受改革红利。加大对后发地区"数字政府"

建设支持力度，提高政府行政效能和服务意识，增强吸引资金、技术、人才的能力，从根本上转变发展路径。

3. 增强资金等要素保障

推广广东广河高速试点经验，支持后发地区积极申报开展不动产投资信托基金（REITs）试点，特别是对有利于保障和改善民生、推动区域协调发展、推进县城补短板强弱项、增强创新能力等的基础设施项目，在项目入库、试点申报等方面优先给予支持。用好用足政策性开发性金融工具，研究制定后发地区的公益性、准公益性基础设施建设免除市县出资责任的目录清单，对欠发达地区的市场化经营性基础设施项目，适当增加省级补助。

（四）精准施策增强县域和乡村底部支撑

1. 推动县域经济高质量发展

县域和乡村是支撑区域协调发展的底部支撑单元，要进一步缩小政策单元，推动底部单元缩差。大力培育新生中小城市，支持有条件的县走"专精特新"发展之路，建立省级层面县域特色优势产业发展目录，开展重点县结对帮扶合作。选取经济发展能力较好的县，或处于省域边界、市域辐射带动作用不明显的县，深入推进扩权强县改革。

2. 推动农业生产、农村建设、乡村生活生态良性循环

有力有序有效推广浙江"千万工程"经验，发挥好县域纽带作用，加快城乡融合发展，推动农村一二三产业融合发展。鼓励基层创新，充分发挥各地积极性主动性创造性，健全乡村治理机制。创新省内跨市耕地占补平衡方式，促进耕地占补指标异地有偿调剂，指标调剂收益主要用于耕地保护、农业农村发展。

（五）推进经济区与行政区适度分离改革，推动跨行政区深度合作

1. 优化产业资源布局

将跨行政区合作园区作为省内产业转移的试点，优先将适合的国家和省级、重点企业和项目优先布局于合作园区。深入推进省际交界地区跨省合作，支持在省际交界城市优先布局建设跨省合作示范园区，引入跨省重大产业项目和平台，率先探索打破省际行政区壁垒的制度创新。赋予合作园区更多自主发展权限，在行政审批权下放、适用政策选择、管理机制上推动更多机制创新。

2. 完善收益分配制度

为避免不同行政区域过早陷入利益分配博弈的僵局，允许暂时实施利益留成机制，对一定年限内的发展收益免除上缴税收，在合作区域发展逐渐稳定后，以双赢为导向优化 GDP、企业数量、工业、投资等统计制度，稳定税收分成制度。增加有关地方是否实质性参与并推动区域合作的指标数量和考核权重，将跨市、跨省合作园区和合作重点项目指标纳入两市、两省共同考核指标。

（六）强化省级统筹力度完善区域协调发展保障体系

坚持全省"一盘棋"思想，强化战略思维、系统思维，统筹谋划区域协调发展的战略体系，确保一张蓝图绘到底。推动建立省级区域协调发展协调小组，协调解决区域协调发展中的重大问题。国家与省、省与市两个层面分别共建区域协调发展专项，国家级专项支持跨省域重大合作项目，省级专项支持跨市域重大合作项目。设立国家及省级跨区域重大项目库，对符合条件的项目在要素、资金等方面重点支持。推动人才交流交往，对到相对落后地区工作的干部、教师等给予提拔晋升更大优先权限。

第五节　推动构建区域协调发展保障体系的德国实践及其对我国的启示

一直以来，德国联邦政府始终将推动区域协调发展作为区域工作的重点。近年来，伴随着国内区域经济发展态势的不断变化，联邦政府进一步调整了区域政策体系，以求精准施策。建议学习借鉴德国开展区域经济工作的相关经验和做法，结合我国国情，在施策主体、施策工具、施策手段、施策保障等方面进一步优化我国区域政策体系。

一、德国开展区域经济工作的主要做法

（一）针对经济结构薄弱地区实施支持政策

德国联邦政府明确实施区域政策的目标是在整个德国创造平等的生活条件，为在德国任何地方的企业和个人发展提供平等的环境和发展机会。在施策过程中，聚焦于加强对经济结构薄弱地区的支持，提升这些地区与全国其他地区同步发展的能力。2020 年 1 月 1 日，全德支持体系启动。联邦政府重新统筹各项区域资金，将 7 个部门的 22 个联邦资助计划集聚到统一的资金池管理框架体系内，面向全德所有结构薄弱地区进行资金援助。此前，类似资金援助仅限于对德国东部的资助计划。

（二）推动实施"改善区域经济结构（GRW）"项目

德国联邦政府实施国家区域政策的核心工具是"改善区域经济结构（GRW）"项目。该项目启动于 1969 年，由联邦政府与州政府共同制定规则、联合实施。GRW 项目提供了广泛的融资工具目录，为不同类型地区融资提供选择。2016～2020 年，GRW 项目批准了约 33 亿欧元的商业投资补贴和商业基础设施投资项目，分别带动了近 200 亿欧元和 39 亿欧元的社会总投资。

GRW 项目给予不同地区的援助力度取决于全德区域发展地图的评估。地图大致以市镇一级为单位（德国行政区划大致分为联邦政府、州、市镇三级政府），同时辅助以劳动力市场区域分析，基于区

域生产力、就业率、收入、人口结构、基础设施等指标，评估了各地区的结构性弱点，将全德划分了八档援助类型。同时，按照一定的周期，对评估结果进行更新，确保及时根据不同地区发展变化调整相应援助措施。

（三）大力度支持煤炭地区结构调整

近年来，德国联邦政府明确要逐步淘汰使用褐煤的碳排放密集型发电，给煤炭地区带来了重大的转型挑战。考虑到淘汰煤电对全国经济结构调整具有重要意义，联邦政府认为必须统筹全国资金，以确保煤炭地区的就业、收入和繁荣。联邦政府在推动煤电厂退役的同时，实施了较大力度结构性援助。此前，这些地区已经得到了多项支持。如创新计划和欧洲结构基金、GRW 项目资金。2020 年 7 月 3 日，联邦议院和联邦参议院通过《煤炭地区结构强化法》，以法律的形式明确了实施支持煤炭地区结构调整的政策方向。褐煤地区将获得高达 140 亿欧元的财政援助，用于 2038 年之前的重大项目投资。此外，联邦政府正在试图通过强化措施，包括扩大研究和资助计划、增加交通基础设施项目等，为这些地区提供高达 260 亿欧元的支持。

（四）持续推进建设东部

1990 年德国统一后，实施了"振兴东部"战略，致力于缩小东西部地区经济发展差距。一是提供了大规模初期资金援助。1990 ~ 1994 年底，设立"统一基金"和"信贷清算基金"，主要用于向东德地区转移支付以及清算历史债务，两个基金分别累计向东德地区提供了 1150 亿马克、700 亿马克。二是建立实施以"团结公约"为主要形式的财政平衡制度。1995 ~ 2005 年，联邦政府平均每年向东部地区转移 560 亿马克用于住房和基础设施建设、环境改善、市场强化等，另附带 400 亿马克用于清偿历史债务；2005 年以来额度开始逐年下降，并于 2019 年底到期。

经过 30 多年的努力，东部地区的经济实力稳步增长，但促进东西部地区协调发展的进程仍在推进。《2020 年德国统一状况年度报告》显示，德国东西部地区在生活条件、基础设施、公共服务等方面仍存在较大差异。在 2020 年建立起全德支持体系之后，东部依然是支持的重点。

（五）强化法制约束

在德国，推动区域协调发展以最高法及配套法体系的形式加以明确，对于推动区域协调发展的权威性和稳定性形成了有力的支撑和保障。德国宪法《联邦基本法》规定，国家必须保持联邦地区内的人民生活条件一致性的目标要求。在这一基础上，联邦政府又制定了《空间秩序法》《改善区域经济结构共同任务法》《联邦区域规划纲要》《结构援助法》《区域经济政策的基本原则》等一系列法律法规。德国从法律层面明确促进区域经济协调发展是联邦和州政府的共同任务，并将联邦政府和州政府各自的职责范围、促进措施及方式等都加以具体化。

二、对我国优化区域政策体系的相关启示及政策建议

从德国推动区域协调发展的政策体系设计和变化来看，其既保持了一以贯之的制度目标，同时也根据区域经济布局的变化及时调整施策工具、施策对象等。新中国成立以来，我国区域发展经历了从生产力均衡布局、不平衡发展到协调发展的几个重要历史阶段的演变。当前我国进入现代化建设新征程，内外部环境和影响区域发展的要素正发生深刻变化，需要牢牢把握新阶段区域发展的重点方向、任务和政策举措，进一步优化区域政策体系，促进区域协调发展向更高水平更高质量迈进。

（一）坚持将推动区域协调发展作为区域政策制定的重要指引

区域差异大、发展不平衡既是我国的基本国情，也是世界各国在经济发展中普遍面临的现实问题。今后一个时期，我国区域政策制定要坚持将推动区域协调发展作为一以贯之的主线，加强识别经济发展出现结构性问题的地区，在增强区域内生动力的基础上缩小差距。建立健全自上而下差别化的高质量发展绩效评价体系，对动力源地区，强化对创新发展、对外开放、经济规模等方面的考核，对农产品主产区提高对粮食生产、农业发展方面的考核权重，对生态地区提高对生态环境保护、生态产品供给等方面的考核权重，对边疆地区强化稳疆固疆方面的考核权重，对能源地区加强对能源保障、能源经济发展方面的考核权重，对困难地区弱化对科技创新、经济规模等方面的考核。

（二）研究设立国家区域协调发展基金

建议由中央财政和发达省份财政共同出资成立国家区域协调发展基金，吸引金融机构等社会资本参与，主要投向跨区域重大基础设施、生态环保、公共服务、民生产业等领域，同时引导不同地区差异化创新发展。基于我国目前的客观实际，近期在保持资金来源和管理不变的条件下，逐步调整国务院相关部委现有的各类专项资金的使用方向和结构，以符合促进区域协调发展的总体要求。适时逐步扩大财政拨款、社会募集和捐助、国际援助等多种资金来源和规模，设立促进区域协调发展的专项基金，委托专门的基金管理机构对基金进行管理运作，在保持一定风险控制的前提下，拓展基金的投资渠道和范围，促进基金规模的稳定增长。同时，明确基金的使用原则、标准和具体办法，提高基金的使用效益和效率，发挥基金对于区域政策的支持和配合作用。省级政府结合各省实际情况，根据自身需求和财力规模，分阶段设立不同类型的专项基金，重点解决省级范围内区域协调发展存在的突出问题，支持和配合省级区域政策的贯彻实施。

（三）加快启动全国区域经济基础数据库建立及应用工作

加快研究启动全国范围内的区域经济数据收集、整理、分析工作，并将其尽快应用于区域政策制定和实施。可以考虑在区域协调发展指数的基础上按照高质量发展的要求进一步完善评价体系，比照全德区域发展地图，基于县级行政单元绘制我国区域经济发展地图，构建科学精准的区域经济数据库。

（四）进一步健全区际利益补偿机制

从全国高质量发展大局出发，针对农产品主产区、重点生态功能区、能源资源富集地区和边疆地区等重要功能性区域，进一步健全区际利益补偿机制，推动这些地区充分发挥比较优势，提升战略保障能力，与经济发展优势地区共同打造高质量发展的动力系统。在近期西部地区能耗双控与本地经济发展矛盾凸显的背景下，建议着眼于能源资源地区转型对全国经济高质量发展的贡献，给予西部能源资源富集地区转型更大力度的帮助和支持。

（五）推动区域协调发展立法

区域之间的协调运行和发展、区域规划和区域政策的落实都需要相关的法律法规来保障，特别是在市场经济体制下，国家进行区域管理的有关行为和地方政府发展当地经济的相关政策，都要在国家统一的相关法律框架下进行，这既是西方成熟市场经济国家进行区域管理的成功经验，也是我国未来区域管理制度基础完善的必然要求和重要内容。同时，立法的过程，也是一个逐步完善区域协调发展政策和体制的过程，需要正确处理好改革和立法的关系。应结合我国区域发展的实际，结合实施区域发展总体战略和推进形成主体功能区，加快立法进程，以保障区域战略的权威性、规范性和连续性。建议我国加快研究区域协调发展立法工作，为中央政府在区域协调发展方面的宏观调控提供基本法律支持，以法律形式规范国家调控区域发展权的行使，明确各级政府在促进地方发展方面的责任、义务和权利，使各项区域发展的规划和政策措施有法可依。

第七章

创新区域协调发展政策
和机制的实践案例

随着区域协调发展深入推进，在区域重大战略实施以及城市群、都市圈建设过程中，更加紧密的区域合作关系逐步形成。在如何打破行政壁垒、推动更深层次的跨行政区合作上，各地既面临共性问题，也存在个性问题。不同地区围绕不同的目标诉求及面临的困难形成了不同的实践。本章选取京津冀地区、粤港澳大湾区以及成渝双城经济圈建设过程中区域协同的政策和机制设计作为案例，以期对不同特征、不同地区在推动区域协同发展，加快形成区域发展合力过程中提供有益借鉴。

第一节　高水平推动京津冀协同创新体系建设

推动形成京津冀协同创新共同体，建立健全区域创新体系，是提升京津冀地区发展能级、打造引领我国高质量发展的重要动力源的重要举措和路径。京津冀地区区位优势明显、创新要素集聚、产业基础雄厚，集聚了一批具有较强竞争力的创新型企业，具有较强的创新基础。但三地协同创新程度仍然较低，创新资源共享不足、创新链与产业链对接不充分、区域创新合作机制尚未建立，协同创新的合力尚未形成。下一步，要着力将北京"一核"优势转化为城市群整体优势，加强资源统筹和共享，以创新驱动推动京津冀城市群加快成为世界级城市群。

一、京津冀地区推动协同创新的主要做法及成效

（一）主要做法

1. 建设协同创新平台

京津冀三地共同确定了武清京津产业新城、白洋淀科技城、曹妃甸循环经济示范区、石家庄正定新区等协同创新重点平台，推动各类创新资源加速流动。以北京中关村科技园为引领，中关村与天津滨海、秦皇岛、保定、承德、石家庄、雄安新区等津冀多地共建多个跨区域科技合作园区，探索出一区多园、总部—孵化基地、共建共管等科技园区合作模式，为京津冀科技园区共建进行了体制机制创新和探索。

2. 推动科研成果转化应用

2018 年 12 月，京津冀三地签订了《关于共同推进京津冀协同创新共同体建设合作协议（2018～2020 年)》，共促区域科技资源共享和成果转移转化。2016 年 9 月，河北·京南示范区成为全国首批国家科技成果转移转化示范区，2019～2020 年，示范区共实施省重大成果转化专项项目 70 多项，直接推动企业投入研发费用 6 亿元以加快科技成果转化落地。北京与津冀共建中国国际技术转移中心河北分中心、张家口创新创业孵化中心、京津滨海科技成果转化基地等机构载体，推动区域创新链和产业链完善贯通。

3. 推进人才培养合作

2017 年 7 月，京津冀三地联合发布了《京津冀人才一体化发展规划（2017～2030 年)》，是我国首个跨区域的人才规划，提出到 2030 年基本建成"世界高端人才聚集区"的目标，增强创新要素支撑。在高等教育方面，深入推进京津冀高校联盟建设，三地高校协同推进人才培养、学科建设、学分互认。在职业教育方面，三地组建了各类职业教育京津冀协同发展联盟，开展多种形式的职业院校合作、校地合作和产教对接。

4. 推动创新政策对接

2016 年 6 月，中共中央、国务院批复了《京津冀系统推进全面创新改革试验方案》，根据相关要求，京津冀三地签署了一系列科技创新的合作协议和合作框架。2018 年 8 月，京津冀三地科技、财政部门正式签订了《京津冀科技创新券合作协议》，积极推行科技创新券互认互通，创新企业可以实现跨区域科技资源共享。2020 年 6 月，科技部办公厅印发《关于加快推动国家科技成果转移转化示范区建设发展的通知》，提出在京津冀等已经开展国家科技成果转移转化示范区建设的地方"有序建设知识产权和科技成果产权交易中心，完善科技成果转化公开交易与监管机制"。

（二）主要成效

1. 城市群整体创新水平提升

从全国来看，京津冀地区已经成为创新引领高地，创新能力不断提升，创新驱动发展的态势已经形成。研发投入力度明显加大。如表 7 - 1 所示，2022 年，京津冀三地的研究与试验发展经费共计 4260.9 亿元，比 2014 年增长 2214.3 亿元。京津冀三地的总体研发经费投入强度约为 4.11%，比全国平均水平高出 1.57 个百分点。创新产出能力不断提升。2022 年，京津冀三地的有效发明专利数量达到 58.11 万件。京津冀三地的发明专利授权量从 2014 年的 2.72 万件提高到 2022 年的 11.19 万件。

表 7 - 1　　　　　　2022 年京津冀科技创新能力衡量指标

省份	有效发明专利（万件）	每万人口发明专利拥有量（件）	R&D 投入（亿元）	国家高新技术企业数（万家）
北京	47.80	218.86	2843.3	2.82
天津	5.12	37.56	568.7	1.10
河北	5.19	7.00	848.9	1.24

资料来源：京津冀三地 2022 年国民经济和社会发展统计公报、统计年鉴、政府工作报告。

2. 北京辐射带动作用逐步增强

近年来，北京全国科创中心建设加速推进，并向建设国际技术创新中心加快迈进，基础研发能力大幅提升，高精尖经济结构加快构建，高精尖产业新设市场主体占比从 2013 年的 40.7% 上升至 2023 年的 66.1%，[①]国家高新技术企业达到 2.83 万家。北京依托雄厚的研发创新能力，引领京津冀创新发展的核心带动作用进一步凸显。据统计，北京流向津冀的技术合同成交额由 2013 年的 71.2 亿元增长至 2023 年的 748.7 亿元。[②]截至 2023 年 12 月底，北京中关村企业在津冀设立分支机构的数量突破 1 万家，[③]北京流向津冀的技术合同 6758 项，增长 14.9%，成交额 748.7 亿元。京津冀协同发展重大国家战略提出 10 年来，河北省累计承接京津转入基本单位 4.3 万家，吸纳京津技术合同成交额达到 810 亿元，是 2014 年的 12 倍。[④]

3. 新兴动能更加活跃

协同创新对于京津冀地区培育新动能的带动效能逐步显现。京津冀地区新兴动能逆势上扬，新产业新业态表现活跃。三地汽车产业集群化发展势头渐显，新能源装备应用示范效果良好，智能终端产业链不断完善，大数据产业链协同发展格局基本形成。北京数字经济增加值从 2015 年的 8719.4 亿元增加到 2023 年的 18766.7 亿元，占 GDP 的比重为 42.9%，提高 7.7 个百分点；天津高技术制造业占规模以上工业增加值的比重为 13.7%，较 2014 年提高 1.4 个百分点；河北规模以上高新技术产业占规模以上工业增加值的比重为 21.4%，比 2013 年提高 9.6 个百分点。

①② 新华社．勇担先行示范的重任——京津冀十年协同发展谱新篇［EB/OL］．（2024 - 02 - 25）［2024 - 07 - 20］. http：//www. scio. gov. cn/live/2024/33357/xgbd/202402/t20240226_ 833405. html.

③ 中国新闻网．中关村企业在津冀设立分支机构数量已突破 1 万家［EB/OL］．（2024 - 04 - 15）［2024 - 07 - 20］. https：//www. chinanews. com. cn/cj/2024/04 - 15/10199236. shtml.

④ 新华网．河北已累计承接京津转入基本单位 4.3 万家［EB/OL］．（2024 - 04 - 29）［2024 - 07 - 20］. http：//www. news. cn/local/20240429/1e6b8705ea0d4acab12cf7e599c8c609/c. html.

二、京津冀三地进一步推动协同创新面临的主要问题

虽然近年来京津冀三地协同创新已经取得了明显成效，但总体来看，相较于世界级城市群和国内的长三角、珠三角城市群，京津冀三地在创新链分工、产业链对接上还有较大差距，三地协同创新的合力尚未充分形成。

（一）创新能力依然相差悬殊

相较于北京，津冀两地创新能力仍存在巨大落差，且近年来差距有进一步扩大趋势，制约了三地的创新合作空间。

从创新投入来看，2022年北京的研发投入强度达到6.83%，而天津市和河北省的研发投入强度分别为3.49%和2%，远低于北京，河北省更是低于全国平均水平0.54个百分点。2014年以来，津冀两地与北京始终存在较大差距（见图7-1、图7-2），从研发经费的绝对数额来看，差距逐渐拉大（见表7-2）。

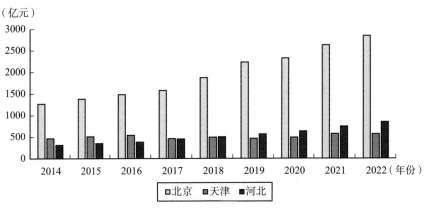

图7-1 2014~2022年京津冀三地研发经费投入

资料来源：国家统计局，2014~2022年度全国科技经费投入统计公报。

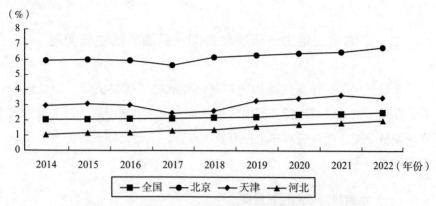

图 7 – 2　2014 ~ 2022 年京津冀三地研发经费投入强度

资料来源：国家统计局，2014 ~ 2022 年度全国科技经费投入统计公报。

表 7 – 2　　2014 年以来北京与津冀两地的研发经费投入及强度差距

年份	北京与天津		北京与河北	
	研发经费投入 （亿元）	研发经费投入强度 （%）	研发经费投入 （亿元）	研发经费投入强度 （%）
2014	804.1	2.99	955.7	4.89
2015	873.8	2.93	1033.1	4.83
2016	947.3	2.96	1101.2	4.76
2017	1121.0	3.17	1127.7	4.31
2018	1378.4	3.55	1371.1	4.78
2019	1770.6	3.03	1666.9	4.70
2020	1841.6	3.00	1692.2	4.69
2021	2055.0	2.87	1883.8	4.68
2022	2274.6	3.34	1994.4	4.83

资料来源：根据 2014 ~ 2022 年度全国科技经费投入统计公报计算所得。

从创新产出来看，2023 年北京专利授权量 19.4 万件，分别是河北和天津的 0.94 倍和 3.28 倍；有效发明专利 57.4 万件，分别是河北和天津的 8.89 倍和 9 倍。从人均数量来看，差距更为明显，每万人口发明专利拥有量北京约为河北的 30 倍（见表 7 – 3）。

表 7－3   **2023 年京津冀专利情况**

省份	专利授权量 （万件）	有效发明专利 （万件）	每万人有效发明专利 拥有量（件）
北京	19.40	57.40	262.90
天津	5.92	6.38	46.77
河北	20.73	6.46	8.74

资料来源：京津冀三地 2023 年国民经济和社会发展统计公报，2023 年度北京市专利数据。

（二）创新链与产业链对接不畅

京津冀三地产业发展处于三个发展阶段，产业层次存在明显落差。整体来看，北京、天津已进入后工业化和工业化后期阶段，河北还处于工业化中后期，产业链对接难度较大，导致创新成果难以在三地之间有效转化使用。2023 年，京津冀三地三产占比分别为 84.8%、62.7%、52.4%，北京现代服务经济和知识经济已成为经济发展的主导力量，而河北工业占比依然较高，且工业以煤炭、钢铁、冶金等重工业为主。

产业结构和产业层次的断层使得北京的创新供给与津冀的技术需求难以匹配，制约了三地的创新链与产业链的对接。特别是河北承接创新成果溢出能力严重不足，新旧动能转化还未完全实现，传统产业调整难度较大，与京津的先进成果严重错位。2023 年，北京共认定登记技术合同 106552 项，成交额达 8536.9 亿元，输出津冀两地技术合同成交额为 748.7 亿元，仅占北京市技术合同成交额的 8.77%。

（三）市场主体协同创新的积极性尚未调动起来

目前三地创新合作大部分为行政力量推动，市场主体的主动性和活跃性尚未完全调动起来，降低了产学研资源的对接效率和转化效果，限制了协同创新对产业发展的带动作用。从创新的主体来看，企业特别是具有生态引领作用的大企业跨区域布局少，新兴领域企业转移积极性不高。津冀企业上下游配套能力、创新成果转化能力总体不强，与北京产业链、人才链的融合度不高，引进企业层次和水平较低，大多处于产品价值链的中低端。从资源对接来看，产学研有效转化的市场化机制尚未成熟，区域科技中介、专业设计、法律服务、知识产权服务等专业化科技服务发育滞后，专业化的网络尚未建立起来，直接影响了技术的供给方和需求方的匹配能力。

（四）人才支撑薄弱突出

人才是协同创新的关键支撑因素。由于发展水平和软环境等条件的差异，北京与津冀两地高层次人才呈现断崖式落差，且以单向流动为主，人才集聚能力差距呈现持续扩大趋势，导致创新链衔接难度较大。2023 年京津冀三地人均可支配收入分别为 81752 元、51271 元、32903元，在全国排在第 2、第 5 和第 18 位，河北生活水平与北京、天津差距明显，居民人均可支配收入仅分别为北京、天津的 40.25%、64.17%。（见表 7 – 4）。相较于北京，津冀教育、医疗、养老、文体等公共服务供给的数量短缺、水平较低，特别是河北落差明显，极大地降低了人才流动的意愿。2023 年，河北每万人口拥有博物馆数量不足北京的一半，每万人拥有卫生技术人员数量分别低于北京 69 人、低于天津 11 人（见表 7 – 4）。同时，人才认定政策不对接、跨区域人力资源市场尚不完善等因素进一步加剧了人才固化问题。

表 7 – 4　　　　2023 年京津冀三地人民生活水平比较情况

省份	居民人均可支配收入（元/人）	每万人口拥有博物馆数量（个）	每万人拥有卫生技术人员数量（人）
北京	81752	0.103	156.91
天津	51271	0.056	98.02
河北	32903	0.031	87.23

资料来源：京津冀三地 2023 年国民经济和社会发展统计公报。

（五）协同创新机制尚不完善

京津冀三地在创新要素流动、市场主体转移、激励机制等方面制度设计仍不完善，还难以满足弥合三地创新差距、推动形成创新合力的需求。一体化的市场体系尚未完全建立，三地协同创新以产业园区建设、平台建设等硬性合作为主，软对接仍不通畅。在市场准入、行业监管、资质认定、信用评价、税费减免、财政补贴、社会保障等问题上三地的政策和标准不对接不统一，形成了创新要素跨区域流动的行政壁垒。企业资质互通互认存在明显障碍，三地国家高新技术企业等资质未能形成有效的区域互认机制，分支机构"二次认定"难，企业相应资质无法平移直接降低了优质创新型企业转移的意愿。激励机制设计尚不完善，协同创新的政绩考核机制不健全，成本共担、利益共享的体制机制尚未建立，三地缺少协同创新的内在激励。

三、国际成熟区域创新网络构建经验及对京津冀地区的启示

硅谷、东京湾区是世界著名的区域创新网络，总结分析这些创新圈的发展经验，可以为京津冀协同创新提供有益参考。

（一）硅谷创新圈

硅谷创新圈位于美国加州北部，先后诞生了惠普、苹果、谷歌等全球著名的企业，是最为著名的高技术产业区，其良好的创新生态系统呈现良性的自我循环，从而长期保持较高的创新产出。

1. 产学研密切结合

斯坦福大学工业园是硅谷的发源地。斯坦福大学为工业园提供了人才、技术和土地，甚至是风险投资，实现了大学与高科技企业在双向互动中的双赢。硅谷聚集了一批政府所属的国家研究中心，包括劳伦斯伯克利国家实验室、斯坦福直线加速器中心等。这些研发中心独立运作，

享有高度自主权，市场化程度高，与企业形成了开放、成熟、稳定的协作模式，实现了资源的充分对接共享，产学研转化效率较高。

2. 政府积极创造良好制度环境

美国政府对于硅谷良好创新生态的形成起到了重要的保障作用。政府致力于构建支持创业者创业的政策环境，保护不同类型企业权益，提供创业企业所需的资金保障等，为创新型企业的成长提供了稳定的外部保障。政府搭建了以《小企业法》《中小企业技术创新法案》等为核心的法律框架，设立美国小企业管理局，并积极给予中小企业研发投入、借贷优惠贷款担保、市场进入等方面的支持。

3. 建立专业服务市场

美国政府从建立平等、规范、专业化的技术市场服务体系入手支持专业服务机构发展。硅谷较高的创新转化效率与科技服务市场的完善有直接的关系，专业的科技服务推动了前沿创新成果与企业需求的有效对接，保障了企业全生命周期的融资、法律、培训、财务以及知识产权交易等需求得到专业支撑，极大降低了产学研转化的成本，提高了企业创新的效率。

（二）东京湾区

东京湾区是典型的创新型湾区，以日本国土面积的 3.5%，创造了超过日本 1/3 的 GDP，湾区内的筑波科学城已经成为日本科教中心，是仅次于硅谷的世界第二大高科技基地。

1. 推动高校研发与产业发展互动互促

东京湾区内拥有多类型、多学科、多层次的大学集群，集聚了东京大学、早稻田大学等 120 多所大学，占日本大学总量的 20% 以上。大量高学历、高素质的高科技人才集中于东京湾区，为东京湾区科技创新提供了有力的智力保障。日本政府高度重视充分发挥大学的研发优势，赋予大学和科研机构较大的行政自主权力，从制度、政策、税收、财政、金融等方面大力支持高校研发与服务产业升级深度融合。

2. 完善制度设计促进科技成果转化

20 世纪 90 年代以来，日本政府颁布了一系列法律法规，为促进科研成果产业化提供制度保证。1998 年《大学技术转移促进法》颁布实施，直接促进了技术转移机构的诞生和发展，破解了高校科技转化率低的难题。该法明确将促进高校科技转化作为突破口，建立大学科技转让机构，这些机构主要以公司法人形式存在，其职能是秉承"产学研"结合理念，将大学的研究成果转让给企业。

3. 高起点建设筑波科学城

筑波科学城位于距离日本东京东北 60 公里的筑波山麓，由国家主导建成，设计之初是为了分散疏导东京人口，转移部分城市职能。科学城搬迁并新建了大量国家级实验室、研究与教育机构。目前，筑波科学城集聚了全日本 40% 的国家级研究所，汇聚了 2.2 万名顶尖科研人才，成为日本最大的科学中心、知识中心和人才聚集地，吸引了大批微电子、新材料、生物工程企业。

（三）对京津冀构建高质量区域创新网络的启示

1. 充分发挥高校资源优势

从硅谷、东京湾区等世界成熟的区域创新网络来看，一流的大学和科研机构是带动区域创新网络构建的重要优势资源，通过完善制度保障推动高教资源转化为区域产业创新资源是这些成熟区域创新网络保持较强竞争力的重要举措。从京津冀地区来看，北京集聚了大量一流高校，拥有全国 1/4 的重点高校和 1/3 的研究生院，其进一步发展的关键是用好一流的科教资源，推动高校研发资源与区域产业创新的良性互动，充分释放溢出效应，带动区域创新能力的整体提升。

2. 政府与市场合理分工共同发力

在推动区域创新网络构建过程中，政府和市场都不能缺位，重点是要理顺政府和市场的关系。创新活动从知识创造到新产品的整个过程，大致可以分为三个环节，包括上游科学发现和新知识创造环节、中游新知识孵化为新技术环节、下游使用新技术生产产品并实现商品化、产业化的环节。基于外部性原则，政府应重点解决上游基础研究环节市场失灵问题。对于中下游环节科研成果的转化应用，最重要的主体是企业，政府要更加重视改革和制度创新，着力降低科技成果转化的制度成本，建立有利于创新创业的规则和制度。因此，在推动京津冀协同创新过程中，要把握好政府着力方向，既要防止缺位，又要防止越位，推动形成政府和市场的合力。

3. 着力推动提高科技成果的转化率

创新可以有多种目的，也可以面向多种需求，但最主要的是围绕市场需求，推动新技术、新产品、新业态发展，并最终形成产业。只有这样，创新创业才能持续健康发展。其中，关键的一点是将企业的需求与科研资源有效对接起来。对于京津冀地区来说，区域创新水平的整体提高要通过产学研的高效转化拉动，这样才能将三地的比较优势充分释放，高效利用优势科研资源，推动产业链与创新链的深度融合，带动区域成为全球产业创新的高地，为维护国家产业链供应链安全形成强大支撑。

4. 积极整合区域创新资源

从区域来看，推动形成创新共同体实质是形成一个良好区域创新生态系统。在这一系统里，主要包括高校、科研院所、企业等创新主体，政府政策、金融资本、专业性中介服务机构和各种行业组织等各类支撑要素，以及将各类要素、主体黏合在一起的创新生态环境。只有将区域内资源有效整合起来，构成结构多元、运行流畅的有机整体，才能实现区域整体的创新驱动发展。对于京津冀地区而言，要着力破除人才、资金等要素共享的制度壁垒，共建科创服务体系，共享科创设施资源，这样才能形成良好的三地协同创新效应，获得丰富高效的创新产出，打造全球领先的科技创新高地。

四、深入推动京津冀协同创新的政策建议

下一阶段，要以促进创新资源合理配置、开放共享、高效利用为主线，着力促进三地发挥比较优势，促进京津冀创新驱动发展推动创新资源和成果开放共享、推动产学研高效转化，实现三地产业链创新链深度融合，推动京津冀走向更高水平协同创新发展道路。

（一）发挥北京引领作用，提升核心创新资源溢出效应

北京是全国乃至世界科研力量最为密集的地区，是我国科技基础最为雄厚、创新资源最为集聚、创新主体最为活跃的区域之一。充分发挥北京原始创新和基础创新能力较强的优势，推动北京"一核"资源发挥辐射带动作用，充分释放创新要素外溢辐射带动津冀两地产业转型升级，是实现京津冀产业链与创新链融合的关键举措。

1. 支持北京加快建设国际科技创新中心

北京要充分利用自身创新优势，走出建设国际科创中心的新路子，为发挥高端引领作用夯实基础。以布局国家战略科技力量为牵引力，积极完善基础研究平台和设施，强化原始创新，提升前沿领域研发原创力。支持北京依托中关村科学城、怀柔科学城、未来科学城和北京经济技术开发区"三城一区"创新高地，更好发挥企业科技创新优势，不断增强技术溢出和辐射带动能力。

2. 推动"最大公约数"领域产业关键技术研发和应用

寻求三地产业链最大公约数，以电子信息、汽车、生物医药、高端装备、新材料等三地具备基础的重点产业领域为突破口，发挥北京国家新能源汽车技术创新中心、国家动力电池创新中心等国家级重大创新平台作用，积极推动产业共性技术研发和应用，推动北京创新资源的共享共用和落地转化。发挥北京前端研发带动作用，以北京为核心组建基于产业链的京津冀产业技术创新联盟，带动三地在产业关键技术研发和转

化应用方面实行深度合作与联合攻关。积极发挥中关村国家自主创新示范区在京津冀协同创新共同体建设中的引领支撑和辐射带动作用，进一步支持中关村专业园区津冀地区设立特色产业领域的创新中心、孵化器及转化基地等各类创新平台。

（二）提升津冀两地承接配套能力，构建分工合理的创新发展格局

着力补齐津冀重点领域产业链短板，提高津冀对北京创新资源的承接能力，确保三地之间形成原始创新—研发转化—推广应用的高效衔接。

1. 推动重点领域精准提升

以三地资源为整体，紧紧抓住疏解北京非首都功能这个"牛鼻子"，对标对表北京的重点和优势产业精准招商，推动津冀两地有针对性地建链、补链、强链、延链，提高三地产业匹配程度，形成良性互动。探索绘制京津冀产业链图谱，建立重点产业链重大项目库和项目共享机制，推动创新链、产业链、供应链联动。培育河北承接点城市，例如发挥石家庄、衡水在生物医药产业领域和沧州在高端装备制造和新一代信息技术领域的优势，吸引北京相关领域的技术成果在这些城市加速转化应用。

2. 推动重点区域先行突破

发挥雄安新区创新载体的开放聚合引领作用，进一步推动北京高校、科研院所、国家实验室和技术创新中心等创新主体在雄安新区集聚，加快集聚高端创新资源，打造京津冀地区的科技研发和高端服务新高地。发挥北三县、武清、宝坻、固安等区县环京优势，通过园区托管、园区共建等方式，规划布局一批产业功能定位明确、生产服务环节齐全的北京产业创新配套基地。发挥滨海新区中高端制造业集聚优势，推动北京技术密集型产业生产制造环节、研发转化环节和区域性总部基地向滨海新区转移，提升滨海新区高端制造业集聚水平，形成能够辐射带动京津冀制造业转型升级的新动能。发挥河北·京南国家科技成果转移转化示范区、天津—滨海中关村科技园、宝坻中关村科技城、保定·中关村科技创新中心等创新平台和科技成果转化高地作用，促进北京科技成果在津冀转移转化。

（三）发挥市场机制作用，推动产业链创新链深度融合

京津冀三地深入推动协同创新，关键靠企业形成产学研深度融合、产业链深度对接的产业链、创新链关系，通过市场化运作提升科技公共服务水平，促进科技资源的开放和共享，构建体制、机制、政策、市场、科技等多位一体的创新体系，推动科研成果尽快转化为生产力。

1. 共育企业创新主体

充分发挥北京头部企业的链主引领作用，在关键性技术、颠覆性技术、产业链延伸等方面，推动京津冀三地企业形成产业链紧密分工协作。鼓励生态型企业围绕产业链条，把非核心生产环节在京津冀地区内外包，引领构建良好的区域创新生态。积极培育民营企业和中小微企业，充分释放这些活跃主体活力。引导企业重视技术创新，大力支持企业设立研发机构，加大技术创新和技术改造投入，鼓励支持企业成为研发主体、创新主体、产业主体。

2. 健全企业公共服务体系

建立跨部门跨区域涉企政策"一站式"网上发布平台，为企业提供找得到、看得懂、用得上的政策信息服务。组建一批有影响力的产业联盟，推进行业关键共性技术研发、上下游产业链资源整合和协同发展。实施服务机构能力提升计划，提高中小企业公共服务质量和水平。发挥第三方组织的作用，借助行业协会等对接生产与研发，推动研发成果落地转化。

3. 推动科技服务业主体发挥桥梁作用

更好地发挥科技中介服务主体在三地创新资源对接中的"桥梁"作用，形成研发成果与产业需求的有效对接。进一步增强科技服务能力，布局一批科技服务业集聚区和特色产业基地，围绕园区主导产业建设公共技术服务平台。支持津冀两地在研发设计、创业孵化、技术转

移、知识产权服务等领域的服务机构规模化、集群化发展。推动京津冀三地科技服务企业互补合作，形成资源和信息共享平台，为创业企业提供从项目到产业化的全链条创业服务。发挥好京津冀行业协会、技术交易联盟等专业机构作用，加快推进区域一体化技术市场建设，提升科研成果交易服务水平和转化效率。

（四）创新合作机制，共同打造一流创新生态

有针对性地破解跨行政区域协同创新的制度壁垒及政策鸿沟，有效整合资源、信息、技术、人才，促进创新要素高效流动，强化创新资源在三地的共建共享共用，形成三地一体的良性创新生态圈。

1. 统一政策标准与政策衔接

加强三地生产要素整合，打破传统行政区划的壁垒限制，构建劳动力、资本、土地等一体化要素市场，促进要素自由流动和高效配置。通过跨区域的合作协议、科研合作、设施共享、项目攻关、产业联盟、行政改革等形式，形成促进跨区域合作的工作抓手。推进跨区域资质互认，在高新技术企业认定、新技术新产品认定、生产研究许可、药类生产审批、保密生产认证等资质认定上制定好衔接政策，推动技术规范、管理制度等对接统一，简化相关程序，降低企业转移成本，促进技术转移。

2. 进一步提高科技资源开放和共享程度

加强京津冀科技资源和科技服务共享，搭建一批公共资源共享平台。共同推进国家重点实验室、产学研创新协同中心等科技基础设施建设，细化仪器设备尤其是大型科学仪器设备共享机制和运行模式，形成科学仪器设备开放共享的长效机制。发挥北京数字产业优势，共同搭建支撑产业创新的数字基础设施，联合建设一批行业级工业互联网平台，统筹布局数据中心和网络建设，赋能产业协同创新。

3. 完善"风险共担、利益共享"合作机制

建立健全协同创新的政绩考核机制，完善共建园区的成本共担、利

益共享的体制机制，明确在 GDP 统计、税收分成等方面的利益分配机制，形成三地共同发力的内在激励机制。健全京津冀区域知识产权转移机制，构建三地政府间研发资金横向联合投入机制。

（五）高度重视人才作用，协同夯实人才基础

人才是创新中最重要的要素，推动优秀人才在三地流动是京津冀地区构建系统创新体系最重要的要素保障。要着力促进人才的高效流动，共同培育人才梯队，为京津冀地区协同创新夯实人才基础。

1. 畅通人才流动渠道

完善京津冀人才共享机制，加强跨省市社保、住房、医疗、教育、专业技术职称等方面的制度衔接，推动资格互认、政策互通，降低人才流动门槛。建立统一的人力资源市场，发展人力资源服务业。鼓励包括猎头、知识产权服务、人才中介等在内的各类人力资源服务机构发挥作用，通过中介机构激活人才市场，推动人才活水在三地流动。

2. 缩小三地城市服务差距

提升津冀优质教育、医疗、养老、文化、体育等民生服务的供给数量和质量，满足人才高生活品质需求。加快推进公共医疗、基础教育、劳动就业、社会保障、健康养老等优质资源共建共享，推动三地公共服务政策对接，采取合作办学、师资共享、双向转诊、异地结算、多点执业、统一设施配套标准等方式，促进北京优质教育、医疗、养老资源向津冀布局。

3. 共同构建创新人才梯队

充分利用北京丰富的高教资源，推动北京高教功能持续向津冀疏解，继续推进北京中央高校和市属高校通过整体搬迁、办分校、联合办学等多种方式向郊区或河北、天津转移。通过办分校、办分院、合作共建、委托管理等创新模式，建设跨区域的教育合作载体，支持组建京津冀不同学科类型的高校联盟，提升京津冀高等教育资源共享水平。支持三地职业院校自由开展合作，建设京津冀跨区域职业教育集团，促进京

津冀职业院校服务能力升级，围绕京津冀产业发展需求，推动产教深度融合，实现人才链与创新链、产业链的有效对接。

第二节 加快推动珠江东西两岸协同发展

以珠江为界，粤港澳大湾区（以下简称"大湾区"）可大致划分为珠江东岸地区和珠江西岸地区。其中，珠江东岸地区包括广州、深圳、东莞、惠州、香港五市（特区），珠江西岸地区包括佛山、珠海、中山、江门、肇庆、澳门六市（特区）。大湾区内部珠江东西两岸发展不平衡不充分问题突出，呈现出明显的"东强西弱"格局，且发展差距日益明显。2023 年，珠江东岸地区生产总值总和为 10.89 万亿元，珠江西岸仅为 3.15 万亿元，约为东岸的 28.9%。东西两岸城市（特区）之间经济规模和人口体量差距显著，西岸能级量级明显较低。从经济体量来看，除佛山外，珠海、江门、中山、肇庆、澳门经济总量和城市（特区）规模均表现出典型的"小经济体"特点（见表 7-5）。从人口规模来看，除佛山外，西岸五市（特区）人口规模排在大湾区城市（特区）后五位。

表 7-5　　2023 年大湾区城市（特区）经济人口规模基本情况

城市 （特区）	GDP （亿元）	增速 （%）	常住人口 （万人）	一般公共预算收入 （亿元）
广州	30355.73	4.6	1882.70	1944.15
深圳	34606.40	6.0	1779.01	4112.78
东莞	11438.13	2.6	1048.53	804.84
惠州	5639.68	5.6	607.34	473.23
香港	26839.78	6.1	750.31	5108.69
佛山	13276.14	5.0	961.54	800.46

续表

城市 （特区）	GDP （亿元）	增速 （%）	常住人口 （万人）	一般公共预算收入 （亿元）
珠海	4233.22	3.8	249.41	482.51
中山	3850.65	5.6	445.82	332.98
江门	4022.20	5.5	482.24	277.09
肇庆	2792.51	3.7	413.17	176.56
澳门	3309.31	80.5	68.37	828.39

资料来源：各市 2023 年国民经济和社会发展统计公报、香港特别行政区政府统计处、澳门特别行政区统计暨普查局公布的数据。

从东京湾区、纽约湾区、旧金山湾区等世界主要湾区发展历程来看，湾区经济是区域经济一体化发展的高级形态，推动湾区内部区域协同发展是提高湾区要素利用效率、构建开放型创新型经济体的核心路径。当前，国内外发展环境发生广泛深刻变化，我国区域经济发展进入新一轮重塑调整的重要时期，大湾区需加快提升参与全球竞争的优势、增强动力源地区的引擎带动作用。大湾区珠江东岸城市（特区）发展空间日益受限，西岸城市（特区）则受发展水平的限制，难以与东岸形成产业链、价值链的对接协作，直接限制了大湾区整体能级量级的提升，这也是未来大湾区打造世界级城市群的重要潜力空间所在。未来，进一步提高珠江西岸地区发展水平、促进东西两岸协同发展是关系大湾区发展潜力和整体竞争力提升的重要命题。

一、大湾区珠江东西两岸协同发展的基础条件

随着大湾区基础设施互联互通加快推进，珠江西岸城市（特区）在地理区位、承载空间、对澳合作等方面已经具备更好与东岸城市（特区）对接的基础，推动珠江东西两岸城市（特区）实现基于比较优势

的协同发展条件日渐成熟。

（一）交通基础设施互联互通提速

交通基础设施改善能通过降低边界效应促进区域经济一体化，加强落后地区的交通基础设施建设，促进落后地区之间及其与发达地区之间的贸易往来是促进区域一体化发展的重要手段。近年来，港珠澳大桥、广深港高铁香港段、深中通道等一批跨境大通道投入使用，黄茅海跨海通道等工程加速推进，深圳机场码头—中山港、深圳机场码头—珠海九洲港等航线渐次开通，大湾区内联外通交通网络建设提速，"一小时交通圈"加快成型。深中通道通车后，珠江东西两岸城市（特区）物理距离极大缩短，深圳与中山之间的车程仅需半小时，"血管"连通后，生产要素高效流动成为可能。

（二）空间互补性相对较强

当前，深圳、东莞等城市的土地供应已经明显趋于减缩，市域内空间开放强度已经逼近上限，深圳开发强度已经达到50%，[①] 东莞开发强度也已逼近50%，[②] 远超30%的警戒线，2023年深圳、东莞人口密度分别高达8953人/平方公里、4262人/平方公里（见图7-3）。在此情况下，积极拓展经济发展腹地和加快城市功能疏解成为深圳等城市的战略选择。珠江西岸城市特别是江门、肇庆拥有大湾区少有的可大规模连片开发的土地资源，人口密度分别仅为506人/平方公里、277人/平方公里，具备承载重大产业项目的条件。

（三）产业链对接逐步拓展

缪尔达尔、赫希曼和弗里德曼等的理论都认为，大城市对周边小城

① 深圳市政务服务数据管理局．深圳综合改革试点取得重要阶段性进展［EB/OL］．(2021-10-15)［2024-07-20］．https：//www.sz.gov.cn/szzt2010/zdlyzl/spgg/ggxx/content/mpost_9259389.html.

② 东莞市人民政府办公室．东莞，为了更好的城市中心［EB/OL］.(2024-04-29)［2024-07-20］．https：//www.dg.gov.cn/gkmlpt/content/4/4196/post_4196677.html#703.

市具有集聚和扩散的双重作用。关键在于大城市的发展阶段、周边城市与大城市的自身实力，大城市与周边城市是否实现产业和创新的协同。目前，深圳、广州已经开始进入集聚成本大于收益的阶段，呈现出要素扩散的态势。在硬联通不断完善的基础上，珠江西岸内部及珠江东西岸产业协作不断深化。珠江西岸打造高水平平台承接珠江东岸产业转移，广佛同城迈入全域同城化新阶段，深珠合作示范区、深中产业拓展走廊、江门人才岛等平台正积极对接珠江东岸企业，电子信息、装备制造、生物医药等企业加速集聚发展，与珠江口东岸协作配套、错位发展的局面开始显现。

（人/平方公里）

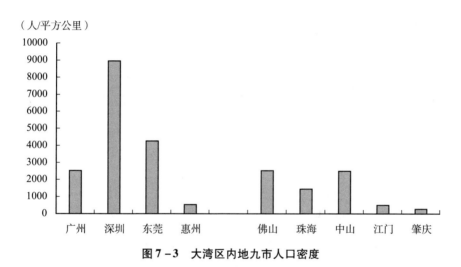

图 7-3　大湾区内地九市人口密度

资料来源：根据广东省九市 2023 年统计公报计算得出。

（四）西岸城市人居成本相对较低

珠江东岸工业用地和住房用地矛盾加剧不断推升房价和生活成本，对人才产生了一定挤出效应。相较而言，西岸优美的生态环境、较低的居住和生活成本成为吸引人口集聚的一大优势。当前粤港澳大湾区城市发展已经进入创新要素拉动阶段，有利于吸引人、留住人的环境是实现创新因素实现空间集聚的重要条件。

（五）粤澳合作不断深化

近年来，以珠海、中山等城市为主，粤澳走向更深层次合作，为提升珠江西岸开放程度、改革力度、产业创新能力创造了有利条件。横琴粤澳深度合作区建设全面推进，《横琴粤澳深度合作区建设总体方案》印发实施，税收优惠、创业支持等政策落地，澳门大学、澳门科技大学产学研示范基地落户横琴。粤澳两地深化科技研发和高端制造产业、中医药等澳门品牌工业、文旅会展商贸产业、现代金融产业等领域合作。此外，江门、中山等城市也在产业、创新、文化等方面加快推进与澳门合作，通过合作开发园区、建设港澳青年创业平台等方式纵深推动多元合作。

二、珠江西岸城市与东岸城市深度协同发展存在的突出短板

近年来，珠江东西两岸城市围绕基础设施建设、生态环境保护等方面，以政府主导方式，开展了城市间点对点的"浅层次"合作。但整体来看，珠江西岸城市在基础设施、产业层次、公共服务、制度创新等方面与东岸城市仍存在较大差距，要素高效流动、产业密切关联、市场主体作用有效发挥的"深层次"合作格局尚未形成。

（一）交通基础设施网络仍存在短板堵点，制约了要素流动效率

1. 联通东西两岸的轨道交通建设滞后

从整个大湾区的交通网络布局来看，珠江西岸高铁和轨道交通网络建设总体滞后，与东岸尚未实现快速通达，难以适应大规模人流、物流汇聚交换需求。深中通道为公路通道，仅有的轨道交通联系为通过广珠城际绕行至广州南再沿广深港线路至大湾区东岸，深珠通道、广江珠澳高铁两条跨江铁路均为远期规划项目，轨道交通的缺失提高了东西两岸

之间的要素流动成本。

2. 港口服务能力较低

大湾区内地沿海港口货物吞吐量前三位的港口均在珠江东岸（见表7-6）。珠海港是珠江西岸最大的港口，理论上可以和泛珠三角地区、湘鄂地区开展河海联运。但目前珠海港辐射能力有限，规模较小，集聚效益不显著，在深水码头建设、深水航道建设、港口物流园区建设、货源腹地建设等方面配套相对落后，聚货困难、航线不足等困难突出。

表7-6 **2022年大湾区内地九市沿海港口完成货物吞吐量**

港口	港口货物吞吐量（万吨）
广州	65592.03
深圳	27242
东莞	17020.7
惠州	9005
佛山	8558.65
珠海	10237
中山	1539.18
江门	9628
肇庆	4981.85

资料来源：各市2022年统计公报，广东省港口协会相关数据。

3. 港珠澳大桥高效利用有待进一步突破

从人员、物资往来效率看，利用港珠澳大桥强化珠江东西两岸及粤港澳三地联动仍然存在诸多障碍，车辆牌照发放、收费标准、摆渡车辆运行模式等还在探索阶段，现有管理模式难以满足三地密集交往需求，不利于人员顺畅交往和货物高效往来，制约了大桥经济效应的发挥，也在一定程度上阻碍了珠江西岸城市对应产业布局和成长。

（二）产业层次相对较低，制约了产业链创新链有效对接

1. 西岸传统优势产业集群化程度低

珠江西岸发展的滞后很大程度上是由于产业发展的滞后。由于产业结构、产业层次与东岸城市之间出现断层，珠江东西两岸产业链、价值链难以实现有效对接协作。珠江西岸内地五市特别是珠中江地区支柱产业集中于机械制造、金属冶炼、家用电器等传统产业门类，产业结构趋同，且多处于价值链中低端，有较强带动作用的头部企业少，产业规模小，尚未形成集群发展态势。

2. 创新能力和效率相对落后

从创新投入来看，2022年，中山、江门研发投入强度均在2.5%左右，肇庆仅为1.38%，低于广东省3.42%的平均水平，明显低于深圳5.81%、东莞4.10%的投入强度（见表7-7）。从创新产出来看，生物制药、新材料等高技术产业存在较多"卡脖子"环节，高端打印产业打印机主控芯片、彩色激光打印引擎、彩色激光扫描单元等优势产业领域存在明显技术短板。2022年，珠中江三市发明专利授权总和为9310件，低于东莞的10700件，不到深圳的1/5（见表7-7）。企业创新主体缺位降低了创新效率，截至2023年底，珠海、中山、江门三市国家高新技术企业数量分别为2657家、2864家和2805家，而东莞已超过1万家，深圳达2.47万家。

表7-7 　　　　　　　　2022年大湾区内地九市创新情况

城市	R&D经费（亿元）	R&D投入强度（%）	发明专利授权量（件）
广州	988.36	3.43	27600
深圳	1880.49	5.81	52172
东莞	458.72	4.10	10700
惠州	185.71	3.44	2092

城市	R&D 经费（亿元）	R&D 投入强度（%）	发明专利授权量（件）
佛山	359.53	2.83	8607
珠海	118.07	2.92	6188
中山	100.66	2.77	1939
江门	91.4	2.42	1183
肇庆	37.37	1.38	672

资料来源：2022 年广东省科技经费投入公报，广东省 2022 年 12 月各市专利授权情况。

（三）发展软环境配套相对落后，制约了人才交往交流

1. 人才发展空间受限

由于产业集群度不高、规模以上企业少、行业发展空间有限，高技能人才培养基础薄弱、孵化器专业人才队伍建设不足，很多专业技术人才跳槽后难以在珠江西岸城市找到合适岗位，转而到广深等城市求职，高端人才和专业技术人才集聚难度仍然比较大。

2. 公共服务配套相对落后

东岸城市在公共服务资源、社会治理水平、城市发展理念等方面逐步与国际一流水平接轨，珠江西岸城市公共服务的均衡化、多元化、国际化水平与东岸城市相比差距较大，直接影响人才长期发展的意愿。在明显的落差下，人这一关键核心要素难以流动。同时，珠江西岸城市普遍存在着少数优质资源集中分布、与人口产业流动方向不匹配的问题。例如，珠海市 80% 以上的教育、医疗、生活服务等优质公共资源集中于香洲主城区。斗门、高栏港等区域的城市化与工业化不匹配，生活服务配套严重不足，人才长期发展意愿较弱。

3. 财政支撑能力不足

珠江西岸城市财政实力明显偏弱，直接影响了城市补短板的能力，软环境的差距有持续拉大的趋势。2023 年，中山、江门一般公共预算收入在 300 亿元左右，肇庆则仅为 176.56 亿元，均低于惠州

473.23 亿元的水平，更远低于东莞、广州、深圳（见图 7 - 4）。

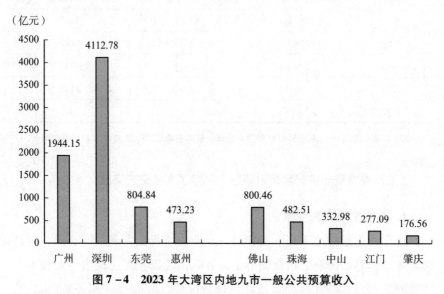

（亿元）

图 7 - 4　2023 年大湾区内地九市一般公共预算收入

资料来源：各市 2023 年统计公报。

（四）改革创新相对滞后，制约了市场主体流动意愿

1. 营商环境差距较大

好的营商环境是城市软实力的重要体现，也是吸引市场主体的核心竞争力。塑造良好的营商环境，可以有效降低市场主体的成本、增强市场主体投资激励并激发市场主体创新动力，形成高质量发展的良好生态。由于发展路径差异、制度惯性等原因，西岸部分城市的地方政府效率相对较低，金融、口岸、投融资等领域管理水平不高，距离形成市场化、国际化、法治化营商环境还有较大差距，与深圳、广东等东岸城市相比对市场主体缺乏吸引力。

2. 制度创新力度仍显不足

制度环境直接关系着一个区域土地、资本、劳动力要素的利用效率和集聚能力，特别是对于资源配置效率和高端生产要素的吸引力至关重要。虽然同为区域重大战略区域，珠三角地区内部各城市在改革创新、实施政策的权限和力度方面也存在一定差异，深圳在营商环境、对外开放、改革创新等方面的深度和高度明显领跑，形成了珠三角地区的"制度高地"。珠江西岸城市中虽然也有珠海经济特区，但与深圳特区的改革力度差距较大，改革创新的精神意识相对不足，制度突破仍受到较多限制。

三、进一步提升珠江西岸城市竞争力推动东西两岸协同发展的政策建议

未来，推动大湾区珠江东西两岸协同发展要更加注重创新链产业链对接，通过突出企业市场主体的作用，盘活要素流动，"硬联通"与"软对接"双管齐下，开展基于比较优势的深度协同发展，加快实现从"物理联通"到"化学融合"的转变。

（一）加快补齐基础设施网络短板，推进高水平"硬联通"

加速推进交通基础设施高水平互联互通，补齐基础设施网络短板，为畅通大湾区要素循环、推动珠江西岸要素集聚打好基础。

1. 加密并畅通珠江西岸城市交通基础设施网络

进一步加大珠江西岸城际铁路建设力度，做好与大湾区内高铁、普速铁路、市域（郊）铁路等轨道网络的融合衔接，形成"轴带支撑、极轴放射"的多层次铁路网络。按照城际铁路引入中心城区、干线铁路便捷衔接的思路，确定重点枢纽场站线路衔接方案。做好各口岸与城际铁路站点之间的连接规划，促进澳门融入国家铁路网络。

2. 加强并提升珠江东西两岸交通联系与便利度

依托港珠澳大桥构建与港澳无缝衔接的客货运输服务，简化大桥跨境货运车辆检验检疫和报关手续，积极推进三地口岸通关模式创新。加快推动城际轨道建设，推进珠江东西两岸"公铁化"，使城际轨道成为

珠三角城市群之间实现公交化的重要支撑。进一步提升珠江两岸交通便利性，启动研究深中通道收费问题，降低通行成本，推动车辆便捷往来珠江东西两岸。

3. 支持澳珠联动高水平打造国际航空枢纽

支持珠海培育国际门户航空枢纽，与澳门国际机场联动错位发展，携手港澳广深共建世界级机场群，将珠海机场打造成为大湾区国际化枢纽机场。推进珠海机场综合交通枢纽建设，推动珠海金湾机场开通国际口岸，构建与城市定位和业务发展相匹配的国际航线网络，用好4000米跑道和滑行道优势，打通以珠海为起点贯穿"一带一路"和葡语西语系国家的"空中丝绸之路"航线，强化航空枢纽地位。

4. 打造西岸绿色化智能化优质港口群

完善珠海港、中山港、佛山港等港口基础设施，加快港口能级提升和格局重构，推进集装箱码头、深水泊位和航道扩建工程。健全集疏运体系，大力发展江海联运、海铁联运，推动与内陆地区"无水港"业务合作，拓展腹地范围。建设覆盖主要港航业务和管理服务对象的信息资源库，持续推动"互联网＋"与港口、物流深度融合，实现港口物流服务智慧化。

（二）推进产业链创新链深度融合，增强以市场为导向的深层次互动合作

抓住产业链、创新链协同这个核心，积极引导广州、深圳产业链创新链向西岸延伸，形成东西两岸在市场机制作用下的高效协作。

1. 发挥市场主体作用打造世界级产业集群

创新与产业深度融合，是未来大湾区抢占全球价值链高端环节的主题，也是发挥东岸所长、提升西岸能级的关键。着眼整体性提升粤港澳大湾区的产业基础能力和产业链水平，盘活珠江东西岸的各类发展要素，促进珠江东西岸创新链、产业链、价值链、资金链和人才链整合提升，兼顾垂直分工与水平分工协作，依托已有基础率先打造珠江西岸联动的电子信息、汽车、智能家电、机器人、绿色石化等先进制造业集群，围绕新科技革命和产业变革前沿，积极培育新的世界级产业集群。推动东西两岸共建产业创新合作平台，根据功能协调、产业互补、成果共享的原则，共同促进区域内产业结构调整和优化升级，实现资源优化配置和专业化分工协作。

2. 进一步发挥深圳、广州辐射带动作用实现产业创新融合

更好发挥广州、深圳辐射带动作用，提升珠江西岸经济发展势能。统筹推进深圳东进和西拓，加快研究引导深圳创新成果向西岸延伸的路径，布局"深圳创新 + 西岸智造"，促进创新成果在西岸中试、市场化转化，着眼珠江东西两岸构建以深圳为核心的产业链创新链，形成中心引领、轴带支撑、圈层联动发展格局，打造全球领先的新一代信息技术、人工智能、生物医药等新兴产业集群，培育全球新兴产业策源功能。提升广州都市圈产业和创新外溢能力，进一步推进广佛全方位对接、全方位同城，着力做好广佛产业协同创新文章，探索设立广佛科技合作专区，促进广州创新优势与佛山制造优势深度融合，共同打造先进装备制造、汽车、生物医药与健康等万亿级产业集群。

3. 以服务业与制造业深度融合为切入点实现产业优势互补

珠江东岸现代服务业集聚发展优势将对西岸制造业产业升级、传统产业形态改造、区域服务业发展水平提升起到有力推动作用。充分发挥深圳金融、信息、科技、现代物流等现代服务业集聚发展的优势，围绕新一代信息技术、高端装备制造、生物医药、新材料、海洋经济等战略性新兴产业和未来产业，通过服务业与制造业的紧密结合，打破西岸传统制造业原有业态边界，通过制造模式变革及互联网平台效应深度整合传统的产业链、技术链、服务链，加快生产网络向跨界形式演变，推动传统产业完成价值链重构及价值创造环节再造，实现东西两岸共同布局面向未来的战略性新兴产业和未来产业集群，推动东西两岸产业体系迈入更高层次。

4. 提升珠江西岸城市产业发展层次更好实现产业链对接

珠江西岸城市自身要围绕提升自身产业创新水平做好文章，弥补两岸城市产业断层，更好实现两岸城市产业链精准对接。系统梳理集成电路、生物医药等对接东岸城市重点产业链，找准缺失薄弱环节，精准化推进强链、补链、连链、延链。突出生态培育推动产业集群发展，以生态型企业引领，加强产业基础设施和支撑体系建设。集中资源打造"名片型"重大产业载体，加速集聚相关上下游优质资源，着力提高产业关联度，推动优势产业集群化发展。创新驱动推动产业迭代升级，支持企业布局创新载体，开展产业紧缺的共性技术研发及中试放大，打造关键核心技术"分包"攻关基地，培育一批高成长性创新型企业。

（三）强化城市互利合作，推动珠江西岸内部形成发展合力

以区域协调、功能互补、辐射拓展为导向，加快做大做强澳珠极点，统筹珠江西岸整体利益和各地比较优势，强化各地专业化分工协作，推动要素有序流动、产业协调分工，在深化合作中实现互利共赢。

1. 壮大澳珠极点释放辐射带动作用

长期以来，珠江西岸整体呈现产业同构、无序竞争的局面，珠江西岸需要一个龙头配置资源，形成比较优势彰显、优势互补的格局。澳珠作为大湾区一极，具有引领西岸都市圈发展的位势、产业基础、生态环境、制度创新等优势，加快推动澳珠极点实现能级量级的跃升，将形成珠江西岸重要增长极。下一步，要顺延澳门产业发展内在逻辑，高水平推进粤澳（横琴）深度合作区建设，协同澳门找准产业发展方向与路径，发挥澳门在研发创新、自由港、规则制度等方面优势，利用珠海、中山等城市产业基础和优势，拓展澳门产业发展空间，提升区域发展位势。

2. 高水平建设粤港澳大湾区（珠西）高端产业集聚发展区

利用珠中江发展空间较大的优势，以产业合作为切口提高珠江西岸城市协同发展能级。广东省"十四五"规划明确提出，加快粤港澳大湾区（珠西）高端产业集聚发展区建设，打造珠江口西岸新的经济增长极。对表深中通道通车时间，加强统筹力度，推动珠海、中山、江门三市高起点、高标准谋划粤港澳大湾区（珠西）高端产业集聚发展区，依托深中通道—中开高速、港珠澳大桥—珠三角环线高速—黄茅海通道等重要轴线，加强珠海高新区、中山火炬开发区、江门银湖湾滨海地区等重点平台联动谋划，构建跨区域产业生态圈和创新生态链，构筑支撑大湾区经济体量再跃升的重大战略平台。

3. 以珠江口西岸都市圈规划建设为抓手促进珠中江深度协同

珠江西岸城市之间产业合作日益深化，广东省提出珠江口西岸都市圈，要做好相关谋划，立足发挥各地区比较优势和缩小区域发展差距，加快形成区域协同创新发展格局。特别是要加快形成跨区域共建共享的治理机制，破除行政壁垒，建立合作共建、成本共担、利益共享的合作新机制，调动政府和市场主体积极性，围绕基础设施联通、产业发展联动、公共服务共享、生态共保共治等核心内容，建立健全跨市政府间联席会议制度，发挥市场与政府的合力，实现跨行政区一体化发展。

（四）提高宜居宜业水平，全面推动东西两岸城市软环境对接

突出"以人为本"，发挥珠江西岸城市生态宜居优势，在更高起点、更高层次、更高目标上推进改革开放，打造能够吸引全球人才的良好创新创业生态，实现两岸软环境对接，为要素在东西两岸无障碍流动创造条件。

1. 支持西岸城市全力推动制度创新

对标世界最高水平开放形态和国际通行规则，支持珠海横琴等重点平台实行面向港澳的一揽子开放政策。推动口岸管理体制改革，强化与港澳口岸部门协同，提高通关便利度。推动珠海经济特区再出发，最大限度释放新一轮改革红利。持续推动营商环境改革，对标深圳，增强政府服务效能，提高服务效率，切实提高市场主体的便利度和获得感，提升对全球创新创业资源和市场主体的吸引力。

2. 持续优化提升人才引留环境

推动东西两岸城市共建人才服务平台建设，以政策落实和人才大数据推动精准化集聚人才、高质量服务人才，加快以市场合作方式在东西两岸城市间实现人才高效流动。强化新型研发机构建设、科技成果孵化以及产学研平台等，帮助高层次人才建立事业发展平台，解决"人才如何发挥作用"的问题。适应人口变化，优化布局公共服务配套，降低港澳办学办医门槛，进一步提高宜居宜业程度。

第三节　推动成渝协同从"物理反应" 转变为"化学效应"

2020年1月3日，习近平总书记主持召开中央财经委员会第六次会议，作出推动成渝地区双城经济圈建设、打造高质量发展重要增长极的重大决策部署，为未来一段时期成渝地区发展提供了根本遵循和重要指引。推动成渝地区双城经济圈建设，是党中央从全局出发谋划川渝一域作出的重大决策部署。2021年10月，中共中央、国务院印发的《成渝地区双城经济圈建设规划纲要》（以下简称《规划纲要》）发布，标志着成渝地区双城经济圈建设驶入了快车道。

一、成渝地区双城经济圈建设推进情况

成渝地区双城经济圈规划范围包括重庆市的中心城区及万州、涪陵、綦江、大足、黔江、长寿、江津、合川、永川、南川、璧山、铜梁、潼南、荣昌、梁平、丰都、垫江、忠县等27个区（县）以及开州、云阳的部分地区，四川省的成都、自贡、泸州、德阳、绵阳（除平武县、北川县）、遂宁、内江、乐山、南充、眉山、宜宾、广安、达州（除万源市）、雅安（除天全县、宝兴县）、资阳15个市，总面积18.5

万平方公里，占全国的1.9%。虽然未包括重庆、四川两省份的全部区县，但实际上主要的经济人口承载区县均已包括在内。未被划入成渝双城经济圈范围的两地市（县、区）分别为：重庆的武隆区、城口县、奉节县、巫山县、巫溪县、石柱土家族自治县、秀山土家族苗族自治县、酉阳土家族苗族自治县、彭水苗族土家族自治县（9县区）；四川的攀枝花市、广元市、巴中市、阿坝藏族羌族自治州、甘孜藏族自治州、凉山彝族自治州（6市）。

（一）综合实力不断提升

成渝地区双城经济圈位于"一带一路"和长江经济带交汇处，是西部陆海新通道的起点，具有连接西南西北，沟通东亚与东南亚、南亚的独特优势，是我国西部人口最密集、产业基础最雄厚、创新能力最强、市场空间最广阔、开放程度最高的区域，是带动我国广大西部地区高质量发展的重要引擎。成渝地区以西部地区2.7%的面积，集聚了西部地区30.2%的经济总量。从全国来看，成渝地区双城经济圈是粤港澳大湾区、长三角、京津冀三大动力源地区之后全国高质量发展的第四个重要动力源地区。2023年，成渝地区双城经济圈生产总值达8.2万亿元，占全国、西部地区的比重分别为6.5%、30.4%，分别比上年提高0.1个、0.3个百分点；增速比上年增长6.1%，高于全国0.9个百分点，高于西部地区0.5个百分点。①

（二）重庆、成都成为两座超级城市

2023年，重庆、成都分别实现3.01万亿元、2.21万亿元的生产总值，列全国城市第5位、第7位。重庆、成都城市品牌知名度不断提高，对各类要素的吸引力不断增加，围绕着城市规划、建设、管

---

① 重庆市统计局.成渝地区双城经济圈建设川渝统计联席会议在蓉召开［EB/OL］.（2024-03-05）［2024-07-21］.https://tjj.cq.gov.cn/zwxx_233/bmdt/202403/t20240305_12996631.html.

理、交通、基础设施、生态建设、人文气息、公共服务、科技创新等方面，着力提升城市发展软实力，构建更高品质的人居环境，两座城市对人口吸纳的能力逐渐增强。七普数据显示，四川从六普时期人口减少大省转变为人口增加大省，从六普年均减少 0.35% 转变为年均增长 0.4%；重庆年均增长 1.06%，较六普时期年均快 0.94 个百分点。特别是成都在过去 10 年吸引了大量流动人口，包括来自东部发达地区的返川人口。成都已经成为具有全国吸引力的西部城市，七普时期人口年均增长 3.31%，较六普增长 581 万人，排在全国城市第 3 位，仅次于深圳、广州；流动人口增加 428 万人，较六普增长 102.41%；全市常住人口中的跨省流动人口为 149 万人、省内流动人口为 696.6 万人。①

重庆紧扣打造具有全国影响力的科技创新中心这一目标，高标准建设西部（重庆）科学城和两江协同创新区，通过强化科技创新支撑作用，增强城市软实力。2023 年，重庆新能源汽车产业、新材料产业、节能环保产业产业增加值分别增长 20.6%、17.2%、10.4%，规模以上工业战略性新兴产业增加值和高技术制造业增加值占规模以上工业增加值的比重分别为 32.2% 和 18.3%。成都把发展新经济、培育新动能作为推动城市转型的战略抉择，正加快打造最适宜新经济发展的城市，现代服务业加快发展，服务业占比近 70%。成都高新区是近年来互联网产业的热点地区，吸引了腾讯、阿里、百度、快手等头部企业纷纷落户，已聚集新经济企业 8 万余家，规模完全可以和东部发达地区高科技新区相比。

总体来看，重庆、成都作为国家中心城市的发展能级显著提升，其城市软实力将加速缩小与东部发达地区主要城市的差距，再加上受益于房价始终处于较低区间，其对企业、人才、人口的吸引力将不断增强，区域带动力和国际竞争力也将明显增强。

---

① 来自各地第七次全国人口普查、第六次全国人口普查数据及作者计算结果。

（三）制造业快速形成集群发展态势

近年来，成渝地区已经成为全国制造业重镇，电子信息、汽车、装备制造等已具备较强竞争力。2023年成渝地区双城经济圈工业增加值达到81986.67亿元，增长6.1%，增速比全国高0.9个百分点；工业化率为28%，比上年下降0.7个百分点；制造业增加值占GDP的比重为23.9%，比上年下降0.8个百分点。高技术产业快速发展，2023年，成渝双城经济圈打造了3个国家先进制造业集群、4个国家战略性新兴产业集群，电子信息制造业总规模超1.6万亿元，抱团冲刺"世界级"；汇聚科技型企业近7万家、高新技术企业2.1万家，两地技术合同登记成交额突破2800亿元。四川形成了电子信息业、机械冶金业、医药化工业、饮料食品等支柱产业，电子信息、食品饮料产业规模迈上万亿元台阶，成都软件和信息服务、成（都）德（阳）高端能源装备、成渝地区电子信息先进制造等创建为国家先进制造业集群，成都生物医药、成都轨道交通装备、自贡节能环保等创建为国家战略性新兴产业集群。作为全国重要的制造业基地，重庆经过多年的发展，2022年，汽车、电子两大支柱产业分别达到4500亿、7000亿级规模，微型计算机、手机、汽车、摩托车产量占全国比重分别超过24%、9%、6%、29%。

与三大动力源地区相比，成渝双圈地区仍处于工业化加速阶段。成渝双城经济圈制造业将围绕电子信息、汽车、先进材料、摩托车、装备制造、能源化工等产业，同时壮大新能源及智能网联汽车、高端装备、生物技术等战略性新兴产业，提前布局空间互联网、生命科学等未来产业，工业化进程将一步加速，具有国际竞争力的先进制造业集群将逐步形成，以制造业为基础支撑，经济快速增长的空间很大，人口顺产业集聚的态势将会延续。

（四）消费升级潜力较大

成渝城市群拥有得天独厚的"巴蜀"特色文化底蕴，2022年8月

《建设富有巴蜀特色的国际消费目的地实施方案》印发，提出要加强优质旅游产品供给，构建巴蜀文化旅游走廊品牌体系，促进旅游消费升级，打造具有国际范、中国味、巴蜀韵的世界级文旅胜地。美食地标、夜间经济、文化创意、体验式消费等已经成为成渝的重要"吸引力"，2023年成都、重庆社会消费品零售总额增速高于全国平均水平2.8个、1.4个百分点（见表7-8）。

表7-8　　　　　　　　　2023年成渝地区消费结构特征

地区	社会消费品零售总额（亿元）	增速（%）	城镇居民人均可支配收入（元）	增速（%）	城镇居民人均消费支出（元）	增速（%）
全国	471495	7.2	51821	5.1	32994	8.6
重庆	15130.25	8.6	47435	4.2	31531	3.1
成都	10001.6	10	45227	4.7	29280	7.4
四川	26313.4	9.2	45227	4.6	29280	5.9

　　资料来源：国家统计局及重庆市、成都市及四川省统计局。

　　成都、重庆国际消费中心城市建设将进一步提速，目前成渝地区城镇居民可支配收入水平、城镇居民消费支出仍比全国平均水平低，伴随着经济水平的提升，居民消费能力将进一步提升，消费将成为成渝地区重要的增长动力。

（五）内陆开放带动力释放

　　成渝地区区位优势突出，战略地位重要，位于"一带一路"和长江经济带交汇处，是西部陆海新通道的起点，是西部大开发大开放的战略支点，具有连接西南西北，沟通东亚与东南亚、南亚的独特优势。2022年8月，《成渝地区联手打造内陆开放高地方案》印发，提出了成渝地区构建协同开放通道、高能级开放平台等新措施，明确了到2035年全面建成内陆开放高地、融入全球的开放型经济体系的目标。这一方面有利于融入全球经济体系，扭转区位劣势，进而改变传统意义上的国际产业梯度转移模式；另一方面容易围绕着中间品贸易发展现代服务业，比如产业链金融、现代物流、研发、设计、结算、数字贸易、跨境电商、服务贸易等。这样既优化了内陆城市的产业结构和空间布局，也为中高端人才到来提供了源源不断的就业机会。

未来，内陆开放仍处于重要的机遇期，成渝地区应借助西部陆海新通道、长江黄金水道、中欧班列等开放通道，加大开放制度创新，深度融入"一带一路"建设。对内对外开放合作将给成渝地区拓展经济发展开拓巨大的潜力空间。

（六）区域发展新空间有待进一步开拓

成渝双城经济圈内部缺少重要节点城市，除了成都和重庆的地区生产总值达到万亿级以外，成渝间仅绵阳、宜宾 2 个城市地区生产总值突破 3000 亿元，众多城市的 GDP 规模在 1000 亿～3000 亿元之间，城市群经济发展呈现哑铃式结构，成都、重庆"虹吸"效应明显。伴随着川渝共建成渝地区双城经济圈的推进，重庆、成都都市圈建设将会取得进一步突破，重庆中心城区与渝西地区加快融合发展，成德眉资加快实现同城化，重庆中心城区、成都辐射带动周边的能力将会增强。同时渝东北、川东北地区一体化发展以及川南渝西地区融合发展等区域经济协调发展的安排将带动宜宾、泸州、万州、达州等中间梯队城市的发展，弥补城市梯队的短板。

二、成渝两地需进一步推动深层次统筹协同

成渝地脉相连、水系相通、人缘相亲。过去地区间竞争激烈，加之成渝资源环境、产业结构的相似性，总体上竞争大于合作。与三大动力源地区相比，成渝地区双城经济圈的发展能级和质量还有明显差距。其经济总量远低于长三角、珠三角、京津冀地区，人均 GDP 约为长三角

的六成、珠三角的一半，地均 GDP 约为长三角的四成、珠三角的两成。成渝地区发展仍然不充分，竞争力较弱，辐射带动能力不强。凝聚发展合力是释放成渝地区潜力空间的必要之举和必然选择，成渝两地迫切需要在更高水平上推动区域资源统筹，共同打造具有全国影响力的动力源地区。

近年来成渝地区协同发展正在提速。例如，成渝两地已经建立了党政联席会议等工作机制，推动了一批规划（方案）的编制，川藏铁路雅安至林芝段、成达万高铁等重要通道实现开工建设，长江干支流森林、草地、湿地生态保护和修复重大工程正在协同推进，万达开成渝统筹发展示范区等 10 个区域合作功能平台已经开始谋划。但关键性的制度设计亟待进一步完善，推动两地深度合作的有效激励有待逐步形成。

未来，成渝两地除了要加强交通、产业、科技、环保、民生等政策协同对接以外，还要积极探索经济区与行政区适度分离改革，试行建设用地统一管理机制，探索经济统计分算方式，建立互利共赢的税收分享机制，立足统一市场建设破除行政壁垒，从而更好实现资源在整个成渝地区优化配置，形成两地共商共管共赢的协同发展新局面。

三、深化成渝协同发展的五大重点方向

《规划纲要》明确提出了"两中心两地"的战略定位，即把成渝地区双城经济圈建设成为具有全国影响力的重要经济中心、科技创新中心、改革开放新高地、高品质生活宜居地。"两中心两地"建设是将成渝地区双城经济圈打造成为带动全国高质量发展的重要增长极和新的动力源的关键支撑，成渝地区双城经济圈建设要在五个重点方向提速。

（一）合力补齐基础设施短板

成渝地区基础设施欠账仍然比较多，特别是交通网络对外快速通道不畅，内部互联互通仍有障碍，枢纽作用尚未充分发挥。要以提升内联

外通水平为导向，加快建立全方位立体综合交通体系，强化成渝门户枢纽功能。

"内联"是要强化成渝双核交通主轴，合理建设城际铁路和市域（郊）铁路，提升路网通达效率和安全水平。"外通"是要多向拓展出渝出川通道，以重庆、成都为中心加快建设世界级机场群，完善多层次轨道交通网络，建设川藏铁路、成渝中线高铁等重大项目，推动长江上游航运枢纽建设，加快发展多式联运，建设通江达海的对外运输战略大通道。

（二）塑造高质量发展的空间格局

经过多年发展，成渝地区形成了以重庆主城都市区和成都"双核"为中心的发展格局，2023 年，双核 GDP 分别达到 2.3 万亿元、2.2 万亿元，重庆主城都市区的 GDP 占全市的比例为 76.7%，成都的 GDP 占四川省的比例为 36.7%。双核"大城市病"逐步显现，有走上"摊大饼"式发展模式的风险。其他城市发展水平与"双核"差距持续加大，出现"断层"，降低了区域整体发展效率和质量。

《规划纲要》勾勒了"双城引领、双圈互动、两翼协同"的空间格局。由点及面来看，首先，要着力提升双核发展能级和综合竞争力，重庆以建成高质量发展高品质生活新范例为统领，成都以建成践行新发展理念的公园城市示范区为统领，推动城市发展由外延扩张式向内涵提升式转变。其次，以点带面，围绕双核培育现代化都市圈，带动中心城市周边市区县加快发展，推动双圈互动，形成成渝发展主轴。最后，在川渝交界地区积极培育南北两翼，南翼重在推动川南、渝西地区融合发展，北翼重在推动渝东北、川东北地区一体化发展，释放协同发展潜能，推动双核之外其他地区实现更高质量发展。

（三）构建具有国际竞争力的创新链、产业链

产业基础和创新能力是未来成渝地区高质量发展的根本支撑。成渝

地区要抓住全球新一轮科技革命和产业链重塑的重大机遇，整合提升优势产业，共同培育世界级装备制造产业集群，打造数字产业新高地，加快构建高效分工、错位发展、有序竞争、相互融合的现代产业体系。

坚定实施创新驱动发展战略，持续释放协同创新动能，合力打造科技创新高地，以创新赋能高质量的产业发展。建设成渝综合性科学中心，聚焦核能、航空航天、智能制造和电子信息等领域的战略性产品开发，打造学科内涵关联、空间分布集聚的原始创新集群，促进科技成果转化，有效支撑成渝全域高水平创新活动。

从产业链和创新链分工来看，未来成渝地区将逐步形成"双核创新引领＋都市圈外围地区生产制造"的分工格局，强化创新链产业链协同，实现研发在中心、制造在周边、链式配套、梯度布局。

（四）依靠改革开放不断注入活力

继续推进高水平对外开放，以共建"一带一路"为引领，建设好西部陆海新通道、亚欧通道等对外开放大通道，高水平推进建设川渝自由贸易试验区协同开放示范区，以重庆两江新区、四川天府新区为重点打造内陆开放门户，并向制度型开放迈进。

继续坚持深化改革，以改革促发展。成渝地区向来不缺改革的基因，2007年成渝地区就开启了全国统筹城乡综合配套改革，四川省全面创新改革试验区创造了多项全国领先经验，重庆市国有企业改革释放了大量市属国企的活力。未来，成渝双城经济圈建设要聚焦要素市场化配置等关键领域，深化综合配套改革试验，营造一流营商环境，建设高标准市场体系，不断激发内在发展活力，在西部改革中发挥示范带动作用。

（五）建设高品质生活宜居地

成渝地区建设高品质生活宜居的实质是统筹好生产、生活和生态三者关系，突出"绿色、共享、舒适"三个主题词，彰显巴蜀特色。

　　"绿色"就是要坚持不懈抓好生态环境保护，筑牢长江上游生态屏障，走出一条生态优先、绿色发展的新路子，推进人与自然和谐共生。探索绿色转型发展新路径。

　　"共享"就是要强化公共服务共建共享，提升公共服务质量和水平，加快建设国家城乡融合发展试验区，推动城乡深度融合发展。

　　"舒适"就是要利用好成渝地区自然气候条件好、名山大川众多、历史文化底蕴深厚、美食美景和休闲的生活方式，打造富有巴蜀特色的国际消费目的地，打造国际消费中心城市，不断增强巴蜀消费知名度、美誉度和影响力。

参 考 文 献

［1］丛书编写组．实施区域发展战略［M］．北京：中国计划出版社，2021．

［2］孙久文，史文杰．以区域协调发展推进中国式现代化进程研究［J］．区域经济评论，2023（02）：5－11．

［3］李晓琳．在全局上谋势　在关键处落子　以发展促平衡——完善实施区域协调发展战略机制［N/OL］．（2024－09－07）［2024－09－10］．https：//baijiahao．baidu．com/s？id＝1809495314718609372&wfr＝spider&for＝pc．

［4］樊杰，赵浩，郭锐．我国区域发展差距变化的新趋势与应对策略［J］．经济地理，2022，42（01）：1－11．

［5］蔡之兵，张可云．经济区与行政区适度分离改革：实践逻辑、典型模式与取向选择［J］．改革，2021（11）：30－41．

［6］京津冀协同发展领导小组办公室．京津冀协同发展报告［M］．北京：中国市场出版社，2021．

［7］种照辉，曾永，郑慕强．国内外典型区域创新中心建设经验研究［J］．特区经济，2021（06）：101－104．

［8］李晓琳，徐唯燊．横琴推动琴澳一体化发展取得明显进展［J］．中国外汇，2024（06）：16－18．

［9］李晓琳，聂新伟，卢伟．推动深圳打造全球标杆城市［J］．宏观经济管理，2021（04）：77－83＋90．

［10］王昌林，李晓琳．把握综合授权改革试点新机遇　推进深圳

改革开放再出发再深化 [N].光明日报,2020-10-22 (04).

[11] 李晓琳.海南自由贸易港建设蹄疾步稳取得明显进展 [EB/OL].(2024-06-14)[2024-09-10].https://www.xinhuanet.com/fortune/20240624/98e3f8353d3d481d9b6247f584be3d05/c.html.

[12] 李晓琳,文扬,金田林.进一步完善长江流域管理体制 [J].宏观经济管理,2024 (10):17-24.

[13] 许继军,陈述.新时期长江流域水资源保护利用管理体制机制研究 [J].长江科学院院报,2022,39 (07):1-6.

[14] 周雨,王殿常,余甜雪,等.典型河湖治理经验及对长江流域生态保护的启示 [J].人民长江,2024,55 (01):45-50+59.

[15] 王波,黄薇.国内外流域管理体制要点及对长江生态管理启示 [J].人民长江,2010,41 (24):13-16.

[16] 朱艳丽.长江流域协调机制创新性落实的法律路径研究 [J].中国软科学,2021 (06):91-102.

[17] 李晓琳.走创新路 闯改革关 [N].经济日报,2021-04-23 (06).

[18] 李晓琳.进一步完善农民工随迁子女教育政策——基于对46个地级及以上城市的问卷调查 [J].宏观经济管理,2022 (06):38-45.

[19] 李晓琳,刘轩.加快完善社区服务体系的思路与举措 [J].宏观经济管理,2020 (08):36-41.

[20] 李晓琳.我国户籍制度改革的梗阻问题分析 [J].中国经贸导刊,2017 (27):56-58.

[21] 欧阳慧,邹一南.分区域分群体推进农民工差别化落户城镇 [J].中国软科学,2017 (03):66-73.

[22] 李晓琳.适应城镇化未来发展需要的行政区划调整研究 [J].区域经济评论,2021 (02):116-124.

[23] 史育龙,申兵,刘保奎,等.对我国城镇化速度及趋势的再认识 [J].宏观经济研究,2017 (08):103-108+161.

［24］王开泳，陈田．"十四五"时期行政区划设置与空间治理的探讨［J］.中国科学院院刊，2020，35（07）：867-874.

［25］熊竞．新型城镇化与行政区划层级体制调整［J］.上海城市管理，2013，22（06）：25-28.

［26］史育龙．市镇建制变更与区划调整的城镇化效应研究［J］.宏观经济研究，2014（02）：3-9.

［27］李晓琳．市场经济体制背景的竞争政策基础体系解构［J］.改革，2017（03）：99-109.

［28］于良春．推进竞争政策在转型新时期加快实施［J］.中国工商管理研究，2014（09）：26-27.

［29］曹红英，王洋．欧盟竞争政策值得中国借鉴［J］.中国对外贸易，2008（11）：82-84.

［30］李晓琳，王继源，刘峥延，等．中国东部经济大省区域发展不协调问题研究［J］.区域经济评论，2024（05）：85-91.

［31］李晓琳，李星坛．高水平推动京津冀协同创新体系建设［J］.宏观经济管理，2022（01）：60-67.

［32］协同创新赋能京津冀高质量发展　经济韧性与活力不断增强［EB/OL］.（2024-04-23）［2024-07-10］.http：//finance. people. com. cn/n1/2024/0423/c1004-40221837. html.

［33］李晓琳．整合粤港澳三地优势形成产业共振效应［N］.经济日报，2024-05-04（06）.

［34］李晓琳，赵斌．推动珠江东西两岸协同发展提升粤港澳大湾区整体竞争力［J］.宏观经济管理，2023（05）：46-52.

［35］卢伟，黄征学．构建城市发展规划的八力分析模型研究［J］.区域经济评论，2021（01）：79-88.

［36］李晓琳，夏成．成渝协同如何从"物理反应"转变为"化学效应"［N/OL］.（2021-11-02）［2024-07-10］.https：//baijiahao. baidu. com/s？ id=1715275484431425753&wfr=spider&for=pc.